U0382669

信息系统可用性及其测评方法

黄 昭 著

科学出版社

北京

内 容 简 介

本书首先解释信息系统中的可用性概念，论述可用性对工程应用的影响。其次，阐述可用性测评的概念、测评目标与原则、测评流程与实施、测评任务分析与设计、性能测量与数据分析、可用性测评方法等。最后，对在线旅游信息系统可用性及其测评、社交商务信息系统可用性及其测评、移动应用程序可用性、电子政务信息系统可用性与可信性的研究进行详细论述。通过分析可用性原则、属性、特征及其之间的关系，确定现有信息系统中可用性优点和现存问题，提出解决方案与设计，描述用户个性化差异对信息系统可用性的重要性，为加深读者对信息系统可用性及其测评方法的认识和理解提供帮助。

本书可供人机交互技术领域相关研究人员阅读和参考，对软件产品或信息系统相关设计人员、开发人员和测试人员具有一定的参考价值。

图书在版编目（CIP）数据

信息系统可用性及其测评方法/黄昭著. —北京：科学出版社，2021.6
ISBN 978-7-03-067182-0

Ⅰ. ①信… Ⅱ. ①黄… Ⅲ. ①信息系统-可用性-研究 ②信息系统-评估方法-研究 Ⅳ. ①G202

中国版本图书馆 CIP 数据核字（2020）第 246786 号

责任编辑：宋无汗 王婉娜 / 责任校对：杨 赛
责任印制：张 伟 / 封面设计：陈 敬

科 学 出 版 社 出版
北京东黄城根北街 16 号
邮政编码：100717
http://www.sciencep.com
北京中石油彩色印刷有限责任公司 印刷
科学出版社发行 各地新华书店经销
*
2021 年 6 月第 一 版 开本：720×1000 B5
2021 年 6 月第一次印刷 印张：12
字数：242 000
定价：98.00 元
（如有印装质量问题，我社负责调换）

前　　言

可用性是人机交互研究中一个非常重要的概念，通常用来衡量用户在使用软件产品或信息系统时执行任务的容易程度和效率。可用性是决定信息系统或软件产品服务质量的关键因素，被广泛用于各类电子信息系统中。随着计算机技术和软件应用的全球化，特别是互联网的发展与应用，用户的多样性和与现有信息系统间的潜在交互成为一个重要问题。可用性也是决定软件产品质量和确保用户参与度的一个重要指标，因此其在软件产品和信息系统设计中得到了广泛的重视。

可用性测评是一项通过用户使用结果来评估产品的技术，反映了用户的真实使用体验，可以视为一种不可或缺的可用性检验过程。换而言之，可用性测评是指让用户使用软件产品或服务的设计原型或产品原型，通过观察、记录和分析用户的行为和感知，以改善产品或服务可用性的一系列方法。它适用于产品或服务前期设计开发、中期改进和后期维护完善的各个阶段，是以用户为中心设计思想的重要体现。

本书总结作者近年来在人机交互和可用性领域的研究成果，解释可用性的概念，介绍可用性工程与影响、可用性测评的概念、可用性测评目标与原则、可用性测评流程与实施、可用性测评任务分析与设计、性能测量与数据分析、可用性测评方法等内容。通过详细描述在线旅游信息系统可用性及其测评、社交商务信息系统可用性及其测评、移动应用程序可用性和电子政务信息系统可用性与可信性等研究结果，阐述可用性原则、属性、特征之间的关系；明确现有信息系统中可用性优点和现存问题；提出针对可用性问题的解决方案与再设计等。通过描述用户个性化差异，如性别、年龄和偏好因素等对可用性测评的影响，强调个性化差异在信息系统可用性中的重要性，从而为加深读者认识和理解信息系统可用性及其测评方法提供帮助。

本书出版得到了国家自然科学基金项目（项目编号：61771297）、陕西师范大学创新和社会服务项目的资助，在此表示感谢。

由于作者水平有限，书中难免存在不足之处，敬请读者批评和指正。

目　　录

第1章 绪 论

1.1 可用性概念

可用性（usability）是人机交互研究中一个重要的概念，通常用来衡量用户在使用软件产品时执行任务的容易程度和效率，也是决定软件产品质量和确保用户参与度的一个重要因素。因此，可用性在软件产品和信息系统设计中被广泛应用。

早期的计算机是为专业人员设计的，在很多应用上受处理器和内存等硬件限制。早期的软件也相对简单，一般用于特定的需求，使用软件的用户都是专业人员或经过专门培训的人员。

20世纪60年代，随着硬件技术的进步，以及科学和商业领域各种信息的处理需求，出现了很多不同需求的最终用户，对软件开发的需求也越来越强烈和迫切。软件系统以更大的规模和更大的复杂性快速增长，由此产生了系统故障、成本超支、延迟交付及无效、不可靠的软件系统等，称为软件危机。这场危机使得软件工程成为一门独立学科，出现在计算机应用技术中。

20世纪70年代，用户界面设计成为软件工程的一个重要组成部分。越来越多的软件被开发出来，而且大多用于交互使用，对最终用户需求和偏好的关注也越来越强烈。

20世纪80年代早期，个人计算机广泛使用和普及，许多非专业人士成为交互系统的主要用户，使得对容易使用的用户界面的需求比以往任何时候都要高。随着最终用户越来越多且多样化，计算机技术水平也参差不齐，为了方便应用，人们开始对计算机交互系统的可用性进行比较、测试和研究。最开始提出了计算机交互系统的可用性，之后又提出信息系统的可用性。可用性是决定信息系统或服务质量的关键因素，被广泛用于各类电子信息系统中。

可用性在信息系统设计中的定义较多。

国际标准化组织（International Organization for Standardization，ISO）定义：信息系统可用性是指特定用户在特定的使用环境中实现特定目标的有效性、效率和满意度[1]。其中，有效性是指信息系统（或软件产品）在多大程度上能够按照用户的期望运行，以及用户完成任务的难易程度；效率是指能够准确完整地完成用户任务；满意度是指用户对信息系统（或软件产品）的感知、感受和想法。通常情况下，当信息系统（或软件产品）能够很好地满足用户需求并提供较好的满意度时，用户使用信息系统（或软件产品）的表现会更好。

　　Nielsen[2]使用的定义稍有不同，他指出可用性是系统可接受性的重要部分，并定义可用性为用户使用系统功能的能力或系统的效用。可用性与系统可接受性的联系如图 1-1 所示。系统可接受性由社会可接受性和实际可接受性决定，实际可接受性包括有用性在内的四个方面，有用性由效用和可用性组成。其中，可用性有多个一维系统属性，它与五个特征紧密相关，包含易学性、效率、易记性、低错率和主观愉快性。

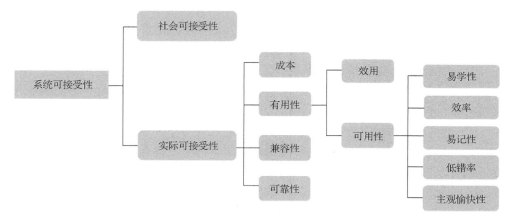

图 1-1　可用性与系统可接受性的联系

　　在基于网络的在线系统中，可用性被定义为计算机系统的质量，包含易学性、易用性和用户满意性。此外，可用性也反映了用户对系统结构的理解、在线系统的易用性、查找对象的速度、在线系统导航的感知和用户控制其在在线系统中移动的能力。随着在线系统的广泛使用，网站成为基于网络的在线系统窗口。

　　可用性概念也被用于网站界面设计与应用，也是对在线系统实用性和用户友好性的度量。具体来讲，在线系统实用性是指用户认为使用在线系统可提高其交互程度；用户友好性是指用户对网站界面特征的审美设计感知。然而为获得更全面的理解，网站界面可用性也经常通过多属性来描述。例如，Henriksson 等[3]提出内容的可读性、网站界面导航的便利性、网站内结构的坚固性、访问网站界面的障碍性、与旧系统的兼容性和网站的用户友好性等多方面属性；Lee 等[4]强调内容组织属性、导航系统属性、视觉显示属性、排版和色彩应用等方面的属性。

　　可用性也可以简单地被定义为使用的能力，可以通过捕捉用户的感知和行为来测量。感知是指用户通过考虑一组设计属性来感知可用性，而行为则是指用户与信息系统（或软件产品）的交互程度，也可以视为在规定的时间内，用户在信息系统（或软件产品）上的活动及用户完成任务的程度。强调用户行为并突出用户视角，有利于理解用户及其需求。通常，可以通过观察用户如何以适当的方式与信息系统交互来测量用户行为。许多研究采用多种标准来测量用户交互行为，从而显示用户与信息系统（或软件产品）的交互水平，如有效性和效率。有效性是指任务成功完成的程度，也称任务完成率。效率与任务执行的容易程度有关，包括任务完成的时间和错误率等。还有部分研究关注并分析用户行为中所需的联机帮助数、完成任务的平均时间和完成任务的平均步骤数等方面。

可用性测评一般是指通过用户的使用来评估产品的技术，通过用户的真实使用体验，观察、记录和分析用户的行为和感知，以改善产品或服务可用性的一系列方法，它也是以用户为中心设计思想的重要体现。测试过程是一个结构化的过程，主要通过不同方法进行。不同的可用性测试方法在产品研发和设计过程的应用、使用时机和所产生的作用不同，在定性和定量上的侧重点也不同。图 1-2为可用性测评框架，代表性用户使用产品，然后观察并记录下各种信息，界定出可用性问题。测试产品对象是指被测评的软件产品或信息系统。可用性测评标准指一系列测评关注点，包括易学性、效率、易记性、低错率和主观愉快性。但应注意，不同软件产品或信息系统对可用性测评标准的要求有所不同，因此，需要对可用性测评标准进行具体分析。在后面的章节中，将详细介绍可用性测评中的各个环节、各个组成部分及其测评标准等内容。

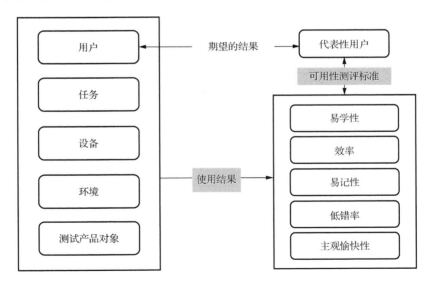

图 1-2　可用性测评框架

软件产品或信息系统的应用质量可分为内部质量与外部质量两部分[5]。一些学者将软件产品或信息系统的应用质量通过过程测量、内部测量、外部测量和使用质量测量进行细化，其质量模型框架如图 1-3 所示。内部质量包括一系列属性特征，如功能性、可靠性、易用性和效率。外部质量包括维护性和可移植性等。每种特征又包含若干个子特征。由芳等[5]将软件产品或信息系统内部质量和外部质量特征通过图 1-4 表示，进一步解释软件产品或信息系统质量。

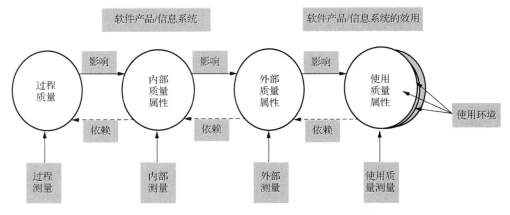

图 1-3　软件产品或信息系统质量模型框架[5]

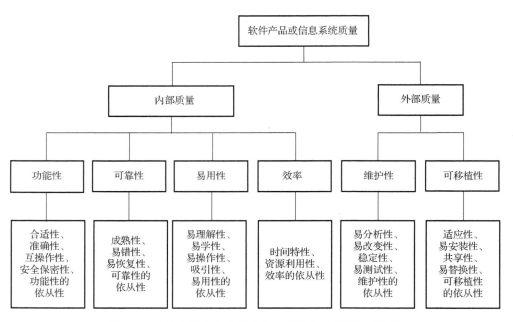

图 1-4　软件产品或信息系统内部质量和外部质量特征[5]

随着计算机技术和软件应用的全球化，特别是互联网的发展与应用，用户的多样性与现有信息系统间的潜在交互成为一个重要问题。了解用户的智力、个性、文化和对软硬件了解的差异，对于扩大市场份额、支持所需的电子服务以及使更广泛的用户创造性地参与至关重要。一些学者将这种可用性的普及应用称为通用可用性（universal usability）[6]。认为当负担得起的、有用的和可用的技术能够满足绝大多数用户的需求时，就可以实现通用可用性。这就需要强化教育机构、企业和政府的共同努力来应对技术多样性、用户多样性和用户知识差距方面的挑战。

可用性是决定信息系统或服务质量的关键因素，被广泛用于各类电子信息系统中[7]。例如，在健康医疗信息系统产品开发过程中强调可用性设计与测试[8]，可以确保个人平板电脑开发软件的质量[9]，从而准确地保存患者的电子健康记录，并通过移动设备进行访问[8, 10, 11]。同样，在电子系统中强调可用性应用有助于提高电子系统的使用质量，包括用户界面样式、属性、对话结构和功能[12]。此外，在电子银行[13]、数字图书馆[14]、健康医疗系统[8]、电子商务系统和电子学习系统中可用性都被强烈要求[15, 16]。本书将详细介绍可用性在在线旅游信息系统、社交商务信息系统、移动应用程序和电子政务信息系统中的应用。

1.2　本书内容安排

本书详细介绍可用性的定义、应用和测评方法。通过具体可用性测评实验及其结果，帮助读者深入理解可用性对软件产品或信息系统的影响与作用，使读者能够尽早地、系统地对软件产品和信息系统开展可用性测评，从而提高系统的交互性和用户的满意度。

本书共 9 章，各章主要内容如下：

第 1 章，介绍可用性基本概念及其应用。使读者了解可用性的定义、发展、与软件产品或信息系统的关系以及在现实生活中的不同应用。

第 2 章，介绍可用性概论，包括可用性工程、可用性的影响与交互设计中的可用性等内容。可用性工程从工程学的视角，介绍可用性度量和可用性工程的生命周期等相关内容。在可用性的影响中，详细描述可用性对系统和用户的影响。强调可用性在交互式设计与开发中，应以用户为中心。

第 3 章，论述可用性测评及其设计，包括可用性测评的概念、目标与原则、流程与实施，可用性测评任务分析与设计，环境与材料准备和性能测量与数据分析方法。

第 4 章，论述可用性测评方法，测评的常用方法主要有分析法和实验法两大类。分析法和实验法都是测评的重要方法，主要区别在于，分析法通常不需要用户提供数据，而是依赖使用结构化方法进行审查和测评；实验法则是根据实验数据得出结论，结论可以是定性的，也可以是定量的。

　　第 5 章，介绍在线旅游信息系统可用性及其测评，包括在线旅游信息系统可用性测评设计、在线旅游信息系统选择、测评任务表设计、可用性测评结果与分析。另外，指出个性化差异与可用性存在紧密联系，通过性别差异与可用性测评结果和用户行为差异与可用性测评结果分析，可使读者进一步了解可用性在在线旅游信息系统中的重要性。

　　第 6 章，介绍社交商务信息系统可用性及其测评，并提出社交商务信息系统可用性设计。可用性设计包括社交商务信息系统概述、社交商务信息系统设计原则、社交商务信息系统设计概念及模型、社交商务信息系统可用性设计、社交商务可用性设计与用户购买决策关系。说明可用性与购买决策间的影响，特别强调性别、年龄在可用性与购买决策间的影响。

　　第 7 章，论述移动应用程序可用性，包括移动应用程序介绍、移动应用程序可用性评估和移动应用程序可用性设计。在移动应用程序介绍中，介绍移动应用程序的分类和特征。在移动应用程序可用性评估中，介绍移动应用程序可用性的概念、挑战和评估方法分析。在移动应用程序可用性设计中，介绍移动应用程序可用性设计原则、属性、特征及其关系，以及不同类型的移动应用程序可用性设计特征和可用性设计原则与不同类型应用程序间的关系。

　　第 8 章，介绍电子政务信息系统可用性与可信性，主要通过介绍测评过程、结果分析、可用性问题分析和总结、解决方案与再设计，可使读者详细深入地理解电子政务信息系统可用性及其测评方法。

　　第 9 章，对信息系统可用性及其测评方法的研究进行总结，并展望后续研究工作，为读者深入思考信息系统可用性及其测评方法提供参考方向。

1.3　小　　结

　　本章主要介绍了可用性概念，从不同角度阐述了可用性的定义。指出可用性通常用来衡量用户使用软件产品或信息系统时执行任务的容易程度和效率。通过本章内容，读者可了解可用性定义、发展、与软件产品或信息系统的关系，以及在现实生活中的不同应用。

　　本章还介绍了全书的主要内容安排。

参 考 文 献

[1] YOUNGBLOOD N E, MACKIEWICZ J. A usability analysis of municipal government website home pages in Alabama[J]. Government Information Quarterly, 2012, 29(4): 582-588.

[2] NIELSEN J. Heuristic Evaluation: Usability Inspection Methods[M]. Hoboken: John Wiley & Sons, 1994.

[3] HENRIKSSON A, YI Y, FROST B, et al. Evaluation instrument for e-government websites[J]. Electronic

Government, an International Journal, 2007, 4(2): 204-226.

[4] LEE S, KOUBEK R J. The effects of usability and web design attributes on user preference for e-commerce web sites[J]. Computers in Industry, 2010, 61(4): 329-341.

[5] 由芳, 王建民. 可用性测试[M]. 广州: 中山大学出版社, 2017.

[6] SILVA R F L, COSTA A D L, THOMANN G. Design tool based on sensory perception, usability and universal design[J]. Procedia CIRP, 2019, 84: 618-623.

[7] HUANG Z, BENYOUCEF M. From e-commerce to social commerce: A close look at design features[J]. Electronic Commerce Research and Applications, 2013, 12(4): 246-259.

[8] HUANG Z, GAI N N. Exploring health care professionals' attitudes of using social networking sites for health care: An empirical study[J]. Lecture Notes in Computer Science, 2014, 8531: 365-372.

[9] HUANG Z, YU W Y. Bringing e-commerce to social networks[J]. Lecture Notes in Computer Science, 2016, 9751: 46-60.

[10] HUANG Z, TIAN Z Y. Analysis and design for mobile applications: A user experience approach[J]. Lecture Notes in Computer Science, 2018, 10918: 91-100.

[11] HUANG Z, BENYOUCEF M. Usability and credibility of e-government websites[J]. Government Information Quarterly, 2014, 31(4): 584-595.

[12] HUANG Z, BENYOUCEF M. User preferences of social features on social commerce websites: An empirical study[J]. Technological Forecasting and Social Change, 2015, 95: 57-72.

[13] HUANG Z, BENYOUCEF M. The effects of social commerce design on consumer purchase decision-making: An empirical study[J]. Electronic Commerce Research and Applications, 2017, 25: 40-58.

[14] YUAN L, HUANG Z, ZHAO W, et al. Interpreting and predicting social commerce intention based on knowledge graph analysis[J]. Electronic Commerce Research, 2020, 20(1): 197-222.

[15] HUANG Z, ZHAO W. The study of web service discovery: A clustering and differential evolution algorithm approach[C]. IEEE SmartCity, Zhangjiajie, China, 2019: 2618-2622.

[16] STAKHIYEVICH P, HUANG Z. An experimental study of building user profiles for movie recommender system[C]. IEEE SmartCity, Zhangjiajie, China, 2019: 2559-2565.

第2章 可用性概论

2.1 可用性工程

可用性工程（usability engineering）涉及人机交互的应用领域，特别强调设计应具有高可用性和用户友好的界面，是一种以提高软件产品可用性为目标的先进产品开发的方法论。可用性工程最早出现在20世纪80年代，首先在一些大型IT企业中获得工业应用，并在20世纪90年代得到迅速普及。目前，国际知名IT企业大多建立了规模较大的产品可用性部门，并配有专业的可用性研究人员。

可用性工程主要满足两方面的需求：一是遵循一定的设计方法，保证信息系统或软件产品具有较高的可用性；二是根据日益突出的可用性问题，寻找解决问题的方法。它为实现界面设计的效率和优雅程度，提供了结构化的方法。可用性工程借鉴了许多其他领域的方法和技术，突出表现在交互式软件产品研发中，注重以用户为中心的设计、测试和研发的理念思想。其主张无论什么信息系统或软件产品，用户是最终的使用者。因此，任何软件产品、信息系统或服务都应满足高可用性。它还坚持无论系统的内部如何复杂，软件产品最终展现给用户的都应该是一个易用且高效的使用界面。

可用性工程的交互设计与用户体验设计相比，最主要的区别是关注测试和提出改进可用性的建议，而不是设计。然而，可用性工程师在某种程度上仍可能参与设计，特别是线框或其他原型的设计。可用性工程的交互设计通过提高产品可用性的迭代过程，贯穿于产品软件设计准备阶段、设计阶段、实现阶段、产品投入使用阶段和维护阶段。

本章在论述可用性概论时，将详细介绍可用性度量、可用性工程的生命周期、可用性对信息系统和用户的影响和交互设计中的可用性等相关内容。

2.1.1 可用性度量

常用的可用性度量方法是先选择能够代表目标用户群体的测试用户，由测试用户使用信息系统或软件产品，执行一组预先设计的任务，再通过分析和比较任务的执行完成情况，得出可用性结论。当测试用户的选取较为困难时，可以通过实际用户在工作现场执行日常任务的办法进行度量。值得注意的是，可用性度量一定要针对特定的用户和特定的任务进行。当任务不同时，用户对可用性的结果预期也可能不同。例如，用户在电子商务系统搜索商品和在电子图书系统搜索文献的要求不同，那么在执行可用性度量时，需要先确定一组具有代表性的测试任务，才能充分展现不同可用性属性的度量结果。

可用性不仅仅具有一个维度、一个属性，其测试系统整体的可用性，通常聚焦于多维度、多属性，取每个可用性属性的平均值，然后与已经确定的某个标准进行比较。值得注意的是，不同用户之间的差异性通常又称为用户个性化差异，会对可用性产生影响，将在后面章节中详细介绍。人们主要关注易学性、使用效率、有效性、易记性、错误率和满意度这六个可用性维度[1]，并给出相应的度量方法。

1. 易学性

易学性是可用性维度中比较容易度量的维度。可以通过在从未使用过信息系统或软件产品的用户中，统计其学习使用此系统至某种熟练程度的时间。通常熟练程度以用户能够执行并完成某个特定具体任务的方式来描述，或者当用户能够在特定时间内完成一组特定任务时，称其达到了一定的熟练程度。如图 2-1 所示，学习曲线表示的是一段持续改进的用户绩效，而没有明确区分学会和未学会两种状态。易学性的度量则是通过将某个特定绩效水平定义为用户已经学会系统，并能够达到某个熟练水平的标志，以度量用户达到这个水平所用时间作为易学性的度量标准。

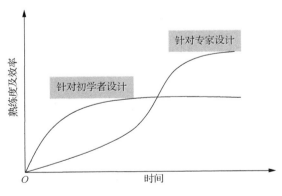

图 2-1　系统的假定学习曲线[1]

用户一般在学习了部分界面功能后就可以开始使用信息系统或软件产品，而不需要学完整个用户界面的功能之后再使用。基于用户直接使用系统的倾向，不仅要度量用户需要花多长时间掌握这个系统，还应当度量花多长时间执行或完成某些特定任务的熟练程度。另外，选取用户时，要考虑能够代表系统目标用户的测试用户，而且有必要对是否有计算机使用经验的用户分别度量，有助于获取更为准确的结果。

2. 使用效率

使用效率通常用来描述熟练用户达到学习曲线平坦阶段时的稳定绩效水平。用户的人为因素和信息系统的复杂性，导致少数用户无法迅速达到最终的绩效水平。这需要该部分用户花费更多的时间学习额外的高级功能。研究表明，学会高级功能后，在使用信息系统中节省的时间，往往多于学习这些功能所花费的时间，因此这种学习是十分必要的。

对使用效率的度量同样要区分不同的用户群体。如果度量的是有经验用户的使用效率，那么需要选择有经验的用户来测试。通常用户是否有经验可通过使用信息系统的时间来定义，如每周平均使用小时数等。在测试时，准许用户使用信息系统一段时间后，再度量其绩效水平。当发现用户的绩效水平在一段时间内不再提高时，通常认为该用户已经达到了稳定的绩效水平。

3. 有效性

有效性主要表明信息系统或软件产品是可用的，并帮助用户准确地实现他们的目标。如果用户不能实现目标或做了不必要的事情，那么体验就失去了意义。如果设计者能够测量有效性，就可以更深入地理解用户成功定义的思路，并且能知道掌握的哪些设计思想在实现目标时是有用的。

4. 易记性

易记性主要度量非频繁使用用户。非频繁使用用户是指有一定的信息系统或软件产品的使用经验，但不频繁使用该信息系统或软件产品的用户。当此类用户与信息系统交互时，只需要基于之前的使用经验来回忆系统如何使用。优秀信息系统或软件产品的用户界面，有助于记忆。对非频繁使用用户进行测试，最能体现系统的易记性。

易记性的度量方法主要有两种：一种是对特定长时间内没有使用系统的用户进行标准用户测评，记录这些用户执行特定任务的表现结果；另一种是对用户进行记忆测试，如在用户完成一个应用系统的特定任务后，让用户解释各种命令的作用，或者说出对应某种功能的命令选项，甚至可以要求用户解释相应的图标等。

易记性不是单纯强调用户的记忆。信息系统界面设计的重要原则是尽可能让用户从界面上看到更多的东西。必要时信息系统会通过界面给予用户足够的提示，让用户在使用信息系统时不用主动记忆内容。

5. 错误率

错误率是指用户在信息系统或软件产品中执行特定任务时发生错误的频次与操作次数的比例。按照对执行任务的影响，错误可以分为两种：一种错误发生后能够被用户立刻纠正，因而除了可能影响任务处理的速度外，不会对最终结果带来严重影响；另一种错误不易被用户发现，从而可能对最终结果造成影响，使结果难以恢复。一般情况下，前一种错误常在使用效率中考虑，而错误率度量是重点统计分析后一种错误，因此在进行设计时，要将后一种错误发生的频率降到最低。

6. 满意度

满意度是指用户对信息系统或软件产品的主观评价。但考虑到主观满意度的准确性，通常会减少单个用户评价的主观性，而将多个用户的结果综合起来取其平均值，以获得相对客观的度量。有时也会参照并结合社会学或心理学。满意度度量通常在用户测评完成后进行，通过调查问卷、询问访谈等方式，要求用户对所用信息系统或软件产品进行量化打分。要注意的是，对新系统的评价，一定要在用户使用系统执行真实的任务之后进行，这是由于使用系统前后对问卷的回答会存在较大的差异。

对于每个用户，信息系统或软件产品可用性的每个要素都同等重要。而且每个要素都为用户提供了一个机会，可以更好地理解一个信息系统或软件产品的可用性需求。上述维度的平衡，可以确定界面设计的方向，如图 2-2 所示。换而言

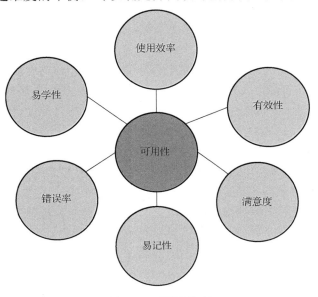

图 2-2　可用性维度

之，可以理解为可用性依赖哪些内容。对于一些用户，使用效率更为重要；对于另一些用户，易记性和错误率要放在首要位置。通过可用性进行思考带来的价值比简单理解用户的利益更为重要。因此，在必要时必须进行平衡，给出设计方法和辨别方向。

2.1.2　可用性工程的生命周期

可用性工程的生命周期主要包含三个阶段：①需求分析阶段；②设计、开发、测试阶段；③安装部署阶段。其流程如图 2-3 所示。

第一阶段：需求分析阶段。主要通过用户分析、任务分析、功能分析和设计原则等，设立可用性目标。用户分析主要了解个体用户特征；任务分析是指了解用户当前的任务和需要的任务；功能分析包含用户及其工作的演变；设计原则是针对用户任务和功能的实现。

第二阶段：设计、开发、测试阶段，主要包含三部分内容。

首先是设计部分。其主要目的是通过设计分离出主要流程。通过内容构建、并行设计、参与设计、界面协同设计，产生概念模型设计。内容构建是指为用户提供客户端上内容模块构建的解决方案，构建用户内容交互场景。并行设计是指在确定设计方案前，先由不同的设计人员进行独立初步的设计，对不同的方案进行探索，再对所确定的设计方案做进一步开发，开展更细致的可用性活动。参与设计是通过设计人员与用户的定期会议，让用户参与设计过程，从而进一步了解用户日常工作中的需求。界面协同设计主要是使软件产品相关的内容、版本保持高度一致性。概念模型设计用来描述现实世界的概念模型，提供了标识实体类型、属性和联系的方法。

其次是原型开发部分。原型是整个软件产品完成之前的一个框架设计。简单来说，此阶段是将模块、元素、人机交互的形式，利用线框描述的方法进行表达。在设计原型开发中，一般分为垂直原型和水平原型。垂直原型是通过减少原型中功能数量的方法产生原型。它是一个狭窄的系统，包含了某些完整的功能和少数选择的功能。垂直原型只用来测试系统中有限的一部分，但可用真实的用户任务在逼真的情况下进行有深度的测试。水平原型是指拥有整个完整系统的用户界面，却没有底层功能的原型，不能执行真实任务的界面仿真。在受控条件和环境下，安全性测试可通过用户测评来解释"因果"关系。用户测评分为用户间测评和用户内测评。用户间测评是在不同的信息系统测试中使用不同的测试用户，每个用户只参与一个测试过程，但需要为不同的测试条件准备大量的测试用户，以消除各组测试用户之间的随机差异。用户内测评是指让所有的测试用户使用所有被测试的信息系统，从而消除个体差异。

最后是测试部分，是可用性工程生命周期的重要环节。该环节可以深入详细

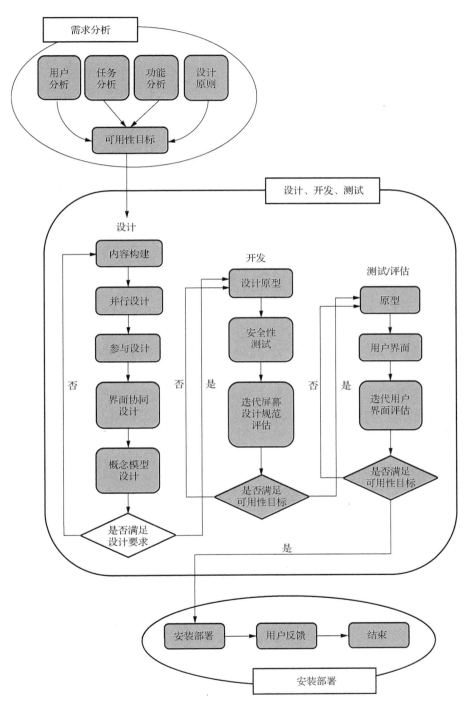

图 2-3 可用性工程的生命周期流程

了解可用性，发现存在的可用性问题，并为进一步提高可用性提供具体解决方案。但因为信息系统的用户在知识、技能和经验等方面存在显著不同，所以信息系统在可用性需求上存在巨大差异，不同的用户需求增加了设计人员在开发信息系统时对可用性认识的挑战。用户参与明确了用户的观点，有助于用户及其可用性需求的理解。此外，测试还可以直接确定引起用户对可用性最大关注的设计特征。可用性测试结果需要进行严重性评价排序，修改可用性问题。通过用户交互过程的日志或可用性指南知识，建立不同方案，并进行反复测试，直到满足预先设定的可用性目标。

此外，为了实现提出的设计，需要注意以下事项：

（1）商业组织和 Web 开发人员需要在设计之前制订一个以用户为中心的合理计划。换而言之，需要用户参与信息系统或软件产品的开发。

（2）当设计信息系统或软件产品时，设计人员应向用户详细介绍和解释具体的原则，并要求用户检查原则是否能满足其要求。

（3）如果具体的设计原则相互冲突，设计人员需分析具体情况下应遵循的特定原则。此外，必须在强制性设计功能和为设计人员提供丰富灵活的设计功能之间找到平衡。

（4）设计人员应该利用以前的经验和成功案例来评估具体的设计需求。

第三阶段：安装部署阶段，包括安装部署、用户反馈直到结束。

安装部署是将设计、开发、测试各阶段的主要工作内容按预定的工作方案，进行具体的安装部署。用户反馈是指将用户交互过程的日志或可用性指南知识，通过反馈建立不同的修改方案，继续进行完善。

2.2　可用性的影响

可用性是决定软件产品质量和确保用户参与的一个重要因素[2, 3]。本节从可用性的重要性来阐述可用性对信息系统和用户的影响。

2.2.1　可用性对信息系统的影响

可用性对信息系统的设计有很大影响。例如，对在线信息系统设计的属性存在很大影响，包括内容质量、视觉和表现风格、导航、文本信息、广告、社交媒体辅助等的影响。其中，内容质量要求系统提供优质服务；视觉和表现风格涉及页面的大小、布局和图像数量；导航需使用网站地图、搜索工具和可选语言；文本信息可提供首页标题、关键词数量和文本长度；广告涉及对在线系统广告时长的限制；社交媒体辅助则是指使用社交媒体工具。

可用性对信息系统的影响也体现在服务质量、界面设计和信息系统结构开发中。

　　在服务质量上，因为各种电子服务都是基于网络信息系统传递，所以电子服务在很大程度上依赖网络在线功能。较好的网络在线功能可以确保用户的服务交付价值。这种价值可以通过关注可用性、定制性、开放性和透明性来实现。特别是直观的菜单系统、站点地图、新信息指示、搜索工具、统一的报头和帮助功能等，支持提供服务质量。

　　在界面设计上，信息系统界面在很大程度上也代表了电子信息系统的质量。例如，在线政务系统可用性强调六个维度，包括在线服务、用户帮助、导航、合法性、信息架构和可访问性。具体来讲，在线服务要求在线政务系统提供高质量服务；用户帮助需提供高满意度的电子联系和交互机制；导航为用户在系统界面中提供快速找到特定目的地的指导；合法性通过设计安全政策和隐私声明，证明在线政务系统的可靠性；信息架构可解决信息结构和组织问题，便于用户清楚理解；可访问性关注是否具有相关辅助功能，是否允许特殊用户（如残疾用户）轻松访问[4]。

　　在信息系统结构开发中，用户是重点。为了关注用户并探索他们的需求，开发易于使用的信息系统是一种创造用户价值的方法，因此信息系统结构需要从服务导向转为用户导向。可用性特性，如站点地图、搜索工具、多语言和友好界面都是支持信息系统易于使用的重要组件[5]。

2.2.2　可用性对用户的影响

　　信息系统可用性对用户的满意度、用户偏好和感知力都有显著影响。用户满意度与信息系统交互形式设计、可用性、安全性、信息质量和服务可靠性直接相关。用户偏好与可用性的系统访问程度、信息系统的查询能力、加载速度、信息的有用性和灵活性密切相关。感知力使得用户的期望值更高，对信息系统提供服务的使用产生决定性的影响。

　　可用性也是促进用户与信息系统交互的关键驱动因素。其反映了用户对在线信息和服务可用性的感知，同时也反映出用户访问、导航和使用信息及服务容易性的认知。提供有效的可用性设计，会显著影响用户与信息系统的交互。研究表明，用户是否使用电子信息系统，在很大程度上取决于信息系统是否显示出易学性、易导航性、易用性，并提供准确、可信、可理解的信息和安全的交易过程，这些因素中大多数属于可用性的方面。Luna 等[6]也指出可用性问题，如内容难理解、导航能力差、显示过载、结构不一致、缺乏灵活性和搜索功能有限等信息，容易负面影响用户对在线信息系统的态度。通常，用户会根据对信息系统的第一印象来判断其可用性。Sultana 等[7]研究指出，外观美学设计与可感知的可用性密切相关，是用户满意度和愉悦感的关键决定因素。信息系统外观设计可以看作是"外观可用性"，比可用性的其他属性更容易、更快速被用户感知和判断[7]。用户对电子信息系统外观的感知，在很大程度上会影响电子信息系统的可用性。

用户表现一般是指用户与信息系统或软件产品之间的交互程度。用户表现的结果，也可以反映在给定时间内用户在信息系统上的活动和用户完成任务的程度。其主要目的是通过多个指标（如完成任务时间、交互效率和错误消息数）来衡量用户行为，从而揭示用户与信息系统的交互程度，好的用户行为意味着高可用性。此外，可用性也会影响用户需求的决策行为。用户出现可用性错误而无法访问和使用服务时，会增加用户的不满情绪。这种不满可能会阻碍用户再次访问或使用该信息系统，且不向他人推荐使用该系统。由此可见，信息系统可用性和用户行为表现关系密切，因此这两者在可用性测试时需要一起强调并考虑，从而设计出更好地满足用户需求的信息系统。

2.3　交互设计中的可用性

交互设计的思维方法是基于工业设计以用户为中心的方法。从用户角度，交互设计是一种使产品易用、使用有效而令人愉悦的技术。它关注目标用户特征及其期望，以了解用户与产品发生交互的行为及用户本身的心理和行为特点。例如，用户关于信息系统的经验，关于计算机使用的经验或关于任务领域的经验。同时，还包括了解各种有效的交互方式，并对它们进行扩充。

交互设计活动主要包括四个方面[1]，如图 2-4 所示。

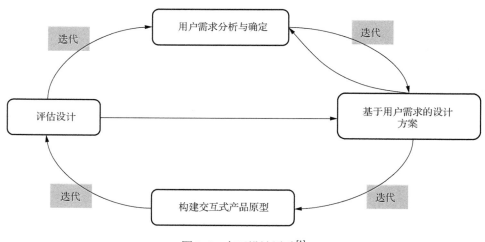

图 2-4　交互设计活动[1]

（1）用户需求分析与确定。分析用户需求信息，并确定建立用户需求。用户需求是设计的根本，交互设计是基于对用户需求的理解和分析展开的。用户需求分析与确定需要详细了解目标用户及其特征，了解在设计中应实现哪些交互技术，且提供哪些交互支持。

（2）基于用户需求的设计方案。设计方案是实现设计构思的过程，方案模型设计分为概念模型设计和物理原型设计。概念模型设计主要描述产品的业务过程、功能过程、界面功能等。物理原型设计则需考虑产品的细节设计，如界面设计、菜单结构、导航功能、色彩图标设计等。

（3）构建交互式产品原型。交互式产品原型是设计整个产品的框架，通过交互式产品原型构建，实现用户与产品的交互。原型设计是交互设计人员或软件产品开发人员沟通的最好工具。可将以用户为中心的交互设计理念，贯穿整个产品原型，为之后的通信测试与评估奠定基础。

（4）评估设计。交互设计中的评估主要集中在可用性方面，通过测评用户在使用软件产品时的错误率、任务完成度、执行效率、产品的吸引程度、用户的满意度等，发现交互设计中的设计问题。交互设计鼓励用户参与到设计开发的环节中，从而提高产品的可用性和用户接受使用产品的满意度。

交互设计活动中，以用户为中心的设计理念、明确的可用性标准和进行迭代的设计方法是重要的组成部分[8, 9]，包括以用户为中心的设计理念、确保用户的关注度、鼓励用户参与设计开发、建立用户测评与反馈机制。建立可用性标准有利于用户交互的顺利实施，使信息系统开发过程有明确的可用性和用户体验的目标，便于随时检查。迭代是重复反馈过程的活动，其目的通常是逼近所需的目标或结果[10]。每一次对过程的重复称为一次迭代，而每一次迭代得到的结果会作为下一次迭代的初始值。在交互式设计中，设计人员可通过迭代方法，利用用户参与的结果或反馈来不断改进设计[11]。

信息系统或软件产品的交互设计是由不同的设计规则所指导。这些设计规则可为设计者和开发者提供重要的指导，帮助他们深入理解可用性，针对具体可用性问题做出判断并提出解决方案，从而进一步增强信息系统或软件产品整体的可用性[12]。研究学者和相关专家总结出的设计规则，可在实际的信息系统设计、软件产品开发过程中广泛应用。但值得注意的是，这些设计规则来源于研究者的经验和总结，不能完全满足所有信息系统的设计需求[13]，在实际应用时，要根据设计目标和要求进行分析、调整和细化，才会构建出更好的交互信息系统或软件产品[14]。

交互设计中的可用性能够具体解释以用户为中心的信息系统开发要点，帮助设计人员聚焦交互式系统特征[10-15]。Nielsen 等[8]提出的十项可用性启发式准则最为著名。这些设计准则经常被应用到各类信息系统可用性工程生命周期的测试阶段，有力地提升了信息系统可用性，增强了用户与信息系统的交互，最终提高了用户的满意度[16]。第 5 章、第 8 章将详细介绍和讨论信息系统测试中的 Nielsen 可用性启发式准则与应用，本小节解释相关内容如下所述。

（1）系统状态的可见性。系统应始终在恰当的时间通过反馈让用户了解系统的工作状态。例如，当处理任务需要一段时间时，系统应该显示系统正在处理、用户需要等待的指示。

（2）系统与现实世界相匹配。系统应该避免使用面向系统的专业术语，而使用用户的语言以及用户熟悉的词、短语和概念，应遵循现实世界的惯例，通过一种自然并合乎逻辑的次序，将信息与内容呈现在用户面前。例如，将检索信息按照相关性排列，关联性越强，排序越靠前。

（3）用户控制和自主权。系统应在交互期间提供撤销和重做功能，并支持用户随时离开系统。当用户执行错误操作后，系统应该允许用户撤销和重做任务，或者通过退出操作帮助用户离开异常状态。

（4）一致性和标准化。系统设计应遵循特定平台的惯例并接受标准，保持相同的设计特性，如一致的字体、版式、颜色等。这在很大程度上会帮助用户建立系统一致性和连贯性的认知，也可避免出现用户无法确定不同的词汇（或情境、动作）是否具有相同含义的情形。

（5）避免用户错误。一个能够预防用户错误发生的系统设计要比好的错误提示信息有用得多，因此系统应尽可能通过设计预防用户错误的发生。同时支持用户克服困难，改正错误，并防止同样的错误再次发生。例如，设计在线表格时，可通过标注必填信息和选填信息帮助用户正确完成表格填写和顺利提交。

（6）依赖识别而非记忆。系统界面的对象、操作和选项都清晰可见。系统使用说明在任何时候都能清晰可见，且易于获取。用户在执行并完成任务的交互过程中，不必记忆任何信息和步骤。

（7）使用的灵活性和高效性。系统应该兼顾新手和有经验用户的使用。允许用户定制快捷和频繁使用的选项菜单。应用快捷键加速用户交互过程，能够快速为有经验用户使用，且对新手用户不可见。

（8）审美学与最小化设计。在对话中应避免使用无关或极少使用的信息。对话框中任何一个额外信息，都会与对话中的相关信息形成竞争，降低信息的可见性。

（9）帮助用户识别、诊断和订正错误。系统应该通过简明的文字显示错误信息，准确指出错误，并提出建设性的解决方案。例如，当用户输入格式出现错误时，系统会弹出错误提示框，说明问题并显示正确的输入格式。

（10）帮助和文档。系统应尽可能让用户在不使用文档或不依赖帮助的情况下使用，但提供帮助和文档仍然非常有必要。帮助信息应该易于检索，紧密围绕用户的任务指出要执行的具体步骤，并且篇幅不宜太长。用户可以在系统中随时发现、使用，并退出帮助和文档。

2.4　小　　结

首先，介绍了可用性工程的概念和发展过程，指出可用性工程涉及人机交互的应用领域。可用性工程特别强调设计且具有高可用性和用户友好的界面，是一种以提高软件产品可用性为目标的先进产品开发的方法[9]。详细介绍了可用性度量及其属性。可用性度量往往聚焦于多维度、多属性。同时，还详细介绍了可用性工程的生命周期，包含三个阶段：需求分析阶段，设计、开发、测试阶段，安装部署阶段，并阐述了三个阶段的流程[17]。

其次，阐述了可用性的影响。可用性的影响包括对信息系统的影响和对用户的影响[10]。可用性对系统的影响体现在服务质量、界面设计和信息系统结构开发中，目前的信息系统结构需要从服务导向转向为用户导向。可用性对用户的影响，体现在信息系统可用性对用户的满意度、期望度和感知力[18]，这也充分说明可用性是促进用户与信息系统交互的关键驱动因素[19]。

再次，阐述了交互设计中的可用性。交互设计的思维方法是基于以用户为中心的设计方法。建立以用户为中心的设计理念、明确的可用性标准和进行迭代的设计方法，都是交互设计中可用性的重要组成部分。在交互设计中，设计人员通过迭代方法，利用用户参与结果或反馈不断改进设计。

最后，提供了信息系统或软件产品交互设计的设计规则。这些设计规则为设计人员和开发人员提供了重要指导，帮助他们深入理解可用性，并且针对具体可用性问题做出判断并提出解决方案，从而进一步增强信息系统或软件产品整体的可用性。

参 考 文 献

[1] 冯桂焕. 人机交互: 软件工程视角[M]. 北京: 机械工业出版社, 2016.

[2] SANTOS E M, REINHARD N. Setting interoperability standards for e-government: An exploratory case study[J]. Electronic Government, an International Journal, 2007, 4(4): 379-394.

[3] JABANGWE R, EDISON H, DUC A N. Software engineering process models for mobile app development: A systematic literature review[J]. Journal of Systems and Software, 2018, 145: 98-111.

[4] ALADWANI A M. A cross-cultural comparison of Kuwaiti and British citizens' views of e-government interface quality[J]. Government Information Quarterly, 2013, 30(1): 74-86.

[5] KUMAR B A, MOHITE P. Usability of mobile learning applications: A systematic literature review[J]. Journal of Computers in Education, 2017, 5(1): 1-17.

[6] LUNA N C, HYMAN M R. Common practices in destination website design[J]. Journal of Destination Marketing & Management, 2012, 1(1): 94-106.

[7] SULTANA M, PAUL P P, GAVRILOVA M L. User recognition from social behavior in computer-mediated social context[J]. IEEE Transactions on Human-Machine Systems, 2017, 47(3): 1-12.

[8] NIELSEN J. Heuristic Evaluation: Usability Inspection Methods[M]. Hoboken: John Wiley & Sons, 1994.

[9] HUANG Z, ZHAO W. Combination of ELMO representation and CNN approaches to enhance service discovery[J]. IEEE Access, 2020, 8: 130782-130796.

[10] HUANG Z, BENYOUCEF M. User preferences of social features on social commerce websites: An empirical study[J]. Technological Forecasting and Social Change, 2015, 95: 57-72.

[11] HUANG Z, GAI N N. Exploring health care professionals' attitudes of using social networking sites for health care: An empirical study[J]. Lecture Notes in Computer Science, 2014, 8531: 365-372.

[12] HUANG Z, YU W Y. Bringing e-commerce to social networks[J]. Lecture Notes in Computer Science, 2016, 9751: 46-60.

[13] HUANG Z, TIAN Z Y. Analysis and design for mobile applications: A user experience approach[J]. Lecture Note in Computer Science, 2018, 10918: 91-100.

[14] HUANG Z, BENYOUCEF M. Usability and credibility of e-government websites[J]. Government Information Quarterly, 2014, 31(4): 584-595.

[15] HUANG Z, BENYOUCEF M. The effects of social commerce design on consumer purchase decision-making: An empirical study[J]. Electronic Commerce Research and Applications, 2017, 25: 40-58.

[16] YUAN L, HUANG Z, ZHAO W, et al. Interpreting and predicting social commerce intention based on knowledge graph analysis[J]. Electronic Commerce Research, 2020, 20(1): 197-222.

[17] HUANG Z. Developing usability heuristics for recommendation systems within the mobile context[J]. Lecture Note in Computer Science, 2019, 11586: 143-151.

[18] HUANG Z, ZHAO W. The study of web service discovery: A clustering and differential evolution algorithm approach[C]. IEEE SmartCity, Zhangjiajie, China, 2019: 2618-2622.

[19] STAKHIYEVICH P, HUANG Z. An experimental study of building user profiles for movie recommender system[C]. IEEE SmartCity, Zhangjiajie, China, 2019: 2559-2565.

第 3 章　可用性测评及其设计

3.1　可用性测评

3.1.1　可用性测评的概念

可用性测评是一项通过用户的使用来评估产品的技术，它反映了用户的真实使用经验，可视为一种不可或缺的可用性检验过程。换而言之，可用性测评是指让用户使用产品或服务的设计原型或产品原型，通过观察、记录和分析用户的行为和感知，以改善产品或服务可用性的系列方法。它适用于产品或服务前期设计开发、中期改进和后期维护完善的各个阶段，是突出以用户为中心设计思想的重要体现。

可用性测评是 1981 年提出的，多年来只停留在概念中。目前，可用性测评及其设计已成为产品或服务设计开发和改进维护各个阶段必不可少的重要环节。它的价值在于初期及早发现产品或服务中可能会存在的问题，在开发或投产之前提供改进方案，从而节约设计开发成本。在产品或服务的销售出现问题，或是使用过程中出现无法及时、精确地找到解决关键的使用问题时，可用性测评可以在很大程度上提高解决问题的效率。可用性测评不但可以获得用户对产品或服务的认可程度，还可以获得一些隐含的用户行为规律。

广义的可用性测评，是基于一定的可用性准则来进行评估产品的一种技术，该技术用于探讨一个客观参与者与一个产品设计在交互测试过程中的相互影响，是一个结构化的过程。该过程主要通过不同的可用性测评方法进行区别。不同的可用性测评方法，在产品研发和设计过程的应用、使用时机等方面，能够产生不同的作用，因而在定性和定量上的侧重点也不尽相同。狭义的可用性测评，一般指用户的测试，让用户真正地使用软件系统，由实验人员对实验过程进行观察、记录和测量。

Nielsen[1]在 *Heuristic Evaluation: Usability Inspection Methods* 一书中，定义可用性测评是一项通过用户的使用情况来评估产品的技术，反映了用户的真实使用经验。产品的可用性，不仅能够被定义，而且可形成文档，并且能够被核实保存。在国际标准 ISO 9241—11：1998 中[2]，可用性测评被描述为在特定的使用背景下，可用性测评应该包括有效性、效率和满意度的具体对象或者数值。只有对有效性、效率和满意度进行了测评，才能得出一个工作系统的构建对整个工作系统的影响。

　　一个典型的可用性测评对象主要由三个部分组成，包括代表性用户、代表性任务和观察者。首先招募有代表性的用户，由这些用户来完成产品的典型任务；其次观察、记录各种信息，界定出可用性问题；最后提出使产品更易用的解决方案。ISO 9241—11：1998 明确定义：用户就是测评过程中与产品进行交互的人[2]，任务就是为了达到目标而必须进行的活动，可以是物理活动，也可以是认知活动。

　　另外，可用性测评强调产品的使用环境，不同的使用环境决定了具体采用哪种可用性测评方法，不同的使用环境也会直接影响测评结果。因此，当使用的背景不同时，其测评出的可用性等级也会有显著不同。使用环境一般是指用户、目标、任务、设备（硬件、软件和原料）及使用产品的物理环境和社会环境。

　　从用户、任务特点和使用背景这三者之间交互的复杂性角度可以看出，可用性测评的作用显得尤为重要，概括地说，可用性测评的作用主要体现在以下三个方面：

　　（1）获取反馈意见，以改进设计方案。

　　（2）评估产品是否能够实现用户和客户机构的需求。

　　（3）为了适应用户需求的变化，必须对系统进行不断地调整，可用性测评能够通过收集各种有关用户需求的数据获得反馈，为提升产品可用性指标提供数据来源。

　　可用性测评有时也被称为可用性评估。根据评估的时机不同，一般分为两种：形成性可用性评估和总结性可用性评估。这两种评估在产品设计、实现和测评的整个开发过程中，都起着重要作用。

　　形成性可用性评估，一般是在设计完成之前进行，而且越早进行效果越好。其可用于获得用户对产品或服务的反馈意见，在评估过程中尽可能地发现可用性问题，然后提出改进意见。如果有必要，可能会重复进行多次形成性可用性评估。其目的是收集定性数据，即对可用性问题发生的状况和原因做定性的调查，查找出错的原因，然后改进界面设计。

　　总结性可用性评估，则是在设计完成之后进行，绝大多数是采用较严格且更加正式的定量评价，对产品的使用效率、有效性和用户满意度进行度量，引导形成关于产品的可用性文档。总结性可用性评估所使用的方法是性能测评法[3]，通过走查用户需求和对比设计等方法，收集定量数据。例如，常用反应时间、错误率等来评定产品的整体质量。

　　各交互系统的设计与开发，都与可用性测评密切相关，可用性测评适用于整个工作系统中所有的产品。在设计初期进行的可用性测评，主要是为了获取用户意见来指导设计，使设计方案更贴近用户需求，而在此阶段的可用性测评，主要是利用一些模拟系统来完成。完成原型设计后，可用性测评能够针对原型提出反馈意见，以改进设计方案，直到系统满足设定的用户和组织需求。可用性测评作为产品团队的切入点，引导产品真正走向用户，从而获得用户意见，以提升产品整体的体验感。同时，可用性测评也能够为以后的产品设计提供指导与参考。

可用性测评内容包括：开始新设计之前对旧设计的测评、早期对竞争对手的设计的测评、低保真原型到高保真原型的多次迭代测评和最终设计的测评等。因此，可用性测评的适时进行，要求既快且又便宜。由此可见，可用性测评非常重要，特别是在设计流程中的各个阶段，都发挥着不可忽视的作用。

3.1.2　可用性测评目标与原则

1. 可用性测评目标

可用性测评目标是在软件产品发布之前，识别和找出软件产品中的可用性缺陷。然后，针对此缺陷提出相应的解决方案，并且将这些解决方案应用在产品改进设计中，从而提高产品的可用性、易学性，使用户能够有效地、高效地完成他们想要做的工作，实现高满意度和愉快的交互经历。

在信息系统的评估中，Dix 等[4]指出了评估的三个主要目标：评估信息系统的功能性、评估交互过程中的用户体验性、评估并确定信息系统中可能存在的可用性问题。

首先，评估信息系统的功能性，所设计的系统必须与用户的需求保持一致。换而言之，该系统能够帮助用户执行并完成他们期望的任务。这不仅包括具有适宜的功能，也包括让用户能够清晰地了解需要执行任务的一系列操作和行为。因此，信息系统的各个功能应与用户对任务的期望相匹配。功能性是信息系统的质量[5]，是指在用户完成任务时能够满足其需求的一组功能和属性，包括若干子元素，如适宜性、准确性、互操作性和安全性[6]。适宜性是指能够应用适当的功能来执行所需的任务；准确性是指能够产生满足精度要求的正确结果的能力；互操作性涉及与一个或多个指定系统交互的能力；安全性则包括防止未经授权访问服务和数据。社交商务网站由功能性组件，如搜索、支付和非功能性组件，如图形表示、多媒体和布局组成。当该网站能够提供高水平的功能时，用户可以通过与可用信息和服务的充分交互，来更好地利用信息系统[7]。

其次，评估交互过程中的用户体验性，包括系统是否容易学习、可用性和用户的满意程度等，也包括用户对系统的喜爱和情感回应。与此同时，对于用户本身的负荷已经过重的任务领域，还应考察系统对用户记忆力的要求是否过量。通常可通过一系列用户行为指标，对参与者的表现进行评估，包括所需在线帮助的数量、完成所有任务的平均时间、完成任务的平均步骤数和成功完成任务的比例。此外，理解用户偏好，对于识别每一个个体的需求很有帮助[8]。开展关于用户对信息系统设计偏好的调查和研究，可以为以用户为中心的信息系统的开发提供具体的用户需求[9]。

最后，评估并确定信息系统中可能存在的可用性问题。当设计应用在具体环境中时，可能出现了不期望的结果，使用户工作产生混乱，这与设计的功能性和可用性有关（取决于问题的起因）。因此，评估应特别关注问题产生的根本原因，然后对其进行更正。当这些可用性问题没有进行更细致地处理和更正时，信息系统设计就不能提供足够的可用性和可信性，导致用户接受度较低。与此同时，也说明信息系统在可用性方面还有很大的提升空间。所发现的可用性问题，可以被设计师作为参考，由此来特别关注某些特定元素的设计，从而进一步提高信息系统的整体可用性。

交互式产品的种类繁多，需要评估的内容也各不相同。举例来说，Web浏览器的开发人员希望了解自己的产品能否使用户更快地找到所需信息。电子政府机构关注的是，使用更多的电子服务，提高用户日常服务的效率，同时提高用户参与性和满意度。移动应用程序关系到用户的在线交互，能否正确通过移动应用程序完成任务，是否喜欢应用程序的外观。社交商务信息系统关心的是，用户喜欢什么样的商品，怎样提供更加吸引用户的商品信息和方便快捷的购物体验。在线旅游网络公司想知道的是，用户对自己的主页设计、产品兴趣的反应等。

可用性测评也可以提升盈利目标，主要包括[10]：

（1）为后续软件产品创建可用性标准的历史记录。记录软件产品可用性测评结果、问题焦点，确保后续产品能够得到有效提升，减少可用性存在的问题。

（2）降低售后服务的成本。有效提高软件产品可用性，可以很大程度降低服务或客服的运营成本。

（3）提高产品的市场竞争优势。可用性逐渐成为用户关注的焦点，产品实现"简单""好用"的目标，可以在很大程度上增强软件产品市场的占有份额，实现有利的竞争优势。

（4）提升软件产品销售数量。优质的产品将创造优质用户，这些用户通过口碑宣传，会吸引大量潜在客户。同时，优质用户对软件产品也会产生偏好，会持续使用软件产品及其后续产品。

（5）减少市场风险。具有较高可用性的软件产品，能够降低市场风险，避免产品在投放市场后还存在大量可用性问题。

2. 可用性测评原则

根据软件产品可用性的定义，在对软件产品的交互性进行评估的过程中，应遵循如下原则[11]：

（1）权威性的交互评估不应依赖专业技术人员，而应依赖使用产品的用户。

无论测评专业技术人员的水平有多高，以及使用的方法和技术有多先进，最终起决定作用的是用户对产品的满意程度。因此，对软件交互性能的评估，应由用户来完成。

（2）交互评估是一个过程，该过程在产品的初始阶段就已开始。一个软件的设计过程，必须是反复征求用户意见的过程，应与交互评估的过程结合起来进行。在设计阶段，反复征求意见的过程是评估的基础，不能取代真正的评估，如果没有设计阶段反复征求意见的过程，仅仅靠用户最后对产品的一两次评估，并不能全面反映出软件的可用性。

（3）软件的交互性能评估必须在用户的实际工作环境下进行。交互评估不能仅靠发几张调查表，让用户填写完成后，经过简单的统计分析就得出结论。必须在用户通过实际操作以后，根据其完成任务所得的结果，进行客观的分析和总结。

（4）要选择具有广泛代表性的用户。软件可用性具备一条重要要求，即系统应该适合绝大多数人使用，并让绝大多数人感到满意。因此，参加测试的人员必须具有广泛的代表性，能够代表最广大的用户。

3.1.3　可用性测评流程与实施

为了顺利开展可用性测评，并取得预期测评目标，同时尽量避免或降低在可用性测评中出现的人为因素，以及人为因素对测评结果导致的偏差，必须定制可用性测评流程，最大限度地控制各种影响因素，以达到最佳测评效果。

一般而言，可用性测评流程分为两个阶段，即可用性测评前的计划与设计阶段、可用性测评的实施阶段。

1. 可用性测评前的计划与设计阶段

首先，需要确定测评的时间要求。通常可用性测评需要 1～2 周时间进行前期沟通和准备，1～2 周时间进行参与者招募工作，2～3 周时间开展测评工作，2 周时间进行数据分析和报告撰写。此外，还需根据测评的内容、范围和规模作相应的调整。

其次，需要确定测评的目标用户。可用性测评前需要定义测评的目标和范围，认真考虑测评的目标和对象。定义参与测评的目标用户十分重要，根据所采用的测评方法，目标用户可以选定为可用性专家、受过专业训练的测评人员、用户代表或最终用户等。在选取目标用户时，还需要考虑并确定目标用户的特点，包括年龄、性别、社会经历、掌握知识和设备使用经验等。招募目标用户是可用性测评前计划的重要组成部分，必须根据目标用户的遴选标准进行招募，特别需要考虑无效用户类型，包括近期已参与过的用户与竞争对手等用户。根据所使用的测评方法确定招募用户数量，还需注意要准备 10%的预备用户以作备用。

最后，确定测评的任务。选择测评任务是测评前期计划的重要内容，直接影响测评结果是否能取得预想效果。测评任务的内容需要确定，并阐明用户将要执行的实际任务示例，任务目标是生成一个具有代表性的任务列表，同时还需要考虑设计用户实际使用的主要场景和环境。场景和环境通过撰写的测评任务脚本，传递给参加的测评用户。除此之外，可用性测评前的计划与设计阶段，还包括准备测评材料、准备测评环境、测评团队组建和预测评。

2. 可用性测评的实施阶段

可用性测评前的计划与设计阶段完成后，进入可用性测评的实施阶段，该阶段始终紧扣可用性测评内容与可用性测评结果。

可用性测评过程中，可用性测评内容与可用性测评结果紧密相连，如图 3-1 所示。可用性测评内容包括确定产品使用背景、确定可用性准则、可用性测评和产品再设计与修改。可用性测评结果包括产品使用背景规范、对照可用性规范、修改可用性准则和制订符合产品的可用性准则。在第 8 章将详细介绍可用性测评过程中可用性测评内容与可用性测评结果的联系。

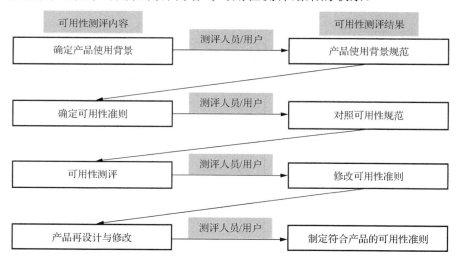

图 3-1　可用性测评过程中可用性测评内容与可用性测评结果关系[11]

可用性测量维度，是指可用性测评的一系列评判标准，通常根据可用性测评的目标来确定测量维度。特别是在测评用户行为时，可用性测评常会采用以下测量维度，包括任务操作的完成时间、任务操作成功率、任务出错率、帮助次数等定量指标，也包括任务操作前的用户期待、任务操作后的用户评价、用户满意度等定性指标，还会采用路径操作数、路径拟合度等数据指标。

任务操作的完成时间，是指从任务开始操作计时，到任务结束停止这一段时间，测量单位通常精确到秒。既可记录单一任务完成时间，也可统计所有任务完成时间，该数据可衡量用户操作任务的难易程度。

任务操作成功率，可用来衡量用户是否执行完成操作达到预期目标。一般情况下关注三种情况，第一种是顺利完成；第二种是帮助下完成；第三种是失败或放弃。将前两种情况都定义为成功统计总数，成功统计总数除以总人数，就是该任务的操作成功率。

任务出错率记录每个任务操作过程中的错误频次，与总的错误数目相除就可得出每个任务的出错率。

帮助次数是指用户在操作过程中寻求帮助的次数。

路径操作数一般是指流程设计。将用户操作任务的路径数目记录下来，统计后可以得出流程设计是否合理。

路径拟合度是将流程设计定义为标准，记录用户操作的路径数据后，与标准进行匹配，匹配的结果就是路径拟合度。路径拟合度可以帮助设计人员找到最合理的设计方案。在后续章节中将详细介绍这些测量维度在可用性测评中的设计与使用[12, 13]。

可用性测评的实施阶段，还需要考虑接待用户、测评实施、数据分析、报告撰写和沟通测试结果等内容，这些内容将在 3.2 节中详细介绍。

3.2　可用性测评设计

3.2.1　可用性测评设计简述

可用性测评设计，通常注重调查受控条件和环境下的因果关系。在可用性测评设计中，测评因素总是随着添加变量而发生改变，每次状况都可以在干预性改变后重新进行评估。重新评估的变化大多是外部变量引起的。由于非随机样本是从人群中抽取的，因此，测评获取原始资料并开展调查研究，被认为是合适的可用性设计方法。

在研究中，可用性测评方法一般可以分为定量研究方法和定性研究方法。

定量研究方法，常用来检查可测量与变量之间的关系，目的是解释、预测和控制现象。定性研究方法，常试图通过调查现象的性质，以描述和理解其规律。此外，定量研究方法为假设提供了演绎检验，可分离变量，收集数值数据并应用统计程序分析结果。这些结果有助于设计人员发展因果思维、特定变量的归约、测量和观察的使用、理论的检验等。

定性研究方法也可宏观检查变量之间的关系。当研究者想要探索人们主观和经验的"生活世界"的重要性时，常采用定性研究方法。其通常假设一个现实，这个现实由社会构建，而且是复杂的。这种类型的研究不能轻易地分成离散的和可测量的变量，它收集了大量的经验数据来描述和解释研究人员所调查的情况。这样的结果导致发现、建立或发展理论，而不是测试理论[14]。

在比较定量研究方法和定性研究方法的特点时，定量研究方法总是能更客观地衡量研究者的研究结果，以便得出公正和普遍的结果。虽然科学调查的定量研究方法和定性研究方法可以区分开来，但在实际研究工作中，往往这两种方法可以结合在一起。早期研究证实，结合使用定量和定性的研究方法是有效的，有助于在研究中取得"广度"和"深度"的目的，可以在同一调查中混合使用[12]。例如，Leedy 等[13]解释定量研究方法，通常用于确定或拒绝研究结果的假设。然而，定性研究可能更集中于对所研究内容的试探性回答。这些试探性答案可以构成未来的研究，来检验提出的假设。在信息系统评价研究中，定量和定性的混合方法也得到了广泛的应用。例如，在评估网络学术信息可信度，可采用定量和定性的混合方法。它可以获得更为全面的可信度评价，其结果不仅可以揭示网络学术信息可信度的现状，而且可以深入评价文化差异对学术信息可信度的影响[14]。同样，在评估电子政务网站的可访问性时，定量和定性的混合方法被用来调查问题[15]。虽然自动测试中的定量方法没有发现任何可访问性问题或错误，但是专家与用户测评中的定性方法检测到了问题，从而丰富了研究成果[16, 17]。因此，在可用性测评设计中，采用定量与定性相结合的方法，是保证可用性测评深入进行的一种有效途径。

3.2.2　测评任务分析与设计

当可用性测评任务需要进行可用性测评实验时，必须对测评任务进行分析与设计，从而确定正确的可用性测评实验，以保证可用性测评研究顺利进行。

测评任务分析，通常是从以任务为中心的系统设计考虑出发，这是由于以任务为中心的系统设计是一种非常实用的可用性工程方法。在该系统设计中，需要执行以下操作：首先，要清楚而具体地描述现实世界中用户所执行的现实任务；其次，通过描述确定系统应支持哪些用户和哪些任务；再次，设计原型界面满足用户的需求；最后，通过执行以任务为中心的走查，评估界面。

以任务为中心的系统设计分为四个阶段。每个阶段详细描述如下[17-23]。

1. 确定用户与任务

在以任务为中心系统设计的第一阶段，需要确定系统的特定用户，并阐明用户将要执行的实际任务示例。其目标是生成一个具有代表性的用户和任务的可管理列表，该列表真实地覆盖了哪些人将使用系统，以及执行哪些类型的任务。为了实现这一目标，首先需要明确用户与执行任务，其次将任务编写为任务描述，最后验证任务描述，以确保它们在实际任务中的代表性。下面详细介绍这些步骤。

1）明确用户与执行任务

以任务为中心的系统设计力求信息真实，意味着需要知道用户是如何完成他们的任务的。根据现实中信息系统的实际设计情况，设计者往往很难接触到真实的用户。因此，根据具体的情况来选择最适合的方法。例如，理想情况下，可以观察或采访当前用户或潜在用户，通过使用纸面方法或竞赛系统来完成他们的任务。在此过程中，观察用户的任务活动，并采访他们的任务完成情况。这些观察和访谈是至关重要的，它将用户从一个抽象的概念转变为真正有实际需要和关注的人。采访用户代表，也是发现用户任务的有效方法，当无法与最终用户直接取得联系时，可以选择该方法。用户代表必须与最终用户有直接接触，并对最终用户的需求和所执行的任务有深入了解和体验。更重要的是，用户代表要对最终用户的实际任务执行情况，有一个深入而真实的了解，最好选择与最终用户一起工作的人。例如，如果不能直接观察或与顾客交谈，可以与商店的一线销售人员谈论他们的顾客，这样也可以更好地了解顾客[24]。

如果无法与真正的用户或用户代表取得联系，则需要设计团队成员阐明对最终用户和任务的设想。值得注意的是，这会产生与最终用户和实际任务无关描述的严重风险。此种方法，至少会产生一个预期用户及其任务的多元化列表。在向客户展示这些任务时，需要将假设任务与现实世界的情况进行比较，确定这些任务是否真实地反映了最终用户所需执行的事情。不管选择以上哪种方法，都需要确定何时停止收集数据，并生成用户和任务描述[25]。

2）任务描述

生成用户后，必须将观察和访谈的结果转化成清晰和符合逻辑的任务描述。每个任务描述都应该遵循五个非常重要的规则。

（1）任务描述需要明确用户目标。用户目标包括描述用户想要做什么，但不需说明用户将如何做，描述也不包括任何关于任务实际执行方式的界面力学，不需要详细说明所用系统特有的任务步骤。但是，需要强调用户目标和分层任务分析，使用户无论使用什么系统和采取什么具体步骤，都可以实现目标。在描述中，准确说明用户想要做什么，包括用户最终想要输入系统的实际项目，以及用户想要从中得到什么信息或结果。用户目标描述为系统需要处理的信息类型提供了具体的依据。

（2）任务描述是一个完整的工作。描述应贯穿于任务的各个方面，从开始到结束。这是由于完整的描述能够促使设计者整体考虑界面特性，以及协同工作，也可以帮助对比信息的输入和输出，并通过特定的界面设计实现。

（3）任务描述要说明用户是谁，必须反映用户的真实兴趣。描述应该是真实的用户，包括用户所知道的关于执行的任务和使用计算机的内容。设计的成功在很大程度上取决于用户所知道的和所掌握的,这需要观察真实的用户,在真实环境中找到所需功能的任务。如果任务已指定出真实的用户,可以通过和用户的交流来确定其所需的功能,以此查看用户是否实际具有使用所设计系统的基础,以及完成其任务所具备的知识和能力[26]。

(4)任务描述是面向一定的多用户群。通过阅读任务描述文本,能够很容易地确定用户和任务类型,也能够直观地确定任务的面向用户,使得用户能够找到对准自己的任务。总体而言,任务描述应该能确定典型的"期望"用户,也可以使得"偶尔不典型"但仍然很重要的用户加以关注,还可以使得其他不寻常的用户得以关注。

(5)任务描述是一个任务的集合。任务描述不仅能确定典型的常规任务,还能确定不经常担任重要的任务以及担任意外或特殊的任务。重要之处是因为需要一种方法来决定系统设计的覆盖范围,哪些任务和用户组必须包含在设计中,哪些可以省略,而最初的描述可能有相似的条目,所以应该选择最具代表的用户和任务。在实践中,最终应得到一个可管理的任务描述,这些描述仍然能提供很好的覆盖范围。

3)验证任务描述

任务描述完成后,最后一步是对任务描述进行实际检查,该步骤称为验证任务,可以通过将任务描述传回最终用户或用户代表来完成此操作,用户将检查该描述是否全面地概括了此活动。具体来说,用户应该检查描述是否充分覆盖了产品的潜在用户,是否真正代表了用户的行为,以及任务的细节是否真实。检查任务描述中可省略一些细节,如可以省略更正、澄清和建议,若有相关内容,只需将验证任务描述更新为已更正的任务描述。

2. 以用户为中心的需求分析

由于预算、设计能力、用户和任务的多样性,很少能够设计出一个可同时处理所有可能的用户和任务的系统。根据经验,如果90%的用户能够很好地完成90%的任务,那么设计的系统被认为是成功的,意味着系统排除了10%的人员和任务[17]。因此,在以任务为中心的系统设计中,需要进行分析和判断哪些用户和任务将包含在设计中,或应从设计中排除。

1)用户类型

在以任务为中心的系统设计中,需要确定设计将支持哪些用户类型。因为每一个描述都标识一个代表用户,所以可将用户分离到用户类型。在实际区分用户中可能会发现,有些用户特点明显,有着清楚的需求和目标,容易区分。例如,在电子商务系统环境中,商店的顾客组成一个组,售货员组成另一个组。同样,有时会发现尽管用户完成的任务非常相似,但用户之间差异很大,如不同水平的计算机经验、不同水平的知识或不同水平的执行任务经验。因此，需要仔细查看任务列表，并确定系统设计中所包括的用户。针对下面三种情况需要考虑系统对用户的影响：第一种是必须包括在内的用户，系统设计必须支持这些用户类型。他们是最基本的用户，如将此类用户排除在外，会严重损害整个体系。第二种是应该包括在内的用户。这些用户类型的重要性较低，或者可能有些不典型。在适当的条件下，系统设计应该努力适应他们。第三种是需要排除在外的用户。这些用户类型很少，不重要，或者与核心用户有很大的不同，从成本角度分析，无需考虑。

2）任务类型

在以任务为中心的系统设计中，同样需要确定哪些任务将由系统进行有效处理。因为每个任务描述都是以任务为中心的，所以通常按以下条件对任务描述进行排序。第一，必须的关键任务，这些任务都是用户将对系统所做的基本事情。通常是频繁而重要的任务，必须全部包括在内。第二，可包括的任务。如果预算和时间允许，这些任务应该包括在内。尽管可包括的任务仍然很重要，但比必须的关键任务少一些。如果它们未包含在系统的版本 1 中，则应包含在版本 2 中。第三，可否包括的任务。这些任务是系统可以支持的较小的任务，如果可以轻松添加必要的功能，而不影响界面的其余部分，或者通过系统支持其他任务的方式来容纳，则可以包含这些任务。第四，需要排除的任务。这些任务并不重要或是很少，不需要包括在系统中。

3. 情景设计

有了任务描述和需求，可以开始考虑界面设计。每一个任务描述都有执行者和情节，可以通过探索特定的设计来支持该任务的描述，便于进行产生设计。每个设计都应该考虑如何协同工作，以帮助用户完成他们真正的任务，同时还应该显现用户的知识和动机以及潜在使用的真实环境。随着设计思想的展开，需要判断并快速修改界面，其方法是查看它对核心用户任务描述的支持程度[18]。换而言之，可以通过任务的执行情况，了解界面及其功能，检查如何支持特定的用户类型和任务。

4. 以任务为中心的演练评估

一个使用场景必须将界面设计与一个用户任务描述结合起来，该阶段可以选择一个场景，并对其执行以任务为中心的演练。通过演练可以讲述一个具体的任务，讲述特定用户在使用界面执行其特定任务时，将要执行的操作和逐步看到的内容。

走查是评估界面一种极好的低成本方法，在完成任务的过程中，此方法可快速发现问题点，既不需要过多参与者，也不需要最终用户参与。当设计师与设计团队中的其他成员一起执行时，如果设计师、实现者和最终用户观点不同时，演练往往会产生更丰富的结果。为了使该方法能够有效地开展工作，设计人员必须将自己放在最终用户的环境中，其本质是在扮演角色，需要通过扮演用户角色完成任务。情景设计必须完整而且真实，情景应从任务的起初开始，甚至可能在用户接触电脑之前。对于界面设计规定的任务中的每个预期步骤，必须询问此参与者是否知道下一步要做什么，是否知道如何使用界面控件，以及是否能够理解系统提供的反馈。即使发现设计存在问题，也应该继续完成这项任务，直到整个任务结束。这是由于发现的问题，更有助于后续的设计，甚至还可以更深入地了解新的设计[19, 27]。

3.2.3 环境与材料准备

确定测评任务设计后，首先需要一个封闭安静的环境，只有参与者和观察者进入其中，如图 3-2 所示。此外，还需要预先准备个人电脑、互联网接入、网线和无线网卡，以及必要的硬件和软件。

图 3-2　可用性测试实验环境

为设计人员准备其他相关的材料，包括为保护参与者的参与，申请并获得道德批准书；为参与者提供研究期间参与者权利的详细信息，参与者所填写的同意书；为了使参与者理解实验，为参与者提供简要介绍研究目的和实验步骤的资料表；用来观察并记录参与者的实验行为和表现行为的测量表；为了测评所选信息系统或软件产品，还需要设计并准备好所选信息系统或软件产品的可用性测评任务表和调查问卷。预实验是指正式实验开始前进行的预演，其目的是确定实验环境和材料准备等方面是否已准备得当。

　　问卷是一种非常灵活和有效的科学调查数据收集方法，被广泛用于识别参与者的意见、判断和偏好。使用问卷可以直接将参与者引导到研究主题上，使参与者能够清楚地了解重点。使用问卷调查可以确保向每个参与者问及相同的问题，并快速获得他们的答复。特别是采用匿名回复方式，当参与者谈论有争议的问题时，这种方式也可鼓励参与者提供真实的回复。与其他方法相比，问卷调查也是一种经济的方法，管理成本更低，调查周期也较短。在问卷调查数据的设计中，通常可以通过调查问卷的封闭式和开放式问题收集定量和定性数据[28]。

　　观察是一种记录用户实际行为的手段，一般分为直接观察和间接观察。直接观察指观察后书写笔记记录信息，间接观察指由录音或录像记录信息。观察可以详细记录所需信息，从而捕捉到用户行为的特定方面。这种用户行为可以通过多种方式进行量化，如以计算用户行为的出现次数显示其频率，或者对用户行为的准确性进行评级等。利用观察来确定用户在特定任务上的表现，是客观评估实际用户与信息系统互动的重要依据。观察还可以产生大量丰富、复杂的用户交互数据，将更好地帮助设计人员理解研究中的问题[29]。

3.2.4　性能测量与数据分析

　　可用性测评设计中，通常需要进行认知测量和性能测量。认知是感知的结果，对某事物认同的反应态度。在采用的启发式测评法中，以用户对可用性启发式扩展准则的认知为基础，对某信息系统进行全面深入的评估。在这种情况下，用户的认知反应，可从参与者的意见和可用性问卷表达的一系列选项中得出结果，再从这些结果中做出选择。这样可以显示出参与者对信息系统可用性的深入理解，指出哪些信息系统功能可以引起参与者对可用性的最大的关注。

　　问卷调查通过采用定量和定性两种方法对用户的认知进行确定[20]。定量方法可以利用问卷中结构化封闭问题的结果，揭示参与者对信息系统可用性的判断。定性方法可以利用开放式问题的结果，以说明参与者对信息系统可用性的进一步思考。

　　性能测量是一个评价绩效的过程，在测量中，参与者需要在所测信息系统上完成一系列任务。性能测量的过程主要反映了用户在执行一系列实际任务时，用户与目标信息系统的互动程度。性能测量还可以通过对所测信息系统上一系列的行为标准进行观察和衡量，包括所需的在线帮助数、完成任务的时间、完成任务的步骤数和成功完成任务的比例等。通过关注这些标准，有助于测评用户与每个所测信息系统的互动水平。

　　分析数据时，常常选择合适的统计检验方法，所选方法在很大程度上取决于研究目的。以第 8 章电子政务信息系统可用性测评为例，此研究是以两个相关实验为基础的实证研究。实验一目的：根据用户对所选电子政务信息系统的认知和行为表现来评估其可用性。实验二目的：在 3 个重新设计的电子政务信息系统上，检验实验一所提出的设计解决方案，对发现的可用性问题的影响。具体地说，实验一寻找 3 个所选电子政务信息系统之间的用户认知和行为，判断它们是否存在差异。此外，还通过显示参与者对可用性特定特征的认知，判断是否对每个所测电子政务信息系统的总体可用性的认知存在差异，由此来确定可用性的优点和缺点。对于实验二，首先测试实验一和实验二的参与者对特定可用性特征的认知是否存在显著差异。其次测试实验二的用户在重新设计的电子政务信息系统行为与实验一电子政务信息系统中的用户行为是否有差异。

如图 3-3 所示，根据分析要求，单因素方差分析是实验一分析 3 组数据差异最合适的数据分析方法，它确定了用户在所测电子政务信息系统认知的差异，也

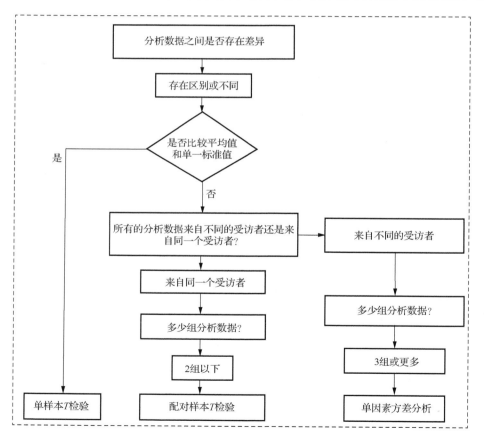

图 3-3　统计检验方法选取过程分析[19]

确定了用户行为的差异。此外，单样本 T 检验方法最适合分析实验一中两组数据的差异，也适合分析用户对整体可用性认知与对特定可用性特征认知之间的差异。实验二中的配对样本 T 检验最适合比较和分析两组数据之间的差异。同时使用两种实验方法可以比较实验一和实验二的用户对特定可用性特征的认知差异，也可以比较实验一和实验二的用户行为差异。

3.3　小　　结

本章对可用性测评及其设计进行了阐述。

首先，阐述了可用性测评的概念。可用性测评是指在特定的使用背景下，对产品的有效性、效率和满意度的具体数值或者对象的评价。提出了可用性测评目标与原则，可用性测评原则包括：权威性的可用性测评，不应依赖专业技术人员，而应依赖产品的用户；可用性测评过程，应在产品的初始阶段开始；软件的可用性测评，必须在用户的实际工作环境下进行；可用性测评应选择具有广泛代表性的用户。说明了可用性测评是一项通过用户的使用来评估产品的技术，它反映了用户的真实使用经验，是一种不可或缺的可用性检验过程。

其次，阐述了可用性测评设计。可用性测评设计目标包括：评估信息系统的功能性、评估交互过程中的用户体验性、评估并确定信息系统中可能存在的可用性问题。由此，得出可用性测评流程与实施，可用性测评流程分为可用性测评前的计划与设计阶段和可用性测评的实施阶段。可用性测评流程的实施，应最大限度控制影响因素，以达到最佳测试效果。

再次，阐述了可用性测评所需的环境与材料准备。在可用性测评环境研究中，实验状况随添加变量而发生改变。研究中，可以分为定量研究方法和定性研究方法。定量研究方法常用来检查可测量与变量之间的关系，定性研究方法常试图通过调查现象的性质，得出其规律。

最后，对于可用性测评任务的分析与设计，提出了以任务为中心的系统设计。此设计分为四个阶段：确定用户与任务、以用户为中心的需求分析、情境设计、以任务为中心演练的评估。还提出了需为参与者和实验准备提供的相关材料、性能测量与数据分析方法，在性能测量时需要进行认知测量和行为测量，在数据分析时应选择合适的统计检验方法。

参 考 文 献

[1] NIELSEN J. Heuristic Evaluation: Usability Inspection Methods[M]. Hoboken: John Wiley & Sons, 1994.

[2] YOUNGBLOOD N E, MACKIEWICZ J. A usability analysis of municipal government website home pages in Alabama[J]. Government Information Quarterly, 2012, 29(4): 582-588.

[3] 樽本徹也. 用户体验与可用性测试[M]. 陈啸，译. 北京: 人民邮电出版社, 2018.

[4] DIX A, FINLAY J, ABOWD G, et al. Human-Computer Interaction[M]. Upper Saddle River: Prentice Hall, 2003.

[5] PFLEEGER S, FENTON N. Software Metrics: A Rigorous and Practical Approach[M]. London: Thomson Computer Press, 1998.

[6] STEFANI A, XENOS M. Weight-modeling of B2C system quality[J]. Computer Standards & Interfaces, 2011, 33(4): 411-421.

[7] SHAOUF A, LÜ K, LI X. The effect of web advertising visual design on online purchase intention: An examination across gender[J]. Computer Human Behavior, 2016, 60: 622-634.

[8] LEE S, KOUBEK R J. The effects of usability and web design attributes on user preference for e-commerce web sites[J]. Computers in Industry, 2010, 61(4): 329-341.

[9] GRANGE C, BENBASAT I. Online social shopping: The functions and symbols of design artifacts[C]. 43rd Hawaii International Conference on System Sciences, Kauai, USA, 2010: 1-10.

[10] RUBIN J, CHISNELL D. 可用性测试手册[M]. 王超，邹烨，译. 北京: 人民邮电出版社, 2017.

[11] 由芳, 王建民. 可用性测试[M]. 广州: 中山大学出版社, 2017.

[12] BRYMAN A. Quantity and Quality in Social Research[M]. London: Routledge, 1988.

[13] LEEDY P D, ORMROD J E. Practical Research: Planning and Design[M]. New York: Pearson Education Group, 2015.

[14] LIU Z M, HUANG X B. Evaluating the credibility of scholarly information on the web: A cross cultural study[J]. International Information and Library Review, 2005, 37(2): 99-106.

[15] JAEGER P T. Assessing section 508 compliance on federal e-government web sites: A multi-method, user-centered evaluation of accessibility for persons with disabilities[J]. Government Information Quarterly, 2006, 23(2): 169-190.

[16] LENTZ L, PANDER M H. Functional analysis for document design[J]. Technical Communication, 2004, 51(3): 387-398.

[17] DIAPER D, STANTON N. The Handbook of Task Analysis for Human-Computer Interaction[M]. Mahwah: Lawrence Erlbaum Associates Publishers, 2004.

[18] DUMAS J S, REDISH J C. A Practical Guide to Usability Testing[M]. Bristol: Intellect Limited, 1999.

[19] FOSTER J J. Data Analysis Using SPSS for Windows[M]. London: SAGE Publications, 2001.

[20] HUANG Z, BENYOUCEF M. Usability and credibility of e-government websites[J]. Government Information Quarterly, 2014, 31: 584-595.

[21] HUANG Z, GAI N N. Exploring health care professionals' attitudes of using social networking sites for health care: An empirical study[J]. Lecture Notes in Computer Science, 2014, 8531: 365-372.

[22] HUANG Z, YU W Y. Bringing e-commerce to social networks[J]. Lecture Notes in Computer Science, 2016, 9751: 46-60.

[23] HUANG Z, TIAN Z Y. Analysis and design for mobile applications: A user experience approach[J]. Lecture Notes in Computer Science, 2018, 10918: 91-100.

[24] HUANG Z, BENYOUCEF M. User preferences of social features on social commerce websites: An empirical study[J]. Technological Forecasting and Social Change, 2015, 95: 57-72.

[25] HUANG Z, BENYOUCEF M. The effects of social commerce design on consumer purchase decision-making: An empirical study[J]. Electronic Commerce Research and Applications, 2017, 25: 40-58.

[26] YUAN L, HUANG Z, ZHAO W, et al. Interpreting and predicting social commerce intention based on knowledge graph analysis[J]. Electronic Commerce Research, 2020, 20(1): 197-222.

[27] HUANG Z. Developing usability heuristics for recommendation systems within the mobile context[J]. Lecture Notes in Computer Science, 2019, 11586: 143-151.

[28] HUANG Z, BENYOUCEF M. From e-commerce to social commerce: A close look at design features[J]. Electronic Commerce Research and Applications, 2013, 12(4): 246-259.

[29] HUANG Z, ZHAO W. The study of web service discovery: A clustering and differential evolution algorithm approach[C]. IEEE SmartCity, Zhangjiajie, China, 2019: 2618-2622.

第 4 章　可用性测评方法

可用性测评方法有很多种，分类方法也不尽相同。根据测评者类型将其分为两类：以专家为中心的方法和以用户为中心的方法[1]。以专家为中心的方法，通常由专家参与评价，如启发式测评法等；以用户为中心的方法，常通过测评用户的满意度和感知进行判断，如认知走查测评法和用户测评法等。

根据测评方法和手段，可用性测评方法还可分为分析测评方法和实证测评方法两类，即分析法和实验法。分析法包括启发式测评法、原则审查测评法、认知走查测评法和基于概念模型测评法等；实验法包括问卷测评法、访谈测评法、焦点小组测评法、用户测评法、边说边做测评法和协同交互测评法。分析法和实验法的主要区别在于：分析法通常不需要用户提供证据，而是依赖使用结构化方法进行审查和评测；实验法则是根据实验数据得出结论，所得结论可以是定性的，也可以是定量的。

4.1　分　析　法

专家或设计师通常采用分析法来检查潜在的设计问题，其中大多数方法不需要用户参与，而是使用结构化的方法进行评估。常用的分析法包括：

（1）启发式测评法；

（2）原则审查测评法；

（3）认知走查测评法；

（4）基于概念模型测评法。

表 4-1 简要比较和总结了这四种分析法，下面进行详细论述。

表 4-1　分析法比较和总结

测评方法	主要特征	测评者	测评者数量	测评时间
启发式测评法	简单、通用、有启发性	专家或用户	较少	较短
原则审查测评法	对照指南文档、有总结性	专家	较少	较长
认知走查测评法	走查每个界面任务活动和相关操作	专家	较少	较长
基于概念模型测评法	基于模型结构化的分析评估方法	专家	较少	较长

4.1.1　启发式测评法

启发式测评法是由 Nielsen[2]开发出的一种可用性测评方法。其通常选定一组评估人员，这组评估人员根据预先定义的设计原则、准则或启发式方法发现问题，目的是识别用户界面或信息系统上的可用性问题，以便在迭代设计过程中纠正。由于此方法易于应用、成本低，且学习曲线浅，在早期开发过程中不需专业评估人员就可以生成有效评估的能力，被认为是在实践中应用最广泛的可用性测评方法。例如，一组评估人员，由专家、开发人员，或者是经过培训进行测评的新手组成，只要通过遵循一组可用性启发式准则，就可评估用户界面元素是否符合设计原则。用户界面元素包括对话框、菜单、导航结构、布局和帮助等。

进行启发式测评，先要采用一组可用性启发原则。这些可用性启发原则易于理解，与产品密切相关，工作必要时可以对评估人员进行培训，随后进入启发式测评过程。测评过程包括以下步骤：

（1）简报会。简报会上通告参与评估的人员，包括评估的内容、评估人员该做什么和怎么去做，并将准备好的文稿提交给简报会，可以有导向地进行指导。简报会上，要确保每个评估人员收到同样的简报。

（2）评估阶段。在此期间，每个评估人员通常使用启发式测评法进行指导，利用一定的时间独立检测产品。为了更好地理解产品，并能检测出其存在的问题，需要进行多次测试。根据产品的性质及其在开发过程中的状态，评估人员在检测产品时，还必须考虑用户任务。

（3）任务报告。评估人员聚集在一起，通过讨论提出他们的发现，并删除重复的内容，对发现的问题进行优先排序，然后提出解决问题的方案。

另外，一些通用的可用性启发式准则被广泛使用。例如，Nielsen 的十条可用性启发式准则（2.3 节）被广泛用于测评网站信息系统的可用性。但是，这些可用性启发式准则对于一些具体的系统或软件产品，显得过于笼统，往往只能满足特定的可用性需求，因此该准则只能针对特定的产品进行定制。例如，第 8 章介绍的电子政务信息系统可用性与可信性，该可用性启发式准则更适于测评电子政务信息网站，使所有服务、设计和功能成为一个整体工作，以支持任务完成，扩展了系统的互操作性。还有的启发原则可进行用户技能支持，支持和发展用户的技能和知识，并设计有愉快工作且尊重用户的信息内容，使用户在使用产品时更具有交互尊重性。

启发式测评法常根据参与测评者的不同可以分为专家启发式测评法和用户启发式测评法[1]。专家启发式测评法是邀请人机交互使用一套相对简单、通用、有启发性的可用性规则进行可用性评估。用户启发式测评法可由一个评估者进行可用性评估，其有效性常通过增加评估人员的数量来提高。

启发式评测法可用于识别网站上的可用性问题，这些问题可在迭代设计过程中得到解决[3]。启发式评测法可以有效地被专家使用，也可以有效地被学习新手使用。

启发式测评法可以发现高比例的可用性问题。例如，Tan 等[4]使用启发式测评法和用户测评法研究 Web 设计问题，总共 183 个问题，启发式测评法找出 150 个问题，而用户测评法只检测到 69 个问题。启发式测评法还可用于更为详细具体的可用性问题检查。例如，Garcia 等[5]采用启发式测评法研究网站可用性，为了确保启发式测评法能够覆盖整个网站的特性和详细的设计元素，作者对其进行了扩展，以满足用户的需求。结果显示，在可用性启发式准则中发现了一系列严重的可用性问题。

采用启发式测评时，评估人员的构成尤为重要。实验表明，1 个评估人员平均可以发现约 35%的可用性问题，而 5 个评估人员可以发现大约 70%的可用性问题[6]。同时具备可用性知识和被测产品专业知识的"双重专家"，比只具备可用性知识的专家能够多发现约 20%的可用性问题[7]。因而，评估人员不能单一表述他们不喜欢什么，必须依据可用性原则解释为什么不喜欢。只有当每个评估人员的评估工作都全部结束，评估人员才可以进行交流，并且将每个人的独立报告综合为最后的报告[8]。报告的内容应该包括可用性问题的描述、问题的严重程度和改进建议。

启发式测评是主观的评估过程，带有很多人为因素。因此，无论如何评估人员都应试图从用户的角度出发，站在用户的立场上。在实际的评估工作中，评估人员必须拥有与用户相同的心理，在评估操作时扮演用户[9, 10]。

4.1.2　原则审查测评法

原则审查测评法通常用来检查界面是否符合组织要求或其他指南文档的要求[9]。苹果和微软公司对桌面界面的一系列设计要求，已成为许多设计师所采用的早期指南。指南文档有助于开发一种共享语言，促进多个设计人员在术语、外观和操作顺序等方面的一致性。它用恰当的实例和反例，记录了来自实践经验或实证研究中的最佳结果。

指南评审出现于设计背景或环境中。由于指南文档非常详细具体，对指南的评审可能非常耗时。指南评审通常不需要真正的用户，由设计师或设计团队之外的专家进行。指南评审过程中，有特定的用于导航、数据输入和吸引用户注意的指南，必须如实考虑用户任务或活动。这些指南评审，可用于开发的早期和后期阶段，也可用于成品的总结性评估。

常用的可用性指南是由 Nielsen[2]提出的，由十项可用性启发式准则组成，经常被用于各类信息系统可用性工程生命周期中的测试阶段，可有力地提升信息系统的可用性，增强用户与信息系统的交互，提高用户的最终满意度[11, 12]。

4.1.3　认知走查测评法

认知走查测评法包括认知走查法和多元走查法。

1．认知走查法

认知走查法包括在人机对话的每个步骤中，能模拟用户解决问题的过程，并检查用户的目标和对动作的记忆，该记忆是否可以引起下一个正确的动作[1]。认知走查法由评估专家完成，不需要用户参与。例如，当走查从一个屏幕到另一个屏幕，必须完成某些任务，认知走查就是为完成这些任务所进行的必要活动（认知和操作）。在进行走查之前，专家需确定将要完成的任务、所处的背景和对用户群体的假设，随后进行走查任务，检查完成任务所需的操作，并尝试预测用户群体可能的行为和他们将会遇到的问题。理想的走查任务，不仅是评估所出现的高频任务，而且需要对所有用户任务进行评估。认知走查法主要有以下几个步骤[10]。

（1）确定并记录典型用户的特征，开发并专注要评估的设计问题，选择设计任务的示例，描述将生成或开发的界面，描述用户完成任务所需的一系列操作。

（2）确定设计人员和一个或多个专家作为评估人员，由评估人员对所要评估的问题一起进行讨论、分析。

（3）评估人员在一个典型情景下，走查每个任务的操作顺序，并在此过程中尝试回答以下问题：

正确的操作，对用户是否足够明显？（用户是否知道如何完成任务？）

用户会注意到正确的操作是否可用？（用户能否看到下一个操作应该使用的按钮，能否看到菜单选项？是否明显？）

用户能否正确知道关联和解释操作响应？（用户能否从反馈中知道他们的操作选择？用户能否知道该做什么？如何去做？他们的操作是否正确？）

（4）在演练过程中能够记录重要的信息，包括会产生什么样的问题？为什么会产生问题？用户为什么会遇到困难？演练过程的记录需对设计变更和其他次要问题进行说明，同时编辑结果和摘要。

（5）修改最后的设计，解决所提出的问题。

认知走查法在早期可以有效地发现设计问题，从而将这些问题进行移除或修改。其优点在于关注用户的具体问题，不需要用户在场，也不需要工作原型；缺点是工作量大，非常耗时费力，而且由于它特定于任务，关注点相对狭窄。

2．多元走查法

多元走查法是为桌面系统而开发的，可应用于基于 Web 的系统、手持设备和其他产品。在多元走查法中，用户、开发人员和专家一起逐步完成每一个任务场景，共同讨论场景步骤中所涉及的对话框元素及相关可用性问题[2]。多元走查法要求专家扮演典型用户的角色，一般根据下列步骤进行走查[7]。

（1）场景以系列屏幕截图的形式呈现，屏幕代表通过界面的单一路径，通常采用两个或多个屏幕。

（2）场景呈现给评估小组，并要求小组成员写下从一个屏幕转移到另一个屏幕的操作顺序。每个小组成员单独完成，不互相讨论。

（3）当每个小组成员写完自己的操作时，讨论在这一轮评审中他们建议的操作。代表性用户先发言，从而避免受到其他小组成员的影响。随后可用性专家展示他们的发现，最后开发人员给出评论。

（4）小组完成一个屏幕的走查任务，则进入下一轮屏幕走查，该过程会一直持续到所有场景都评估完毕。

多元走查法重点关注用户的任务，关注他们如何继续完成任务。这种方法可以很好地扩展成另一种重要的方法，称为参与式设计法。参与式设计法是一种试图让终端用户积极参与到设计过程中，以确保最终系统满足他们的需求，并达到可用的设计方法[13]。多元走查法在参与式设计中，应用终端用户参与的关键思想，让用户在其中扮演关键角色，形成多学科团队参与。多元走查法受限于可评估的场景数量，且评估过程比较缓慢。

4.1.4　基于概念模型测评法

基于概念模型测评法是指使用概念框架作为评估和检查的基础方法，如社交商务信息系统模型可作为设计框架。在该框架中，首先，确定用户任务；其次，提供语义设计来支持任务和目标的实现，语义设计可以有不同的句法设计，考虑人类认知、情感和行为约束方面的特性，优化语义设计；最后，词法设计使用构建模块来满足语法需求[14]。这种框架可以用来评估一个设计是否能够有效。从过程角度，该方法类似于启发式测评法，但它强调从识别用户任务开始，从支持任务的角度对系统进行评估。该过程不需要真实用户，但需要先在使用背景中对用户任务进行标识。评估可以在设计的任何阶段进行，包括前期阶段和后期阶段，也可以在产品完成后进行。评估过程与应用模型的步骤相同[15]。

以社交商务信息系统模型为例，可以看出，社交商务信息系统模型由 4 个层次构成，即个人层、对话层、社区层和商务层。第 1 层是最内层，即个人层，代表"自我"，是指提供一种自我认同感和被他人认可的意识。第 2 层是对话层，个人通过发帖和与他人交流来表达自己的想法。第 3 层是社区层，通过交互创建或整合，在本书中，交互由对话组成。第 4 层是最外层，代表商务层，这使得在已经建立的社区内进行商务活动成为可能。4 个层次中共有的设计特征包括信息质量、系统质量、服务质量、可用性和趣味性。此外，每层具备各自的特征。

个人层：可以展示参与者的真实姓名和个人资料、图片，通过利用个人资料构建社交经验，突出有趣的社交信息实现设计。

对话层：通过在对话层展示社交的内容，突出主题和焦点，实现内容创建和信息分享。

社区层：在社区层可提供适当的社区支持，联系他人和朋友，选择和更新社区活动，维持社区人员关系。

商务层：该层涵盖了很多设计特征，如与志趣相投的人购物、提供社交验证、随大流和权威、提供社交广告和应用、提高商业功能等。通过社交商务信息系统模型结构和内容，可以建立更具体的可用性测评法，以更好地满足社交商务信息系统可用性测评的需求[16]。

4.2　实　验　法

可用性测评中，很多可以根据实验数据得出结论，结论可以是定性的，也可以是定量的。这种实证测评的方法称为实验法，是基于用户的实验法。实验法可直接获取资料和信息，是非常重要的可用性测评方法。

在一些形成性评价中，往往使用发声思考法和回顾法等，目的是把握具体的问题，弄清楚出现问题的原因，最终改善用户界面。但是，这类分析并不是基于具体数据的评价。当意见不一致时，研究人员并不能拿出支持自己意见的数据作为有力证据，只能以各自经验作为判断。

对于很多项目来说，在测评中必须将项目的某些问题数值化。当评估人员关注某些设计特性或具体任务、设计特性对用户表现的反应和对用户的具体影响等时，只靠经验评价是远远不够的，还必须有可靠的数据。此时，实验室的实验数据则具有信服力。在实验室进行实验不仅能够使评估人员通过操纵许多与设计相关的因素评估相关的用户表现，处理具体的设计问题，还能够使评估人员通过控制或排除一些其他因素，更好地了解现存的可用性问题。由于在实验室进行实验操作方便，可用于形成性和总结性评估。表 4-2 总结并比较了一些常用的实验法，下面分别进行说明。

表 4-2　常用的实验法比较

测评方法	主要特征	测评者	测评者数量	测评时间
问卷测评法	费用低、操作灵活、使用普遍	用户	较多	较短
访谈测评法	讨论具体问题、丰富信息、有成效	专家	较少	较长
焦点小组测评法	一组人员围绕某一主题进行讨论	专家或用户	较少	较长
用户测评法	实验环境下观察、记录和测量用户任务完成情况	用户	较多	较短
边说边做测评法	可靠、反复设计、形成性评估	用户	较少	较长
协同交互测评法	用户执行给定任务、主观结合客观	用户	较多	较长

4.2.1　问卷测评法

调查是实验最基本的方法，能够为实验获取第一手材料[17]。在调查工作中，通常是从大规模的调查对象中收集定量数据[18]。根据调查目的，可能更注重观点或事实数据。可以通过电话、电子邮件或信件等方式进行调查。通常情况下，受访者将这些问题以问卷的形式进行和管理。如果问题由研究人员或评估人员管理，则根据研究时的受访者数量，将其称为访谈或焦点小组。这种以问卷的形式进行和管理的方法称为问卷测评法。

问卷测评法的优点包括成本费用低，运用操作灵活。由于涉及大量的受访者，具有较高的有效度、可信度和统计学意义。该方法允许受访者匿名，从而鼓励他们做出更坦诚的回应。使用经过验证或标准的设备，在理解问题上不会有偏差[19]。问卷测评法也存在一些缺点，调查结果的可靠性取决于受访者自我报告的真实性。例如，受访者有时可能缺乏动力，如果问题要求受访者回忆过去的行为，或者要求其为过去的行为做出解释，就会出现无法很好地回答问题的现象。研究还表明，用户通常会将自己的行为过度合理化，因此可能具有误导性。调查并不能揭示某些现象的复杂性或动态性。有时出于方便或经济考虑而选择成为受访者，因此他们并不能真正代表预期的人群，从而使结果缺乏有效性或一般性。

大多数问卷调查中，都是使用利克特量表（5 分或 7 分）来收集关于具体问题的答案，包括意见、感知或信念、态度、满意度、行为或具体评估。调查问题的答案，一些是在可能值的范围内，也有一些需要一个具体答案。对于性别，有两种可能答案：女性或男性。对于一族问题，如果预先定义了族群，那么答案就是其中一个族群类别。对于年龄或每天使用电脑的时间问题，范围值比具体值更合适，对于某些用户组，最好询问在"<20""20～29""30～39"等内的年龄，而不是询问具体年龄。同样，在询问家庭收入等问题时，也适用于给出不同的范围值。

4.2.2　访谈测评法

访谈一般是指由一个或多个采访者和一个或多个受访者，进行有目的、有成效的谈话。在访谈中，焦点小组是访谈的一种常见形式。受访者是一组被选出代表典型用户的人。采访者能够直接与用户讨论具体问题，访谈将会是富有成效的。访谈往往需要精心组织，所付出的代价也比较高且非常耗时，因此需要采访者有熟练的组织技能。焦点小组访谈的形式，通常只涉及少数用户[20]。

访谈是指通过一系列预先确定的问题，组织采访者与受访者谈话，达到了解和解决确定的问题。访谈过程能够表现出采访者对谈话的控制程度。访谈包括开放式的非结构化访谈、封闭式的结构化访谈和半结构化访谈。

开放式的非结构化访谈往往聚焦一个主题，可以通过访谈使问题达到更深的层次。受访者不受形式或内容限制，可以尽情地进行深入或广泛的采访。他们也可以透露超出采访者考虑或预期，进一步探索更丰富的信息。由于采访者和受访者可以进行深入和广泛地交流，访谈也可以朝着其他可能的方向进行。这要求采访者具备能够引导访谈的技能，防止访谈过程脱离主题。访谈结束后，撰写和分析访谈结果也是一项重要的技术性工作，同样需要一定的培训和技能。

封闭式的结构化访谈，与问卷形式的问题类似，必须预先确定一个小组。当评估目标非常明确，并且确定和提出了具体的问题，使用该方法比较合适。所提出的问题是封闭的，可以从小组预先确定的答案中得到精确或具体的答案。这种类型的访谈比开放式的非结构化访谈更容易进行，所得结果便于分析，也更容易重复开展[12]。

半结构化访谈介于开放式的非结构化访谈和封闭式的结构化访谈之间，它将封闭式和开放式的问题进行了结合。

不管访谈的结构如何，所有问题都应该经过认真仔细地考虑后再提出。怎样提出问题？有许多指南或策略可供参考，下面列出了几条快捷的指南[11]。

（1）避免提出的问题过于冗长，问题需便于理解及记忆。

（2）描述问题时，避免用复合句描述两个以上问题。将原句分开，一句话代表一个观点，一句话代表一个问题。

（3）避免使用受访者可能不知道但又难以表达和承认的术语或语言。

（4）在向受访者提出问题时，避免强加或暗示任何偏倚。

4.2.3　焦点小组测评法

焦点小组测评法是将一组人员聚合起来，围绕某一主题进行讨论，获得一些定性数据，以此了解用户对一个产品或服务的看法和态度的方法。通常用于产品功能的界定、工作流程的模拟、用户需求的发现、产品原型的接受度测试和用户模型的建立等。

焦点小组测评的优点：

（1）获得的信息量大、质量较高，资料收集快、效率高。

（2）可以将整个过程录制下来，便于事后进行分析，进行检测。

（3）参与者能够畅所欲言，充分准确表达自己的意见。

（4）互动式讨论，有利于多方面、多角度听取建议。

但值得注意的是，焦点小组讨论的目的决定了所需要的信息，且决定于受访问者和采访者。曾经参加过焦点小组讨论的人，不再适合参与。采访者与分析员应共同参与数据和资料的分析和整理。焦点小组讨论时，采访者应进行一定的引导，提出焦点问题，让受访者进行开放性讨论。

4.2.4　用户测评法

用户测评法是在用户使用产品或服务的过程中，由实验人员对实验过程进行观察、记录和测量，以达到了解用户心理的方法。用户测评可分为实验室测试和现场测试。实验室测试可在可用性测评实验室里进行，现场测试是由测试人员到用户实际使用的现场进行观察和测试。用户测评法包含三个基本因素：典型用户、真实任务和可控的环境。通过用户测评法可获得一些主要结果，即用户完成任务所耗费的时间、所犯的错误数量等。使用用户测评法可以更好地理解用户心理，了解用户是否成功使用产品，以及确定哪些因素会妨碍用户顺利使用该产品。同时该方法可以帮助设计人员，从用户的角度看待和理解问题，有助于实现以用户为中心的设计。

如果评估人员关注某些设计特性，如关注具体任务或设计特性对用户表现或反应的具体影响，实验则是比较合适的。实验允许评估人员通过控制许多与设计相关的因素，评估相关的用户，处理具体的设计问题，还可以通过控制或排除一些其他因素，更好地了解现有问题。由于实验的范围和规模都相对较小，不需要在真实环境中安装真实系统，实施比较容易，成本比较低廉。实验可在不同开发阶段的系统上进行，用于形成性和总结性评估。实验包括以下步骤：

（1）提出一个研究问题，描述清楚概念或结构之间的关系。

（2）建立理论驱动假设，以验证因变量和自变量之间的特定关系。

（3）进行实验设计，将结构操作转化为可度量的变量、操作和处理步骤、设计任务、设计数据、数据收集方法、数据分析方法、设计激励和程序。

（4）进行中试实验。

（5）招募受试者，并考虑参与者的要求。

（6）开展实验，收集分析数据，得出结论。

有时评估系统的方法采用现场测试，即在正常的工作环境下或在实地进行研究。在真实环境中观察和监测，很多纵向数据采集可以通过观察用户来实现。真实使用系统的用户，可以得到形成性评估。现场测试在使用和影响评估方面具有一定价值。

现场测试的优点在于观察关注的是在真实情况下的实际用户体验，受评估人员的干扰或干预最小。评估人员可以通过做笔记、采用视频或音频设备记录或使用计算机日志收集数据。根据收集的数据和评估目标，可以进行定性（笔记、视频或音频数据）和定量（日志）数据分析；缺点是数据分析冗长且费时。

4.2.5　边说边做测评法

边说边做测评法是指让测试用户在使用信息系统或完成任务的同时，把用户在使用中的想法说出来，能深层次了解用户对软件产品各方面的看法。在用户使用过程中，测试人员应该不断提示用户，让用户做到边说边做，随时都有话可说。

边说边做测评法是心理学研究中常用的一种方法，其优点是能通过很少量的用户收集定性数据，能在用户操作时显示出用户在做什么和为什么这样做，不必以后再来推断分析。该方法可以有效获得用户对具体设计元素和特征的喜欢和不喜欢感知；缺点是不适用于大多数类型的绩效度量。由于边说边做用户犯的错误比沉默用户少，速度慢，所以测试结果有时不准确。

4.2.6　协同交互测评法

协同交互测评法是基于观察用户在服务体验中使用的一种方法，要求用户执行给定的任务，评估者记录用户的想法。该方法是边说边做测评法的扩展和延伸，需要两个用户同时操作同一个系统或产品，通过协同才能得到所需要的想法。协同交互测评法有以下优点：

（1）测试形式比只用单一用户的边说边做测评法更加自然，是由于人们习惯在共同解决问题时把自己的想法表达出来。

（2）减少了参与者现场对周围场景、录像设备、录音设备等的意识，创造了更加自然的氛围。

（3）测试的过程更高效、更准确。在执行任务相同任务的情况下，相比于边说边做测评法，协同交互测评法能在更短的时间内获得更多的优质回馈。

评估过程中需要考虑的主要因素有设计阶段、预期用户数量、界面的临界性、产品成本、测试方法、使用时间和评估人员经验[21]。

4.3　小　　结

本章介绍了可用性测评方法。可用性测评方法根据测评者的类型可以分为以专家为中心的方法和以用户为中心的方法，也分为分析测评方法和实证测评方法两类，即分析法和实验法。每种方法都有不同的评估方法、设计目标和适用范围。但值得注意的是每种方法各有优缺点，没有一种方法是完美的。在规划评估时，选择适用的方法尤为重要，其中一些方法对于某些人机交互问题是有益的，一些方法可能对所有问题都适用，一些方法可能只对某些问题适用。一些方法适合早期开发阶段，而另一些方法适合后期阶段。另外，有些方法要求使用真实用户，而有些则不需要真实用户。

本章首先介绍了分析法。通常，专家或设计师采用分析法检查潜在的设计问题。常用的分析法包括启发式测评法、原则审查测评法、认知走查测评法和基于概念模型测评法。

其次介绍了实验法。可用性测评实验法主要是指基于用户的实验法，可以分为定性分析与定量分析两大类。实验室实验不需要在真实的环境中安装真实的系统，因此实施起来比较容易。常用的实验法包括问卷测评法、访谈测评法、焦点小组测评法、用户测评法、边说边做测评法和协同交互测评法。

分析法通常不需要用户提供证据，依赖使用结构化方法得出结论，而实验法则是根据实验数据得出结论。

参 考 文 献

[1] TORRENTE M C S, PRIETO A B M, GUTIERREZ D A, et al. Sirius: A heuristic-based framework for measuring web usability adapted to the type of website[J]. Journal of Systems and Software, 2013, 86(3): 649-663.

[2] NIELSEN J. Heuristic Evaluation: Usability Inspection Methods[M]. Hoboken: John Wiley & Sons, 1994.

[3] MCGRATH S, LOVE S. The user experience of mobile music making: An ethnographic exploration of music production and performance in practice[J]. Computers in Human Behavior, 2017, 72: 233-245.

[4] TAN W, LIU D, BISHU R. Web evaluation: Heuristic evaluation vs. user testing[J]. International Journal of Industrial Ergonomics, 2009, 39(4): 621-627.

[5] GARCIA A C B, MACIEL C, PINTO F B. A quality inspection method to evaluate e-government sites[J]. Lecture Notes in Computer Science, 2005, 3591: 198-209.

[6] FERNANDEZ A, INSFRAN E, ABRAHÃO S. Usability evaluation methods for the web: A systematic mapping study[J]. Information and Software Technology, 2011, 53(8): 789-817.

[7] YOUNGBLOOD N E, MACKIEWICZ J. A usability analysis of municipal government website home pages in Alabama[J]. Government Information Quarterly, 2012, 29(4): 582-588.

[8] SONDEREGGER A, SAUER J. The influence of design aesthetics in usability testing: Effects on user performance and perceived usability[J]. Applied Ergonomics, 2010, 41(3): 403-410.

[9] SHNEIDERMAN B, PLAISANT C. Designing the User Interface: Strategies for Effective Human-Computer Interaction[M]. New York: Addison Wesley, 2005.

[10] PREECE J, ROGERS Y, SHARP H. Interaction Design: Beyond Human-Computer Interaction[M]. Hoboken: John Wiley & Sons, 2002.

[11] ROBSON C. Real World Research: A Resource for Social Scientists and Practitioner Researchers[M]. Oxford: Blackwell, 2002.

[12] HUANG Z, GAI N N. Exploring health care professionals' attitudes of using social networking sites for health care: An empirical study[J]. Lecture Notes in Computer Science, 2014, 8531: 365-372.

[13] HUANG Z, YU W Y. Bringing e-commerce to social networks[J]. Lecture Notes in Computer Science, 2016, 9751: 46-60.

[14] HUANG Z, TIAN Z Y. Analysis and design for mobile applications: A user experience approach[J]. Lecture Notes in Computer Science, 2018, 10918: 91-100.

[15] HUANG Z, BENYOUCEF M. User preferences of social features on social commerce websites: An empirical study[J]. Technological Forecasting and Social Change, 2015, 95: 57-72.

[16] HUANG Z, BENYOUCEF M. The effects of social commerce design on consumer purchase decision-making: An empirical study[J]. Electronic Commerce Research and Applications, 2017, 25: 40-58.

[17] YUAN L, HUANG Z, ZHAO W, et al. Interpreting and predicting social commerce intention based on knowledge graph analysis[J]. Electronic Commerce Research, 2020, 20(1): 197-222.

[18] HUANG Z. Developing usability heuristics for recommendation systems within the mobile context[J]. Lecture Notes in Computer Science, 2019, 11586: 143-151.

[19] HUANG Z, BENYOUCEF M. From e-commerce to social commerce: A close look at design features[J]. Electronic Commerce Research and Applications, 2013, 12(4): 246-259.

[20] HUANG Z, BENYOUCEF M. Usability and credibility of e-government websites[J]. Government Information Quarterly, 2014, 31(4): 584-595.

[21] HUANG Z, ZHAO W. The study of web service discovery: A clustering and differential evolution algorithm approach[C]. IEEE SmartCity, Zhangjiajie, China, 2019: 2618-2622.

第 5 章　在线旅游信息系统可用性及其测评

5.1　在线旅游信息系统可用性概述

信息技术和互联网促进了旅游业的发展，也改变了用户与旅游企业的交互方式。据调查，互联网中，95%的用户在网上搜索旅游相关信息，93%的用户访问旅游网站[1]。在线商业交易的日益普及，使得旅游组织将互联网作为其主要营销渠道。如今，已有成千上万的旅游网站可供选择，在这些网站上，用户频繁与旅游组织进行互动。通过这些网站，旅游组织可以为用户提供丰富的互动体验，从而加强企业与用户的关系，同时增加市场份额，促进在线销售。互联网的力量得到了旅游企业的认可。高效的旅游网站允许用户获取旅游信息，浏览各种文字和图像元素，实现个性化旅游服务，并形成对旅游组织的第一印象。

旅游企业为了优化商务流程、提供个性化服务、增强用户参与度和提高经济效益，正迅速转向采取电子商务和信息通信技术的方式，通常称为电子旅游[2]。如今，各地区和各国家的旅游组织投入了大量时间和资金，开发在线旅游信息系统，以实现在线访问各种与旅游相关的信息和服务。旅游网站则是在线旅游信息系统的"窗口"，用户可以在这里浏览、对比并购买旅游产品和服务。旅游网站与普通电子商务网站有显著区别，表现在商业目标、用户联系和系统交互三个方面。

在商业目标方面，普通电子商务网站旨在通过提供广泛的产品和服务，最大限度地提高购物效率[3]，而旅游网站则侧重提供与旅游和休闲相关的信息和服务[4]。

在用户联系方面，普通电子商务网站用户通常会单独与网站进行交互，随着新兴社交商务概念的出现，这种情况正在逐渐发生变化。然而，旅游网站交互的用户不是单一的，通常涉及朋友和家人。因此，旅游网站更倾向建立支持社交联系的在线社区，以此增强用户之间的对话[5]。

在系统交互方面，尽管普通电子商务网站和旅游网站通过整合各种社交媒体应用程序，促进社交互动和社区建设，但旅游网站倾向开发更多的社交互动方式，鼓励用户表达自己的看法，并与其他用户和企业共享信息[6]。

在旅游网站中，不仅包括有关在线旅游信息系统设计、在线旅游信息系统应用及其对用户的影响，还包括用户的感知、态度和行为。这些都表明，旅游网站对在线旅游信息系统的应用是非常重要的。正如 Vladimirov[7]所述，旅游网站的质量会直接影响用户的信任度和满意度，决定了他们的在线购买意愿。该结论也得到了 Chung 等[8]的认可，他们发现旅游网站对用户的影响很大，特别是网站质量和信息质量。此外，Tsai 等[2]表明，用户与电子旅游的互动，会受到许多网站设计特征的影响，包括导航、速度、链接、丰富性、相关性、货币性、吸引力、安全性、个性化和响应性。

　　因此，旅游企业努力使他们的网站变得更有用且与用户友好，尽可能实现满足用户需求的设计功能。Wang 等[9]调查研究酒店网站质量时，发现了一些与网站功能、易用性、安全性和隐私相关的问题。同样，Luna-Nevarez 等[1]选取部分在线旅游网站进行评估，发现了诸如内容难以理解、导航能力差、展示过载、结构不一致、缺乏灵活性和搜索功能有限等可用性问题。这些可用性问题很容易使用户对旅游网站的态度造成负面影响。通常用户会根据第一印象在旅游网站上发表意见，可用性是产生第一印象的主要驱动因素[10]。更重要的是，不提高在线旅游网站的可用性，可能会阻碍用户交互行为的表现，并造成严重的经济影响。有调查表明：超过 83%的用户由于信息查找困难而离开旅游网站[11]，40%的用户在旅游网站上遇到可用性问题后不会再次访问该网站[1]。某国（某地区）旅游业由于其网站可用性差损失了 250 亿美元[12]。显然，旅游网站可用性是影响在线旅游信息系统成功的关键因素。

　　可用性是指软件产品被用户理解、学习、使用和吸引用户的能力[13]，即某个特定用户在特定的条件下，通过使用某个产品后，其高效、满意地实现特定目标的程度[13]。对于网站来说，可用性也被解释为易用性和用户友好性。网站可用性一般与下载时间、导航、内容、互动性和响应性相关。基于用户行为，可用性也可以解释为用户能够执行一组所需任务的程度[14]。除了定义的多样性，可用性也有不同的度量方式。Hassan 等[11]通过屏幕外观、一致性、可访问性、导航、媒体使用、交互性和内容，对电子商务网站的可用性进行了探讨。Nielsen[15]使用多个指标来评估可用性，并制订了一套标准的可用性启发式准则解释该概念，已被广泛用于评估网站可用性。但是，这些可用性启发式准则开发已久，只适用于一般网站的评估。为了满足当前旅游网站的具体需求，有必要对这些准则做进一步扩展。

　　普通电子商务网站与旅游网站的可用性差异主要表现在以下几个方面。旅游网站的可用性更注重休闲旅游相关信息质量，包括提供旅游服务、社交联系、用户生成内容、用户社区建设、个性化、网站娱乐性和享受性等方面的可用性。电子商务网站的可用性往往只关注商品信息质量，包括商品目录展示、购物功效、网站安全性、商品搜索效率以及卖家和商品的可信度等方面。表 5-1 详细比较了这两类网站的可用性特征。

表 5-1　旅游网站与普通电子商务网站的可用性特征比较

类型	可用性特征
旅游网站	旅游服务功能、社交联系、互动网站、旅游信息质量、旅游服务质量、用户生成内容、用户社区建设、社交媒体应用、无障碍性、个性化、网站娱乐性和享受性、便利购物、客户服务、信任、预订、联系信息、促销、响应性、易用性、通过子页面的易用性、导航的易用性、统一资源定位器的适用性、互操作性、网站更新、可理解的图标、帮助功能、字体大小、与浏览器的兼容性、链接、相关性、货币性、吸引力、语言、布局、信息架构、用户界面、环境、来源、美观、安全性、隐私保护
普通电子商务网站	购物功效、有效性、满意度、商品目录展示、商品信息质量、商品信息更新、网站布局、商品搜索效率、网页错误率、商品促销、商品价格、网站知名度、一致性、卖家和商品的可信度、导航系统、媒体使用、交互性、实用性、易用性、购物功能、操作逻辑、演示质量、隐私保护、网站安全性、易学性、记忆性、排版、网站结构和吸引力

在线旅游信息系统中，可用性可以被理解为用户与网站互动时，网站的效率和趣味程度。有研究者确定了评估酒店网站可用性的五个维度，包括语言、图形布局、信息架构、用户界面和导航[16]。Law 等[6]建议在旅游网站评估中，结合用户互动和可用性进行评估，有助于识别旅游网站的优缺点。Chiou 等[17]开发了一个战略网站评估框架，以解决在线旅游网站中的可用性问题。该框架以网站目标为指导，选择相关标准来评估网站战略的完成情况。Tsai 等[2]从导航的易用性、速度、链接、相关性、丰富性、货币性、吸引力、安全性、个性化和响应性等方面，检验了某个基于网站信息系统的可用性。Hashim 等[18]基于旅游和酒店网站中最受研究的在线特征，提取了网站质量的五个维度，即信息和流程、增值、关系、信任、设计和可用性。

上述研究为探究可用性带来了新的见解，但只从总体上对这一概念进行了讨论，并没有进行详细说明，也没有说明可用性评估标准是如何支持旅游组织，以及如何设计有效且高效的网站。因此，有必要对现有旅游网站进行可用性测评，实现更好的以用户为中心设计，能够促进用户参与，以此提高用户满意度。

现有的在线旅游网站，虽有很多可用性优点，如在网站的不同部分清楚地显示了不同类型的信息，并通过显示页面标题清楚地指示内容的主题。但是，还存在一些可用性问题，包括导航不佳、任务完成困难、选项过多、命名不一致和缺少警告消息等。这些表明，当前在线旅游网站可用性和用户友好方面，仍有较大的改进空间。如果不对在线旅游网站可用性问题进行调查研究，在线旅游网站将不会被用户更广泛地使用和接受。

5.2　在线旅游信息系统可用性测评概述

5.2.1　在线旅游信息系统可用性测评设计

信息系统的可用性测评方法有两类：一类是以专家为中心的评估方法，另一类是以用户为中心的评估方法。

以专家为中心的评估方法通常有三种：计数法、自动评估法和数值法。计数法是对网站性能评估和计算网站上所提供具体特征数量的内容测量[19]。自动评估法是使用软件分析访问并记录网站的使用信息[19]。数值法是基于数学建模来衡量网站的功能性差异[6]。

以用户为中心的评估方法是通过用户在使用中的判断，评估用户满意度和不同方面的水平感知。在可用性测评方面，以用户为中心的测评方法实例很多，Peute 等[20]采用"出声思考"的方法，以研究医生数据查询系统的可用性。该方法邀请用户在执行一系列特定任务时出声思考，用户在完成任务后同时谈论他们所想到的事情。这种方法强调洞察用户的认知过程，使得思维过程尽可能清晰。Roberts 等[21]采用了一种性能测量方法，以研究电子地图系统的可用性。该方法侧重定量和定性数据，通过观察完成任务所花费的时间、所需帮助和完成任务的步骤数，来评估用户如何实现其结果。Garcia 等[22]在可用性研究中采用启发式测评，用户通过预定义的设计准则来发现可用性问题。Tüzün 等[23]将用户测评作为一种用户驱动的评估，设计用户观察执行预定义的任务列表，以确定他们在交互过程中遇到的可用性问题。

尽管存在不同的测评方法，但在信息系统设计和人机交互相关的研究中，始终强调以用户为中心并建立开发以用户为导向的网站。由于用户感知是商业和机构网站最重要的方面，因此在衡量用户对旅游网站的态度和满意度时，必须有用户参与。在各种各样评估方法中，往往启发式测评是识别可用性问题最有效且最迅速的方法，且在大量研究中已经得到了广泛应用。用户根据预定义的设计准则，发现可用性问题。启发式测评可识别用户界面或网站上的可用性问题，在迭代设计过程中纠正这些问题。为了确保启发式测评能够涉及整个系统的特性和细节的设计元素，还需要进行扩展，以满足用户的需求。

以评估者对 4 个旅游网站的可用性进行测评为例，来说明对旅游网站的可用性测评设计。设计采用评估问卷方式，分为三个步骤进行：

第一步，扩展现有的可用性启发式准则，以满足旅游网站的需求。

第二步，为每一个可用性启发式准则设计一个子标准，以测评旅游网站可用性的详细特征。

第三步，设计出基于可用性子标准的测评问题。

下面对各个步骤做详细的描述。

1）扩展现有的可用性启发式准则

Nielsen[15]的可用性启发式准则（表5-2）可有效用于可用性测评，其适用性已在许多研究中证实。这些可用性启发式准则涵盖了广泛的界面设计特征，可以有效地发现与网站设计相关的可用性问题，因此将 Nielsen 的启发式准则作为旅游网站系统可用性启发式测评的基础。由于这些可用性启发式准则开发已久，只适用于一般网站可用性的测评。在现今的旅游网站中，考虑到旅游信息系统的特点，将"互操作性""交互性""安全和隐私性"扩展到 Nielsen 的可用性启发式准则中，以说明旅游网站的特殊性（表5-3），理由如下所述。

表 5-2　Nielsen 的可用性启发式准则

序号	可用性启发式准则	相关解释
1	系统状态的可见性	系统始终通过反馈，让用户了解系统当前状态
2	系统与现实世界相匹配	系统应该使用用户熟悉的词、短语、概念和语言。应遵循现实世界中的惯例，通过一种自然并合乎逻辑的次序将信息与内容呈现在用户面前
3	用户控制和自主权	系统应在交互期间提供撤销和重做功能，并支持用户随时离开系统
4	一致性和标准化	系统设计应遵循特定平台的惯例并接受标准，保持相同的设计特性
5	避免用户错误	系统应尽可能通过设计预防用户错误的发生，同时支持用户克服错误，并防止同样的错误再次发生
6	依赖识别而非记忆	系统界面的对象、操作和选项都清晰可见，减少用户在执行并完成任务中的记忆过载
7	使用的灵活性和高效性	系统应该兼顾新手和有经验用户的使用，允许用户定制快捷操作或频繁使用的选项菜单
8	审美学与最小化设计	提高界面美学设计，对话中避免使用无关或极少使用的信息
9	帮助用户识别、诊断和订正错误	系统应该通过简明的文字显示错误信息，准确指出错误所在，并提出建设性的解决方案
10	帮助和文档	提供清晰的帮助和说明信息，用户可以在系统中随时发现、使用并退出帮助和文档

表 5-3　扩展的可用性启发式准则

序号	扩展的可用性启发式准则	相关解释
11（扩展）	互操作性	确保通过不同系统中信息和服务的交换保持一致
12（扩展）	交互性	提供丰富的互动和社交体验
13（扩展）	安全和隐私性	保护用户信息和个人服务安全

互操作性是旅游网站的一个重要属性，主要涉及信息和服务的交换。互操作性可以定义为两个或多个系统，平台或组件无需系统用户的支持即可进行通信，

具有交换和使用交换信息的能力[24]。在线旅游信息系统内，系统之间的信息交换比较复杂，涉及政治、法律和社会文化等方面。互操作性具有信息交换的合法操作能力，建立互操作系统，涉及各方的义务和责任。通常一个设计过程会有多个人员参与设计，不同的组件由不同的设计师创建，因此必须确保所有服务、设计特征和系统功能可协同工作，以支持旅游信息系统上的用户交互。由于产品或服务由大量信息交换连接的活动组成，因此需要互操作性来交换有用、可理解且明确的信息。

交互性是旅游网站的另一个特性，一般指网站与用户进行互动和交流的能力。高度交互性能够使用户与网站内容以及用户与旅游企业之间形成互动。交互性被视为旅游网站的质量，对营销实践有很大的影响。此外，由于旅游网站的用户范围广泛，需要创造一种更具交互性的体验，让用户能够积极参与到网站使用中。有研究建议通过实施常见问题解答、留言簿和聊天等互动功能，来实现交互性。交互性也可提高用户与企业沟通中的认知满意度。因此，旅游网站应定期检查互动交流，检查在线协助和用户社区等功能，检查其是否实现了预期目标。特别是旅游网站上出现的社交媒体应用，应与用户建立直接、持续和永久的关系，丰富用户的在线互动体验，有助于用户处理信息、延长导航时间，增加黏性。另外，交互性还可以改善用户对旅游网站的态度，维持与用户的关系。

安全和隐私性是旅游网站提供信息和服务中至关重要的问题。在提供旅游信息和服务以及通过互联网进行商业活动时，必须认真考虑安全和隐私问题。安全性和保护隐私都能说明网站在保护个人信息方面的可信度，一个好的旅游网站应确保其用户个人和私人数据的保密性，并防止信息内容被篡改。安全和隐私也会影响网站的效率，Chiou 等[17]从信息保护、在线购买安全和隐私声明等方面，对安全性和隐私保护进行了描述，特别强调用户感知安全性在其购买行为中的重要性，指出近一半的用户由于安全问题终止了订单或放弃了在线预订交易。良好的安全性和隐私保护会增加用户的信任度，有助于减少感知威胁，消除人们对旅游网站信息接受和服务使用的疑虑（表 5-3）。

2）可用性子标准设计

尽管对可用性启发式准则进行了扩展，但对于开展可用性测评调查来说，仍然过于宽泛，且会影响对具体可用性问题的评估。缺乏详细的分析，会导致在特定的可用性问题上识别失败。因此，为每个可用性启发式准则制订一套相关的标准是很重要的。根据可用性研究和旅游网站设计结果，可以确定一系列可能影响用户对可用性的认知、用户的任务表现、用户与系统交互时引起问题的网站设计因素和特征。这些因素和特征被提取出来形成标准，然后被归类到相应的启发式准则中，这样可以确保最大数量的可用性问题从选择的网站中被检测到。另外，可用性启发式准则也可以提供一个逐步深入的过程，以关注可用性的细节。针对每个可用性启发式准则，设计出相关的可用性子标准，如表 5-4 所示。

表 5-4　可用性子标准

序号	可用性启发式准则	可用性子标准
1	系统状态的可见性	页面标题、文本位置、主要焦点、视觉和呈现样式、内容标签、响应时间可视化
2	系统与现实世界相匹配	标识匹配、服务匹配、用户语言、信息组织、联系信息提供
3	用户控制和自主权	导航工具、站点地图、搜索工具、语言支持、撤销功能、界面控件、链接
4	一致性和标准化	样式一致性、颜色一致性、格式一致性、布局一致性、Web 标准化
5	避免用户错误	错误消息传递、任务序列、数据输入要求
6	依赖识别而非记忆	可读性、链接描述、可见隐喻、简单化
7	使用的灵活性和高效性	语言/样式使用、导航菜单、更新频率、链接提供、网站结构、搜索功能、可访问性
8	审美学与最小化设计	吸引力、内容组织、字体、颜色、图像、图形文本平衡、文本长度、视觉空间
9	帮助用户识别、诊断和订正错误	错误指示、错误解释、强制数据输入字段
10	帮助和文档	帮助链接、帮助功能返回的方便性、帮助信息的有用性、常见问题解答、旅行辅助工具
11	互操作性	信息交换、数据交换、通用交换格式的服务交换、使用标准协议
12	交互性	社交互动、动画呈现、个性化、用户生成内容呈现、用户社区
13	安全和隐私性	私人信息保护、条款和条件的规定

3）基于可用性子标准设计测评问题

基于可用性子标准设计测评问题，可根据已设计的可用性子标准，采用可用性问卷调查，确定存在的可用性问题。可用性问卷需确保向每个参与者提供相同的结构化问题，并快速获得参与者的回答。参与者通过回答，表明自己对问题陈述的同意程度。参与者需要使用五点利克特量表进行回答，五点利克特量表可以表明参与者对陈述的同意程度，强烈同意=5，强烈不同意=1。使用五点利克特量表的主要优点在于中间有一个中性水平（既不同意也不反对）的奇数应答格式，不会使参与者在真正没有答案的情况下选择正（同意）或负（不同意）选项。研究表明，通过五点利克特量表，可以很容易收集和分析定量结果。

5.2.2　在线旅游信息系统选择

在线旅游信息系统选择，即选择要进行评估的在线旅游信息系统网站。选择在线旅游信息系统网站，必须要确定某个旅游网站的名单，在该名单里，通过对网站的筛选，实现在线旅游信息系统选择。

　　以英国通讯社编制的 50 个最佳旅游网站名单为例。为了掌握这些网站提供的服务内容和服务范围，需对每一个网站都进行细致的检查。根据网站所提供的服务内容的维度，对网站进行分类，包括"本地""全球""专门""综合"类型。本地旅游网站往往专注于本地市场；全球旅游网站则专注于在全球范围内提供旅游服务和内容；专门旅游网站一般只提供特定领域的服务和内容，如租赁公寓或预订剧院门票；综合旅游网站会提供更广泛的旅游相关信息和服务，如交通信息、餐厅信息、酒店预订和机票预订。

　　对知名旅游网站进行调查，确定每一类旅游网站的代表。选择代表一个类别网站的主要标准是，该网站必须受欢迎且使用广泛，提供的服务和内容质量高。为此，依靠权威来源信息，由 TravelWeekly、Absolute World 和 Forbes 网站选取代表。根据这些专业信息，选择以下 4 个在线旅游信息系统网站（图 5-1）："专门"类别的 Airbnb、"综合"类别的携程旅行、"全球"类别的 Travelzoo 和"本地"类别的 Yelp。

（a）"专门"类别的 Airbnb

（b）"综合"类别的携程旅行

（c）"全球"类别的 Travelzoo

（d）"本地"类别的 Yelp

图 5-1　选取的 4 个在线旅游信息系统网站

　　此外，在选定的 4 个旅游网站中，设计目标、内容与功能存在明显的区别，能够为用户提供不同的旅游服务和信息[25-27]。

　　Airbnb 是一个主要的"专门"旅游网站,可为用户提供一个社区市场,由网站列出、查找、预订住宿和房屋租赁等。它将用户与 65000 多个城市和 191 个国家的独特旅行体验联系起来。

　　携程旅行是一个"综合"旅游网站,可以提供"综合"的旅游服务,包括折扣酒店预订、特价机票及火车票、套餐旅游和景点信息推荐等。携程旅行的酒店预订网络,包括全球 200 多个国家和地区,约 170 万家酒店,机票产品覆盖 5000 多个城市。

　　Travelzoo 是一家"全球"旅游网站,也是最大的国际旅游机会发行商。它在北美、欧洲、亚太地区拥有 3000 万会员,在全球拥有 22 家办公室,拥有超过 5000 个业内合作伙伴。

　　Yelp 是一个"本地"旅游网站,将用户与"本地"企业联系起来。它专注于提供本地信息和服务交付,发布关于本地旅游服务的大众评论,并提供在线预订服务。近年来,Yelp 平均每月有 9000 万名访客,撰写的评论超过 1.02 亿条。

5.2.3　测评任务表设计

　　在可用性测评实验中,参与者需要在所测信息系统或软件产品上执行一系列任务,该任务是用户在信息系统或软件产品上开展的具有代表性的活动。将任务列成表格形式,便于将这些任务告知参与者,以进行可用性测评。任务表的构建包括四个部分:①确定所测信息系统或软件产品,使其是具有代表性的任务;②需要考虑时间问题,由此证明所选择的任务是否合理和可接受;③描述具体任务,以确保设计的任务被明确地表达出来,使参与者很容易地理解他们的任务;④为实验编制的对所测信息系统或软件产品进行测评的任务。下面介绍任务表的设计。

1. 任务确定

　　任务的辨别主要通过对现实世界的分析,从所测信息系统或软件产品中进行选择。所选择的任务,应是用户频繁开展和具有代表性的活动,并可涵盖一系列所测信息系统或软件产品内提供的服务。

　　以电子政务信息系统为例,其服务分为三类,包括信息发布、在线产品和服务、用户参与。信息发布是指通过电子政务网站提供各类政府信息;在线产品和服务是指为用户提供单向服务,如文档下载、求职和服务注册等;用户参与包括用户与电子政务网站上的双向服务交互,如纳税、学校申请和房屋规划决策。根据这些服务类别确定不同类型的任务,从每个服务类别中,可以确定出大量任务。在确定任务的过程中,不可能把电子政务信息系统中所提供的任务都让参与者执行。因此,在任务表中只能选择和设计一组代表性的任务。

　　功能分析和用户分析可用于确定具有代表性的任务[28, 29]，主要区别在于，功能分析是从专家的观点和经验中确定出具有代表性的任务，用户分析则是从用户通常参与的应用程序中派生出任务。表 5-5 总结了这两种分析法的主要特点。通常从用户的角度确定任务更为合理，这是由于信息系统或软件产品中的所有任务，都是为实际执行这些任务的用户设计的。

表 5-5　任务确定中功能分析与用户分析的主要特点

分析方法	主要特点
功能分析	能较好地发现潜在问题
	能对系统有清晰理解
	正确认识主要设计问题
	快速选择任务
	专家视角和观点
用户分析	新建或修改的任务
	热门任务
	对信息系统运行至关重要
	在压力下完成的任务
	频繁使用的任务
	用户视角和观点

2.　任务时间选择

　　任务确定后，必须检查所确定的任务是否选择正确，以提供给参与者在实验中执行。时间在任务选择中十分重要，有两个时间问题需作为考虑的理由；第一个时间问题是检查每个任务完成的时间，以确保选择的任务时间是合适的；第二个时间问题是运行所有任务的时间长度，所用时间长度需要参与者接受。一般先开展预实验来检查任务，并估计实验中各项准备工作，最终为实验的参与者提供可接受的时间。

3.　任务描述

　　为了使参与者理解任务，必须考虑进行任务描述。首先，需要对任务量进行平衡的描述。正确的描述可以提供关于任务特征和假设条件的更多信息，参与者更喜欢简洁明了的任务描述，应尽可能少出现干扰信息。其次，要运用最简单的描述形式，让参与者在测评中快速了解自己的工作和任务。为了给参与者提供明确的任务安排，要求所执行的任务按顺序排列。最后，需要考虑在执行任务中对参与者互动的支持。由于任务表本身并不能说明参与者在交互中所面临的问题，在使用任务表的同时，需配合使用观测技术记录可测量数据。

4．任务测评

在明确了任务确定、任务时间选择、任务描述后，参与者需要在所测信息系统或软件产品上得到测评结果。因此，在任务表中要为实验编制对所测信息系统或软件产品的测评任务，还必须设计执行任务测评。

5.2.4　可用性测评结果与分析

总体来看，所测评的在线旅游网站都具备一些共同的可用性特点，包括"旅游网站主页清晰""网站的不同部分提供不同的信息""某些个人服务受密码保护""每页的标题清楚地表明内容的主题"等。这些可用性特点，主要是为用户提供视觉信息搜索提示，不仅加强了网站内容展示，而且提高了用户搜索信息的能力。总体可用性评估之后，可对每个旅游网站的可用性优点进行评价和讨论。

网站结构表明，4 个旅游网站都有其可用性优点（表 5-6～表 5-9）。

表 5-6　Airbnb 的可用性优点

可用性优点	平均值（标准差）	差异值
网站提供多种语言选项	1.89（0.898）	$T = -3.792，P = 0.000$
某些个人服务受密码保护	1.98（0.913）	$T = -3.467，P = 0.001$
每页的标题清楚地表明内容的主题	2.05（0.678）	$T = -3.871，P = 0.000$
网站的不同部分提供不同的信息	2.07（0.920）	$T = -2.707，P = 0.009$
网站提供一个社交社区	2.07（1.034）	$T = -2.409，P = 0.019$
浏览网站很容易	2.09（1.023）	$T = -2.302，P = 0.025$
链接或选项对应于查找的信息	2.11（0.830）	$T = -3.303，P = 0.002$
使用的图像与主题相关	2.11（0.854）	$T = -2.601，P = 0.012$
关键信息放在网站的中心位置	2.16（0.877）	$T = -2.071，P = 0.043$
在网站上使用空白来创建对称	2.16（0.930）	$T = -2.936，P = 0.048$
旅游网站主页清晰	2.08（0.835）	$T = -3.621，P = 0.000$
网站提供定制的功能或内容	2.18（0.841）	$T = -1.999，P = 0.041$

注：T 表示一对样本差异值；P 表示影响显著性水平值。

表 5-7　携程旅行的可用性优点

可用性优点	平均值（标准差）	差异值
网站提供多种语言选项	1.75（0.799）	$T = -4.896，P = 0.000$
每页的标题清楚地表明内容的主题	1.76（0.607）	$T = -6.215，P = 0.000$
网站的不同部分提供不同的信息	1.85（0.621）	$T = -4.992，P = 0.000$
某些个人服务受密码保护	1.96（0.902）	$T = -2.541，P = 0.014$

续表

可用性优点	平均值（标准差）	差异值
可以清楚地区分数据输入中的必填字段或可选字段	2.02 (0.757)	$T=-2.492$，$P=0.016$
网站提供有关网站条款和条件的信息	2.02 (0.733)	$T=-2.577$，$P=0.013$
旅游网站主页清晰	2.05 (0.793)	$T=-3.890$，$P=0.000$
网站提供定制的功能或内容	2.05 (0.891)	$T=-1.817$，$P=0.045$
链接或选项对应于查找的信息	2.22 (0.799)	$T=-3.076$，$P=0.003$

表 5-8　Travelzoo 的可用性优点

可用性优点	平均值（标准差）	差异值
网站提供多种语言选项	1.73 (0.827)	$T=-6.550$，$P=0.000$
每页的标题清楚地表明内容的主题	2.02 (0.652)	$T=-4.994$，$P=0.000$
某些个人服务受密码保护	2.05 (0.989)	$T=-3.021$，$P=0.004$
使用的图像与主题相关	2.11 (0.685)	$T=-3.772$，$P=0.000$
网站提供有关网站条款和条件的信息	2.15 (0.891)	$T=-2.598$，$P=0.012$
网站的不同部分提供不同的信息	2.16 (0.660)	$T=-3.302$，$P=0.002$
旅游网站主页清晰	2.15 (0.686)	$T=-3.232$，$P=0.003$
网站提供定制的功能或内容	2.16 (0.631)	$T=-3.452$，$P=0.001$
网站提供推荐服务	2.20 (0.730)	$T=-2.615$，$P=0.012$
容易辨别页面之间的关系	2.22 (0.738)	$T=-2.406$，$P=0.020$
站点上不允许跳过进程的顺序	2.25 (0.844)	$T=-2.531$，$P=0.014$

表 5-9　Yelp 的可用性优点

可用性优点	平均值（标准差）	差异值
每页的标题清楚地表明内容的主题	2.05 (0.621)	$T=-4.530$，$P=0.000$
网站的不同部分提供不同的信息	2.07 (0.858)	$T=-3.124$，$P=0.003$
网站提供一个社交社区	2.09 (0.867)	$T=-2.936$，$P=0.005$
网站提供有关网站条款和条件的信息	2.13 (0.944)	$T=-2.410$，$P=0.019$
某些个人服务受密码保护	2.13 (0.982)	$T=-2.316$，$P=0.024$
使用的图像与主题相关	2.16 (0.688)	$T=-2.916$，$P=0.005$
菜单以逻辑方式显示选项	2.18 (0.748)	$T=-2.502$，$P=0.015$
网站提供实时的社交建议	2.22 (0.896)	$T=-1.786$，$P=0.008$
容易辨别页面之间的关系	2.24 (0.666)	$T=-2.202$，$P=0.032$
旅游网站主页清晰	2.25 (1.040)	$T=-2.220$，$P=0.031$
链接或选项对应于查找的信息	2.27 (0.952)	$T=-2.285$，$P=0.026$

在 Airbnb 上,"网站提供一个社交社区"有助于网站的社交互动,增加用户对在线旅游服务的参与,还包括"浏览网站很容易""使用的图像与主题相关""关键信息放在网站的中心位置""在网站上使用空白来创建对称""网站提供定制的功能或内容"等优点(表 5-6)。

在携程旅行上,"网站提供多种语言选项"可以提高网站的灵活性,用户也因此可以使用自己喜欢的语言与网站进行交互,还包括"每页的标题清楚地表明内容的主题""可以清楚地区分数据输入中的必填字段或可选字段""链接或选项对应于查找的信息"等优点(表 5-7)。

在 Travelzoo 上,"使用的图像与主题相关"可丰富内容展示,以提高网站的视觉质量,还包括"网站提供有关网站条款和条件的信息""网站提供推荐服务""容易辨别页面之间的关系""站点上不允许跳过进程的顺序"等优点(表 5-8)。

在 Yelp 上,"容易辨别页面之间的关系"为用户提供清晰的导航提示,从而提高用户确定导航控制的能力,还包括"菜单以逻辑方式显示选项""网站提供实时的社交建议""链接或选项对应于查找的信息"等优点(表 5-9)。

测评结果表明,旅游网站的设计特点必须符合用户与网站的在线互动,满足用户日益增长的期望。4 个旅游网站都突出了各自的设计特点。

Airbnb 在全球范围内提供了供人们外出、发现和预订独特住宿的主要社区市场,包括住宅、公寓和客房等多种服务。该网站不仅提供在线住宿服务,同时也注重将用户紧密联系起来,以建立更为丰富的社交体验。

携程旅行是我国一流的在线旅行企业,网站用户及其背景多种多样,因此网站更加注重用户在语言支持等方面的需求,以提供更加优质的旅游服务。

Travelzoo 通过大量旅行专家研究、评估提供旅游报价和旅游推荐服务,主要帮助用户确定最佳服务。网站通过高质量的图片展示,不仅可以增强网站的吸引力和内容的可读性,而且可以支持用户处理信息。

Yelp 主要关注发布用户对当地企业的评论,更具有信息的可读性。其首要任务是加强对网站的定位,并为用户提供信息支持,以增加其导航控制。

上述设计特点表明,可用性测评结果在旅游网站开发中的重要性。这些设计特点意味着用户能够轻松快速地获得信息,使得用户对旅游服务持有更高程度的信任。

除上所述,还可以采用单样本 T 检验,确定每个可用性特征是否与总体可用性有显著差异,找出不同于总体可用性的可用性特征。如果差异显著(即 $P \leqslant 0.05$),可用性特征平均得分小于总体可用性平均得分,认定此可用性特征为可用性优点。如果平均分大于总体可用性平均分,那么认定可用性特征为可用性缺点。有结果显示，有时在所选择的旅游网站上，发现一些共有的可用性缺点，如常见的"选项没有逻辑顺序""网站未明确显示响应时间延迟""网站有时不显示任务的进度""已使用的链接未清楚标记"等，这些问题阻碍了用户对旅游网站主体的识别，使得用户在与旅游网站交互时，很难找到需要的信息。

在上述 4 个所选的旅游网站上，还可发现不同的可用性问题（表 5-10～表 5-13）。

表 5-10　Airbnb 的可用性问题

可用性问题	平均值（标准差）	差异值
网站未明确显示响应时间延迟	2.73 (0.893)	$T = 1.981$，$P = 0.023$
选项没有逻辑顺序	2.73 (1.113)	$T = 2.124$，$P = 0.038$
网站不解释导致错误的原因	2.69 (0.940)	$T = 2.227$，$P = 0.030$
网站不会在错误周围显示突出显示的消息	2.67 (0.998)	$T = 1.958$，$P = 0.046$
网站不提供导航路径	2.65 (1.058)	$T = 1.725$，$P = 0.048$
网站有时不显示任务的进度	2.64 (0.950)	$T = 1.779$，$P = 0.038$
广告与内容不易区分	2.62 (0.952)	$T = 1.633$，$P = 0.018$
已使用的链接未清楚标记	2.62 (1.121)	$T = 1.225$，$P = 0.022$
网站每页没有遵循相同的显示格式	2.60 (0.875)	$T = 1.356$，$P = 0.018$
很难找到联系方式	2.55 (1.102)	$T = 1.721$，$P = 0.036$
网站不允许用户以任何顺序查找信息	2.51 (0.988)	$T = 1.868$，$P = 0.005$
不容易辨别页面之间的关系	2.49 (0.898)	$T = 1.602$，$P = 0.045$
在网站内部前后移动困难	2.42 (0.994)	$T = 1.723$，$P = 0.009$

表 5-11　携程旅行的可用性问题

可用性问题	平均值（标准差）	差异值
每一页的内容呈现杂乱无章	2.62 (0.952)	$T = 2.690$，$P = 0.009$
网站未明确显示响应时间延迟	2.58 (1.100)	$T = 2.083$，$P = 0.042$
选项没有逻辑顺序	2.53 (1.103)	$T = 1.712$，$P = 0.035$
网站有时不显示任务的进度	2.43 (0.875)	$T = 1.356$，$P = 0.023$
网站不解释导致错误的原因	2.51 (1.052)	$T = 1.667$，$P = 0.010$
已使用的链接未清楚标记	2.47 (1.152)	$T = 1.287$，$P = 0.023$
网站不会在错误周围显示突出显示的消息	2.45 (0.835)	$T = 1.615$，$P = 0.011$

表 5-12　Travelzoo 的可用性问题

可用性问题	平均值（标准差）	差异值
网站未明确显示响应时间延迟	3.13 (1.139)	$T = 4.359$，$P = 0.000$
网站不会在错误周围显示突出显示的消息	2.82 (0.925)	$T = 2.892$，$P = 0.005$
选项没有逻辑顺序	2.76 (1.122)	$T = 2.024$，$P = 0.048$
在线帮助对解决问题没有帮助	2.73 (1.146)	$T = 1.746$，$P = 0.037$
网站不解释导致错误的原因	2.71 (0.896)	$T = 2.083$，$P = 0.042$
网站上没有明确说明在线帮助功能	2.69 (1.112)	$T = 1.443$，$P = 0.015$
已使用的链接未清楚标记	2.67 (1.123)	$T = 1.421$，$P = 0.016$
很难找到联系方式	2.67 (1.106)	$T = 1.443$，$P = 0.015$
网站有时不显示任务的进度	2.64 (0.930)	$T = 1.426$，$P = 0.016$
每一页的内容呈现杂乱无章	2.64 (0.910)	$T = 1.458$，$P = 0.015$
网站提供了太多的序列选择	2.46 (0.977)	$T = 1.412$，$P = 0.038$

表 5-13　Yelp 的可用性问题

可用性问题	平均值（标准差）	差异值
已使用的链接未清楚标记	2.80 (1.117)	$T = 2.306$，$P = 0.025$
网站未明确显示响应时间延迟	2.76 (1.105)	$T = 2.212$，$P = 0.031$
在线帮助对解决问题没有帮助	2.65 (1.158)	$T = 1.412$，$P = 0.016$
网站上没有明确说明在线帮助功能	2.64 (1.060)	$T = 1.415$，$P = 0.016$
选项没有逻辑顺序	2.63 (1.075)	$T = 1.235$，$P = 0.013$
每一页的内容呈现杂乱无章	2.62 (0.952)	$T = 1.434$，$P = 0.015$
网站有时不显示任务的进度	2.50 (1.035)	$T = 1.536$，$P = 0.026$
很难找到联系方式	2.62 (1.027)	$T = 1.330$，$P = 0.018$
广告与内容不易区分	2.51 (0.920)	$T = 2.220$，$P = 0.048$

　　在 Airbnb 上，发现"网站不提供导航路径"可能会对用户导航控制能力造成影响，此外还有"网站未明确显示响应时间延迟""网站不提供导航路径""网站每页没有遵循相同的显示格式""网站不允许用户以任何顺序查找信息""不容易辨别页面之间的关系""在网站内部前后移动困难"等问题（表 5-10）。

　　在携程旅行上，发现"每一页的内容呈现杂乱无章"可能会影响旅游网站的可读性，并造成用户的记忆负载，此外还有"选项没有逻辑顺序""网站不解释导致错误的原因"等问题（表 5-11）。

　　在 Travelzoo 上，发现"在线帮助对解决问题没有帮助"将极大妨碍用户在使用网站时解决、处理问题的能力，此外还有"很难找到联系方式""网站有时不显示任务的进度""网站提供了太多的序列选择"等问题（表 5-12）。

在 Yelp 上，发现"广告与内容不易区分"可能会影响用户对内容的理解，并降低用户对旅游网站的信任度，此外还有"已使用的链接未清楚标记""在线帮助对解决问题没有帮助""网站上没有明确说明在线帮助功能"等问题（表 5-13）。

这些不同的可用性问题表明，尽管在旅游网站设计中不断强调可用性，但在可用性的细节设计方面仍有待提高，特别是在"网站和现实世界的匹配""美学设计""帮助用户恢复错误""交互性""安全和隐私性"等方面。因此，旅游网站设计者应对这些领域进行更为细致的审查，以提高整体可用性。

5.3　个性化差异与可用性测评

旅游网站及其旅游信息系统面向的是一个群体。群体中的每一个用户，自身都存在着很大的个性化差异，因此对旅游网站的可用性感知也存在很大的差异。一般的群体中自身个性化差异表现方面有很多，包括用户性别、用户年龄、兴趣爱好、操作水平、用户行为和文化程度等。本节所讨论的个性化差异，主要侧重用户性别的差异和用户行为的差异。

研究用户性别差异和用户行为差异，对旅游网站可用性测评有着特殊意义。研究用户差异与旅游网站的交互作用，探讨用户差异对在线旅游网站可用性和用户性能的影响，能够扩展和提升旅游网站的设计，使其具有更适应的可用性。

5.3.1　性别差异与可用性问题

性别被认为是诸多领域内用户行为的决定因素，这些领域包括市场营销、经济学、管理学、社会学和心理学。

男、女二分法是人类社会中最基本的特征。现有的经济活动和社会活动中，通常将性别因素用于开发营销策略、相关的社会活动和文化考量的过程中。不同的性别群体，不仅倾向获得特定性别的技能，还倾向获得特定性别的自我概念和个性特征。女性和男性逐渐形成的价值观，导致他们在社会、伦理和价值偏好等方面存在一定差异。

医学临床和实验研究表明，从大脑的生物学差异对性别进行研究，显示了人脑中两个半球的偏侧化，左半球擅长语言能力，而右半球擅长空间感知[30]。女性大脑中的两个半球更为对称，而男性大脑的两个半球较特殊[31]。在现实中，女性表现出更强的空间焦虑感，而男性则表现出更强的方向感和空间自信感[32]。与导航相关的研究反映，当涉及刺激信息所代表的特殊性和复杂性时，女性依赖左半球的处理。相比之下，男性在处理信息时，依赖右半球的处理，更易使用全局规则和其他分类概念[33]。

由性别产生的大脑偏侧化差异，会影响对产品的感知、评估和判断。从本质上看，认知的性别差异，会影响用户在网站上搜索和导航信息的偏好和能力。在认知研究方面，性别存在明显差异，有证据表明：

（1）女性的阅读能力更强，而男性更擅长数学[34]。

（2）女性通常表现出的处理风格更为细致，而男性的处理风格则更为全面和无差异[33]。

（3）女性更倾向利用所有可用信息作为决策依据，而男性在做决定时只利用一些现有的信息，并不进行综合全面的处理，男性通常比女性做决定更快[35]。

（4）女性会使用中心或系统路径进行信息处理，而男性则使用外围或启发式路径[32]。

（5）女性通常需要外部支持，而男性则经常使用内部资源[36]。

（6）女性在购物行为方面更容易受到情感和社交互动的影响，而男性更喜欢便利而不是社交互动[30]。

（7）女性对独特性的需求也高于男性[37]。

在线旅游信息系统也存在着明显的性别差异，研究表明：

（1）在搜索旅游信息时，女性用户普遍使用多个信息来源，男性用户仅使用单一资源处理信息[38]。

（2）在旅游网站设计方面，女性对旅游网站功能和内容的感知比男性更强[39]。

（3）在网站可用性方面，性别差异意味着不同的期望，女性对易用性的感知会更为显著，而男性则主要考虑有用性[36]。女性更喜欢图像多于文本的界面布局，小而美观的设计元素可以推动女性在网站上进行访问，而男性更喜欢文本比例大于图像比例的布局[40]。

性别差异对信息处理、信息质量、信息技术使用、在线购物态度和社交网站使用等方面都会产生影响，详细比较如表 5-14 所示。

表 5-14　性别差异在不同信息交互与应用中的比较

信息交互与应用	男性	女性
信息处理	使用外围或启发式路径；关注整体内容；依赖内部资源；使用选择性信息	使用中心或系统路线；关注详细内容；依赖外部来源；使用所有可用信息
信息质量	对代表性数据质量的评价高于女性；对可访问性数据质量的评价高于女性	对代表性信息质量有较高的期望；对可访问性信息质量有较高的期望
信息技术使用	依赖自我控制的感觉	更加重视外部支持因素
在线购物态度	重视娱乐	价值功能，更受情感和社会互动的激励
社交网站使用	更注重信息和任务；利用社交网络建立新的关系和寻找工作线索	使用社交网站来维护现有的社会关系；展现更高层次的社会交往；更注重人际关系；更关注隐私；更有可能张贴照片、查看照片和状态更新
网上拍卖	更倾向参加网上拍卖；更倾向寻求便利；表现出更高的可信度和社交互动	更追求享受；更容易找到折扣；不太可能信任他人；表现出更高的风险厌恶和独特性需求

信息交互与应用	男性	女性
网络吸引	更容易过度沉迷于网络；在玩与权力和控制有关的游戏时，体验更多的不良行为	更倾向在网上与亲密或匿名的朋友交流
介质传播	更倾向花时间在网上从事专注于任务的活动，如阅读新闻或获取财经信息	更倾向用电子设备来维持人际关系，大部分在线时间用电子设备联系朋友和家人
视觉和空间能力	在相对较大的范围内使用调查策略；在寻找目的地方面比女性更有效，在借助地图定位目标方面比女性更快	更多地依赖对地标顺序知识的路线策略；更喜欢放大地图来详细查看

　　通过性别差异对旅游网站可用性评估进行调查。结果表明，男性和女性对每个所选旅游网站的总体可用性评估也存在显著差异，女性所选旅游网站的总体可用性评估高于男性，说明女性对可用性要求水平比男性更高。

　　还可以从性别角度，理解可用性启发式准则之间的相互关系。对性别群体中的可用性启发式准则进行皮尔逊相关分析，结果如表 5-15 所示。由表可看出，皮尔逊相关系数（P 值）总体较高，几乎所有的 P 值都在 0.01 水平，其有效性是可接受的，也说明在评估中可用性启发式准则之间联系紧密。

　　设计属性彼此之间的相互关联，也可以解释可用性启发式准则之间紧密的联系。可用性属性"易记性"，与网站一致性密切相关（见表 5-2，可用性启发式准则 4：一致性和标准化）。与此同时，颜色一致性也是视觉设计元素的一部分，对美学设计有很大影响（见表 5-2，可用性启发式准则 8：审美学与最小化设计）。这些结果反映了本研究中使用的所有可用性结构成分，都具有足够的内部一致性。

　　表 5-15 分析显示，男性组中，可用性启发式准则 7（使用的灵活性和高效性）和可用性启发式准则 12（交互性）之间的相关性最强，而女性组中，可用性启发式准则 6（依赖识别而非记忆）和可用性启发式准则 8（审美学与最小化设计）之间的相关性最强。这是由于男性对互联网的探索更加积极，他们对网站的有效利用主要是基于网站或服务的交互性，支持他们的控制，掌握自我效能，来实现以自我为中心的目标。对于与旅游网站互动的女性而言，其服务或内容识别，可能在很大程度上会受到网站美学设计的影响。Okazaki 等[33]在研究中，发现一些小的、漂亮的、在视觉上有吸引力的东西，通常是女性最喜欢的属性。这些美观、简约或尺寸整齐的设计元素，可能是女性使用旅游网站访问或搜索信息的主要驱动力。

　　男性群体中，可用性启发式准则 1（系统状态的可见性）与可用性启发式准则 13（安全和隐私性）之间的相关性最弱。这意味着，在与旅游网站交互时，男性更喜欢直观地显示安全和隐私问题，男性更有可能参与以任务为中心的活动。对于女性来说，可用性启发式准则 9（帮助用户识别、诊断和订正错误）与可用性启发式准则 10（帮助和文档）之间的相关性最弱。这表明女性更关心支持因素，以帮助她们纠正错误，解决使用问题。研究还发现，女性在网络交易中，表现出更强的计算机焦虑感和更大程度上的不确定性。

表 5-15　性别群体中可用性启发式准则之间的相互关系

序号	性别	H1	H2	H3	H4	H5	H6	H7	H8	H9	H10	H11	H12	H13
H1	男	1.000												
	女	1.000												
H2	男	0.525**	1.000											
	女	0.617**	1.000											
H3	男	0.709**	0.645**	1.000										
	女	0.779**	0.652**	1.000										
H4	男	-0.403**	-0.323**	-0.532**	1.000									
	女	-0.407**	-0.423**	-0.485**	1.000									
H5	男	0.223**	0.239**	0.227**	0.008	1.000								
	女	0.403**	0.319**	0.266**	-0.058	1.000								
H6	男	0.686**	0.627**	0.890**	-0.456**	0.176*	1.000							
	女	0.717**	0.608**	0.857**	-0.456**	0.170*	1.000							
H7	男	0.585**	0.624**	0.787**	-0.340**	0.405**	0.710**	1.000						
	女	0.737**	0.616**	0.858**	-0.434**	0.348**	0.750**	1.000						
H8	男	0.551**	0.626**	0.653**	-0.421**	0.105	0.728**	0.453**	1.000					
	女	0.623**	0.649**	0.777**	-0.369**	0.157	0.929**	0.592**	1.000					
H9	男	0.378**	0.316**	0.452**	-0.094	0.321**	0.425**	0.539**	0.260**	1.000				
	女	0.364**	0.283**	0.467**	-0.143	0.274**	0.393**	0.443**	0.352**	1.000				
H10	男	0.581**	0.580**	0.689**	-0.321**	0.087	0.741**	0.577**	0.707**	0.260**	1.000			
	女	0.504**	0.520**	0.681**	-0.210*	-0.092	0.773**	0.552**	0.692**	0.160	1.000			
H11	男	0.635**	0.629**	0.803**	-0.417**	0.392**	0.716**	0.834**	0.554**	0.446**	0.584**	1.000		
	女	0.712**	0.628**	0.855**	-0.436**	0.324**	0.774**	0.874**	0.678**	0.458**	0.560**	1.000		
H12	男	0.501**	0.589**	0.607**	-0.091	0.355**	0.586**	0.893**	0.431**	0.418**	0.597**	0.720**	1.000	
	女	0.595**	0.550**	0.745**	-0.301*	0.207*	0.686**	0.797**	0.637**	0.337**	0.582**	0.820**	1.000	
H13	男	0.171*	0.281*	1.90**	0.143	0.122	0.073	0.199*	0.280*	0.191*	0.018	0.246**	0.451**	1.000
	女	0.429**	0.437**	0.437**	-0.146	0.320**	0.387**	0.395**	0.477**	0.282**	0.054	0.470**	0.555**	1.000

注：H 表示"可用性启发式准则"，1~13 表示可用性启发式准则序号；
无*表示显著性水平 $P>0.05$；
* 表示显著性水平 $P<0.05$；
** 表示显著性水平 $P<0.01$。

表 5-16 显示了所选旅游网站中性别群体对可用性启发式准则的感知差异值。结果表明，女性对每个目标旅游网站的可用性启发式需求更多，涵盖的设计方面比男性更为广泛。这些发现与整体可用性评估的结果一致，表明女性对可用性要求水平高于男性。

表 5-16　所选旅游网站中性别群体对可用性启发式准则的感知差异值

序号	Airbnb		携程旅行		Travelzoo		Yelp	
	男	女	男	女	男	女	男	女
H1	2.61(0.454)	2.36(0.472)	2.67(0.425)	2.58(0.404)	2.41(0.469)	2.16(0.460)	3.54(0.334)	3.41(0.324)
差异值	$T=1.007$，$P=0.035$		$T=0.496$，$P=0.048$		$T=0.050$，$P=0.046$		$T=0.884$，$P=0.021$	
H2	2.04(0.483)	2.79(0.482)	2.25(0.578)	2.98(0.554)	1.86(0.473)	2.55(0.420)	3.04(0.483)	3.83(0.580)
差异值	$T=1.152$，$P=0.698$		$T=0.338$，$P=0.564$		$T=0.728$，$P=0.039$		$T=0.922$，$P=0.341$	
H3	2.52(0.356)	2.15(0.297)	2.79(0.365)	2.43(0.258)	2.40(0.341)	1.90(0.346)	3.95(0.382)	3.65(0.235)
差异值	$T=0.766$，$P=0.038$		$T=2.579$，$P=0.014$		$T=0.722$，$P=0.039$		$T=8.449$，$P=0.005$	
H4	2.33(0.691)	3.36(0.795)	2.02(0.362)	3.49(0.501)	2.33(0.508)	3.71(0.514)	1.51(0.548)	2.69(0.584)
差异值	$T=0.158$，$P=0.692$		$T=3.372$，$P=0.042$		$T=0.01$，$P=0.979$		$T=6.974$，$P=0.001$	
H5	2.87(0.457)	2.91(0.494)	2.31(0.434)	2.65(0.527)	2.36(0.364)	2.25(0.451)	2.73(0.463)	2.74(0.662)
差异值	$T=0.155$，$P=0.696$		$T=0.399$，$P=0.530$		$T=1.481$，$P=0.229$		$T=2.558$，$P=0.116$	
H6	2.02(0.326)	2.07(0.291)	2.56(0.316)	2.70(0.326)	2.39(0.301)	2.23(0.319)	3.81(0.370)	3.80(0.230)
差异值	$T=0.760$，$P=0.784$		$T=0.063$，$P=0.803$		$T=0.341$，$P=0.561$		$T=8.223$，$P=0.006$	
H7	2.90(0.350)	2.52(0.250)	2.51(0.368)	2.31(0.380)	2.50(0.380)	1.99(0.288)	3.80(0.292)	3.42(0.271)
差异值	$T=1.113$，$P=0.029$		$T=0.615$，$P=0.043$		$T=3.567$，$P=0.046$		$T=0.244$，$P=0.023$	
H8	1.57(0.504)	2.49(0.417)	2.60(0.597)	3.49(0.602)	1.94(0.542)	2.68(0.393)	3.23(0.445)	4.36(0.480)
差异值	$T=1.504$，$P=0.022$		$T=0.412$，$P=0.039$		$T=5.362$，$P=0.024$		$T=0.372$，$P=0.045$	
H9	3.09(0.609)	2.63(0.582)	2.63(0.484)	2.30(0.592)	2.65(0.464)	2.22(0.544)	3.41(0.609)	2.91(0.439)
差异值	$T=0.246$，$P=0.876$		$T=1.202$，$P=0.278$		$T=0.550$，$P=0.462$		$T=3.270$，$P=0.006$	
H10	1.02(0.094)	2.13(0.407)	1.86(0.507)	3.26(0.561)	2.06(0.356)	3.40(0.603)	3.27(0.518)	4.78(0.376)
差异值	$T=22.463$，$P=0.000$		$T=1.184$，$P=0.028$		$T=18.240$，$P=0.000$		$T=1.224$，$P=0.027$	
H11	2.63(0.353)	2.52(0.404)	2.34(0.431)	2.57(0.513)	1.82(0.326)	1.78(0.392)	3.57(0.378)	3.85(0.271)
差异值	$T=0.286$，$P=0.868$		$T=0.133$，$P=0.717$		$T=1.879$，$P=0.176$		$T=0.125$，$P=0.725$	
H12	2.22(0.266)	3.39(0.288)	1.96(0.379)	3.37(0.451)	1.77(0.316)	2.91(0.385)	2.79(0.457)	4.31(0.305)
差异值	$T=0.689$，$P=0.041$		$T=0.650$，$P=0.424$		$T=0.537$，$P=0.467$		$T=0.268$，$P=0.607$	
H13	2.29(0.452)	3.47(0.328)	2.32(0.366)	3.56(0.535)	1.78(0.258)	2.84(0.329)	2.21(0.431)	3.59(0.393)
差异值	$T=8.612$，$P=0.005$		$T=2.435$，$P=0.025$		$T=3.710$，$P=0.049$		$T=0.202$，$P=0.045$	

注：括号外数值为平均值；
　　括号内数值为标准偏差值。

在性别差异的可用性测评中，男性最需要的可用性启发式准则包括"系统状态的可见性""用户控制和自主权""使用的灵活性和高效性"等，原因在于"系统的状态可见性"可以让用户直观地了解其进度。在与旅游网站交互时，男性更依赖于视觉提示，依赖于对外部控制的感知，更关心良好的控制和高度导航自由。男性比女性更重视感知易用性，重视易用性和有用性之间的联系。正如 Lin 等[32]所解释的，男性更需要控制、掌握和自我效能，来实现以自我为中心的目标。

女性也看重可用性启发式准则。在与旅游网站交互时，女性更容易接受各种设计因素，包括"审美学与最小化设计""帮助和文档""安全和隐私性"。"审美学与最小化设计"也被称为显式可用性，是指一组比其他可用性属性更快地被感知的视觉设计元素。女性看重"审美学与最小化设计"，表明女性不受目标技术性质限制，只受实用性限制。研究结果还表明，女性更重视内部和外部支持因素，更关心和担心在线服务相关的风险。正如 Lin 等[32]所言，女性比男性更容易产生计算机焦虑感，因此她们通常需要更高级的在线保护服务。

男性和女性之间的可用性特征存在着显著差异，包括"提供有逻辑顺序的选项""提供导航帮助""提供可用的在线帮助功能""提供社交内容"（表 5-17～表 5-20）。女性需要更多的序列选项，符合女性更倾向使用综合处理策略，来获取所有可用信息，而男性相反，男性在综合处理可用信息方面具有一定的选择性。女性还需要更多的导航提示，更需要旅游网站上的导航栏；而男性喜欢整体导航功能，更喜欢分层选项或站点地图。其主要原因在于女性是从局部的角度出发使用导航，专注于具体的导航提示，仅使用路线策略，只注意如何从一个地方移动到另一个地方；男性则是从全局角度进行导航，需要的是由需求控制，追求掌握和自我效能的社会规范引导，并且使用定向策略，根据旅游网站地图判断和保持自己的位置。

表 5-17　在 Airbnb 上可用性特征的性别差异

可用性特征	平均值（标准差）		T	P
	男	女		
提供有逻辑顺序的选项	1.04(0.189)	2.26(0.447)	5.359	0.000
广告展示	1.08(0.156)	2.36(0.465)	35.195	0.000
带图像显示的文本	1.46(0.881)	2.30(0.669)	3.616	0.043
提供导航帮助	2.19(0.497)	3.24(0.698)	4.463	0.025
内容呈现整洁	1.08(0.136)	2.44(0.506)	14.973	0.000
显示已用选项或链接	2.68(1.467)	2.48(1.014)	4.218	0.045
创造对称性，引导用户的眼睛朝着适当的方向	1.08(0.056)	2.56(0.506)	21.545	0.000
提供可用的在线帮助功能	1.00(0.015)	2.07(0.385)	11.387	0.001
在线帮助要求	1.03(0.087)	2.19(0.557)	22.295	0.000
提供自定义功能或内容	2.79(0.418)	3.56(0.508)	11.086	0.002
提供社交内容	2.57(0.696)	4.07(0.471)	8.534	0.005

表 5-18　在携程旅行上可用性特征的性别差异

可用性特征	平均值（标准差）		T	P
	男	女		
网站页面之间的关系显示	2.96(0.693)	2.48(0.753)	3.496	0.047
提供有逻辑顺序的选项	2.32(0.476)	3.52(0.509)	3.679	0.041
按逻辑顺序排列的选项	2.43(0.504)	3.85(0.534)	4.161	0.046
一致的显示格式	1.82(0.476)	3.37(0.688)	7.154	0.010
禁止跳过进程的顺序	2.39(0.832)	2.63(1.149)	5.273	0.026
错误消息显示	1.57(0.573)	2.85(0.456)	9.127	0.004
信息深度和广度	2.35(0.365)	3.54(0.245)	4.322	0.017
提供导航帮助	1.89(0.497)	3.44(0.698)	9.463	0.003
在线帮助要求	1.79(0.521)	3.33(0.620)	6.252	0.016
提供社交内容	1.96(0.508)	3.37(0.629)	8.809	0.004
旅行代理信息显示	2.64(0.488)	3.96(0.940)	5.148	0.027
旅游网站条款	1.77(0.430)	2.72(0.649)	3.635	0.042
个人服务保护	3.21(0.418)	4.52(0.580)	7.216	0.001

表 5-19　在 Travelzoo 上可用性特征的性别差异

可用性特征	平均值（标准差）		T	P
	男	女		
提供多语言选项	1.71(0.713)	2.89(0.506)	8.386	0.005
网站内的用户移动	2.42(0.578)	1.31(0.471)	4.252	0.044
所有选项或链接都工作	3.62(0.496)	1.93(0.421)	13.151	0.001
以分层方式排列选项的菜单	2.35(0.629)	1.24(0.435)	7.593	0.008
提供导航帮助	1.54(0.647)	2.76(0.511)	4.789	0.033
提供整洁的内容	3.21(0.418)	4.41(0.572)	10.249	0.002
提供导航帮助	2.04(0.344)	3.31(0.660)	25.210	0.000
在线帮助要求	2.08(0.392)	3.48(0.634)	20.844	0.000
使用可理解的缩写、首字母缩略词、代码	1.02(0.015)	2.31(0.604)	8.656	0.000
符合用户任务进度的层次结构	2.23(0.652)	1.24(0.435)	4.311	0.043

表 5-20　在 Yelp 上可用性特征的性别差异

可用性特征	平均值（标准差）		T	P
	男	女		
网站页面之间的关系显示	4.32(0.548)	3.07(0.267)	8.624	0.000
以任何顺序查找信息	4.14(0.448)	3.07(0.267)	5.013	0.029
网站内的用户移动	4.29(0.535)	3.07(0.267)	13.948	0.000
提供有逻辑顺序的选项	3.43(0.634)	4.81(0.396)	9.397	0.001
一致的颜色方案	1.61(0.567)	2.89(0.506)	5.507	0.023
禁止跳过进程的顺序	2.39(0.832)	2.63(1.149)	5.273	0.026
关键信息或主题显示	4.36(0.559)	3.07(0.267)	17.515	0.000
所有选项或链接都工作	4.18(0.476)	3.04(0.338)	6.324	0.015
提供导航帮助	3.18(0.390)	4.33(0.555)	9.404	0.003
在线帮助要求	3.32(0.612)	4.93(0.267)	17.542	0.000
提供推荐服务	2.43(0.690)	3.96(0.587)	5.326	0.025
提供社交内容	1.57(0.696)	3.07(0.471)	6.524	0.004

　　女性与男性相比，男性表现出自己擅长或熟悉信息与通信技术相关，女性则表现出需要更高的在线帮助水平，以支持她们解决网站使用问题。女性比男性更注重旅游网站上的社交，这表明女性更倾向使用旅游网站进行人际联系和交流。女性表现出的社交水平比男性高，她们更受情感和社交互动以及关系维护的激励。该结果也得到了 Kimbrough 等[41]的支持，他们认为，女性喜欢专注于建立和维持关系。因此，女性更容易在网上与亲密或匿名的朋友交流，以分享她们的感受和情感。

5.3.2　用户行为差异与可用性问题

　　可用性可简单地定义为产品被使用的能力，可以通过捕捉用户的感知及其表现进行可用性评估。感知可用性是指用户考虑一组网站的属性，通过感知得到的可用性。

　　用户性能是指用户与网站的交互水平[42]，可视为用户在给定时间内在网站上的活动和用户完成任务的程度。用户性能突出了用户的交互行为，有助于理解用户及其需求。通常，通过观察用户如何以恰当的方式与系统进行交互，来衡量用户性能。很多研究采用多种标准衡量用户性能，以揭示用户与系统的交互水平。Sonderegger 等[43]强调有效性和效率的性能测量，有效性与任务成功完成的程度或任务完成率有关，而效率与任务执行的难易程度、任务完成时间和错误率有关。

　　在研究可用性和用户性能时可以看出，可用性会明显影响用户性能。文献[44]

对可用性的定义,强调了具体用户、任务和环境下的可度量性能标准。用户性能是可用性的主要决定因素之一,可用性和用户性能之间存在很强的关系。Brade 等[45]通过关注任务完成的时间来检测用户性能,以解释系统中的可用性问题。结果表明,高水平的用户性能,表现出任务完成时间短,可视为具有高可用性。Sonderegger 等[43]对可用性测试中的用户性能进行了探讨,结果表明,可用性在任务完成时间和任务完成率方面,对用户性能有积极影响。由此可见,可用性和用户性能之间有着密切的关系,在可用性评估过程中,需要将用户行为与可用性一起考虑。

表 5-21 显示了所选旅游网站中用户的总体性能。单向方差分析结果表明,4 个网站的参与者性能存在显著差异。具体来说,使用 Travelzoo 的用户与使用 Airbnb、携程旅行和 Yelp 的用户相比,其完成任务的步骤数最少,需要的在线帮助数少,并且完成的任务更多。使用 Yelp 的用户完成任务所需步骤数与在线帮助数最多,并且花费时间最长。参与者对可用性的总体感知结果相一致表明,Travelzoo 的总体可用性评估得分最高,Yelp 的评估得分最低。由此说明,用户对可用性的总体感知会影响用户在旅游网站上的性能表现,用户的感知可用性与其任务性能之间存在正相关关系。

表 5-21　所选旅游网站中用户的总体性能

性能	平均值　　标准差						
	Airbnb		携程旅行		Travelzoo		Yelp
完成任务的时间/min	16.87	6.210	20.20	6.524	19.60	6.161	23.37	7.254
差异值	$F(3, 219) = 9.111,P = 0.000$						
完成任务的步骤数	53.69	15.950	61.86	14.663	52.27	14.915	69.76	12.194
差异值	$F(3, 219) = 5.550,P = 0.001$						
在线帮助数	0.46	0.633	0.62	0.828	0.35	0.615	0.80	1.129
差异值	$F(3, 219) = 3.161,P = 0.026$						
成功完成任务的比例/%	1.14	0.112	1.12	0.090	1.08	0.095	1.123	0.102
差异值	$F(3, 219) = 4.104,P = 0.007$						

注: F 表示单因素方差分析差异值。

根据用户完成所有任务所花费的时间,考虑用户性能的结果也很有趣。表 5-21 显示,使用 Airbnb 的用户完成任务时间的平均值,比使用其他 3 个网站的用户少,这并没有反映出用户对可用性的总体感知,Airbnb 并不是总体可用性最好的网站,一个可能的原因是 Airbnb 的网站设计简单,只在网站上显示了必要的信息和工具。Yang 等[35]研究发现,除非有特殊和迫切的需求可为应用程序增加重要的价值,否则用户界面上不应显示过多信息和对象。这表明网站设计的重要原则之一是简单性,可以增强用户行为,并提升对在线服务供应商的信任。

　　在每个所选的旅游网站中，不同性别的用户存在性能差异（表5-22～表5-25），表中 N 表示人数。一般情况下，男性在完成任务时间、完成任务步骤数和所需在线帮助数方面优于女性。这也表明，在旅游网站上完成任务时，女性比男性需要更高的可用性需求。女性在完成任务时，需要的在线帮助数比男性多，其中一个主要的原因是女性在完成任务时的焦虑感、疑惑感更强，女性为了完成在线任务，更注重外部支持因素或特征。值得注意的是，尽管男性在完成所有任务的时间、完成任务的步骤数和所需的在线帮助数方面优于女性，但男性和女性成功完成任务的比例很相似。这表明男性更注重速度，男性会加快上网时间，参与更多以任务为中心的活动。

表 5-22　完成任务时间的性别差异　　　　　　　（单位：min）

旅游网站	性别（人数）	平均值（标准差）						总计
		任务 1	任务 2	任务 3	任务 4	任务 5	任务 6	
Airbnb	男(N=28)	2.73(0.698)	1.82(0.595)	1.73(0.511)	1.72(0.611)	2.71(0.530)	2.73(1.226)	13.44(4.171)
	女(N=27)	4.40(1.224)	3.31(0.851)	3.20(0.640)	3.16(0.829)	2.14(0.938)	4.25(1.099)	20.46(5.581)
携程旅行	男(N=28)	3.24(0.616)	2.42(0.804)	2.02(0.695)	2.43(0.725)	2.31(0.728)	3.36(1.268)	15.78(4.863)
	女(N=27)	4.63(0.883)	3.71(0.737)	3.34(0.880)	3.69(0.829)	1.83(1.051)	5.60(1.632)	22.80(6.012)
Travelzoo	男(N=26)	3.18(0.827)	2.20(0.518)	1.78(0.647)	2.17(0.607)	2.01(0.716)	3.29(1.019)	14.63(4.334)
	女(N=29)	4.82(0.679)	3.70(0.647)	3.35(0.764)	3.72(0.683)	1.52(0.713)	4.95(1.423)	22.06(4.909)
Yelp	男(N=28)	4.22(1.565)	2.84(1.131)	2.40(1.235)	2.84(1.160)	2.76(1.245)	4.48(1.533)	19.54(7.869)
	女(N=27)	5.53(1.274)	4.06(0.667)	3.61(0.588)	4.04(0.637)	2.15(0.709)	5.96(1.004)	25.35(4.879)

表 5-23　完成任务步骤数的性别差异

旅游网站	性别（人数）	平均值（标准差）						总计
		任务 1	任务 2	任务 3	任务 4	任务 5	任务 6	
Airbnb	男(N=28)	9.00(1.721)	6.46(1.231)	5.64(1.026)	7.00(1.700)	6.82(1.442)	8.39(1.750)	43.31(8.870)
	女(N=27)	13.30(3.539)	9.15(2.552)	8.00(1.961)	9.48(2.225)	6.11(2.439)	13.37(4.244)	59.41(16.960)
携程旅行	男(N=28)	10.07(1.844)	7.39(1.120)	6.54(1.170)	7.89(1.524)	7.71(1.140)	10.64(1.615)	50.24(8.413)
	女(N=27)	14.93(1.615)	10.81(1.331)	8.93(1.174)	11.26(1.457)	7.00(2.000)	15.96(2.579)	68.89(10.156)
Travelzoo	男(N=26)	8.50(1.985)	5.92(1.164)	4.85(0.732)	6.00(1.265)	6.08(1.294)	8.31(1.350)	39.66(7.790)
	女(N=29)	13.10(1.877)	9.48(1.090)	8.48(1.122)	10.00(1.414)	6.72(1.334)	13.72(1.888)	51.50(8.725)
Yelp	男(N=28)	11.75(1.713)	8.21(1.524)	6.25(1.647)	7.46(1.895)	8.70(1.944)	10.11(2.183)	52.48(10.906)
	女(N=27)	14.30(1.436)	10.40(1.279)	9.00(1.038)	10.78(1.188)	8.67(1.387)	12.89(1.987)	66.04(8.315)

表 5-24　所需在线帮助数的性别差异

旅游网站	性别（人数）	平均值（标准差）						总计
		任务 1	任务 2	任务 3	任务 4	任务 5	任务 6	
Airbnb	男(N=28)	0.71(0.262)	0.71(0.262)	0.00(0.000)	0.00(0.000)	0.00(0.000)	0.00(0.000)	1.42(0.524)
	女(N=27)	0.11(0.320)	0.11(0.320)	0.00(0.000)	0.15(0.362)	0.00(0.000)	0.41(0.501)	0.78(1.503)
携程旅行	男(N=28)	0.00(0.000)	0.00(0.000)	0.00(0.000)	0.11(0.315)	0.00(0.000)	0.11(0.315)	0.22(0.630)
	女(N=27)	0.07(0.267)	0.04(0.267)	0.00(0.000)	0.37(0.492)	0.00(0.000)	0.56(0.506)	1.04(1.532)
Travelzoo	男(N=26)	0.00(0.000)	0.00(0.000)	0.00(0.000)	0.00(0.000)	0.00(0.000)	0.00(0.000)	0.00(0.000)
	女(N=29)	0.00(0.000)	0.03(0.186)	0.00(0.000)	0.17(0.384)	0.00(0.000)	0.45(0.506)	0.65(1.076)
Yelp	男(N=28)	0.04(0.189)	0.00(0.000)	0.07(0.262)	0.04(0.189)	0.00(0.000)	0.11(0.315)	0.26(0.955)
	女(N=27)	0.07(0.267)	0.00(0.000)	0.06(0.447)	0.30(0.465)	0.00(0.000)	0.78(0.424)	1.21(1.603)

表 5-25　成功完成任务比例的性别差异　　　　　　　（单位：%）

旅游网站	性别（人数）	平均值（标准差）						总计
		任务 1	任务 2	任务 3	任务 4	任务 5	任务 6	
Airbnb	男(N=28)	1.18(0.390)	1.07(0.262)	1.00(0.000)	1.04(0.189)	1.00(0.000)	1.54(0.508)	6.83(1.349)
	女(N=27)	1.19(0.362)	1.11(0.320)	1.00(0.000)	1.00(0.000)	1.04(0.192)	1.56(0.506)	6.90(1.380)
携程旅行	男(N=28)	1.07(0.262)	1.14(0.356)	1.00(0.000)	1.00(0.000)	1.00(0.000)	1.21(0.418)	6.42(1.036)
	女(N=27)	1.22(0.424)	1.15(0.362)	1.00(0.000)	1.00(0.000)	1.00(0.000)	1.22(0.424)	6.59(1.210)
Travelzoo	男(N=26)	1.11(0.326)	1.19(0.402)	1.00(0.000)	1.00(0.000)	1.00(0.000)	1.04(0.196)	6.34(0.924)
	女(N=29)	1.12(0.258)	1.10(0.310)	1.00(0.000)	1.00(0.000)	1.00(0.000)	1.17(0.384)	6.39(0.952)
Yelp	男(N=28)	1.14(0.356)	1.21(0.418)	1.00(0.000)	1.00(0.000)	1.00(0.000)	1.18(0.390)	6.53(1.164)
	女(N=27)	1.07(0.267)	1.26(0.447)	1.00(0.000)	1.00(0.000)	1.00(0.000)	1.26(0.447)	6.59(1.161)

　　研究结果确定了在线旅游网站上男性和女性所要求的不同可用性特征，女性需要提供更多的序列选项，而男性在信息搜寻过程中喜欢有更少的选择。女性喜欢使用多种信息来源，而男性喜欢根据较少的细节信息，并使用简单的方法来处理信息。女性倾向采用综合处理策略来获取所有可用信息，而男性则采用更为全面和无差别的处理方式，通常不参与所有可用信息的综合处理。

　　最后，在选定的 4 个旅游网站完成的任务中，一些任务涉及在线购物体验，这与旅游网站的社交功能密切相关。女性在完成任务的时间和完成任务的步骤数方面优于男性，原因与任务属性有关。正如 Dhir 等[40]所述，女性不仅仅是浏览，更喜欢评论帖子。女性拥有更丰富的在线社交体验，更容易受到情感和社交互动的推动。相比男性，女性更有可能发布照片、标记照片、查看照片和评论内容等。因此，在线社交网络上的体验会影响旅游网站上的用户性能表现。

5.4　小　　结

本章针对在线旅游信息系统，阐述了在线旅游信息系统可用性及其测评，提出以用户为中心评估旅游网站的可用性。通过对旅游网站的实验研究，来认知旅游网站的可用性特征，从而判定这些可用性特征是否促进或阻碍了旅游网站的使用。

首先，介绍了在线旅游信息系统的可用性概念。在线旅游信息系统中，可用性被理解为用户与网站互动时网站的工作效率和方便使用的程度。由此，提出了设计一个以用户为中心的在线旅游网站的可用性评测方法，采用一种启发式测评技术，对网站进行仔细检查，提供用户视角的理解。设计者可以利用找出的可用性不足，指导在线旅游网站设计和开发，从而进一步提高其可用性[46]。

其次，提出了在线旅游信息系统可用性测评。用户选择在线旅游信息系统网站，对该网站的可用性进行评估。本章以 4 个旅游网站的可用性测评为例，详细阐述了对旅游网站的可用性测评设计。可用性测评设计包括设计步骤、设计准则、设计标准、系统选择和可用性测评等。在可用性测评设计中，针对具体可用性启发式准则，考虑具体的设计元素。在线旅游信息系统可用性测评结果，为旅游网站制订了可用性设计指南，有助于设计者、开发者和项目相关人员更好地理解网站的可用性。

最后，阐述了个性化差异与可用性测评。个性化差异主要侧重用户的性别差异和行为差异。本章详细描述了不同性别群体对旅游网站的可用性感知存在的差异[47]。通过采用实证研究的方法收集数据，探讨了在线旅游网站可用性与性别之间是否存在交互作用，以及性别差异对在线旅游网站可用性和用户性能的影响。得出四个关键结果，即总体可用性要求的性别差异、可用性启发式准则间的性别差异、具体可用性特征上的性别差异和用户性能的性别差异。

研究结果表明：在所选择的在线旅游网站中，女性对可用性的要求高于男性。男性需要"系统状态的可见性""用户控制和自主权""使用的灵活性和高效性"，而女性则最需要"审美学与最小化设计""帮助和文档""安全和隐私性"等。在旅游网站开发中，考虑不同性别群体特殊需求[48]，女性需要在旅游网站上进行更多的社会交流，更容易利用互联网进行社交、联系和交流，建立和维持人际关系[49]。

通过在线旅游网站上性别差异对用户性能影响的信息进行测量，表明女性在完成任务方面，需要比男性更高的可用性水平[50]。男性更能快速处理网上任务，参与更多的活动，进一步证明了男性能进行更全面和无差别的处理[51]。这些都为研究在线旅游信息系统可用性及其测评方法提供了帮助[52, 53]。

参 考 文 献

[1] LUNA-NEVAREZ C, HYMAN M R. Common practices in destination website design[J]. Journal of Destination Marketing & Management, 2012, 1(1-2): 94-106.

[2] TSAI W, CHOU W, LAI C. An effective evaluation model and improvement analysis for national park websites: A case study of Taiwan[J]. Tourism Management, 2010, 31(6): 936-952.

[3] CARROLL B. Social shopping: A new twist on e-commerce[J]. Furniture Today, 2008, 32(20): 81-82.

[4] BILGIHAN A, BUJISIC M. The effect of website features in online relationship marketing: A case of online hotel booking[J]. Electronic Commerce Research and Applications, 2015, 14(4): 222-232.

[5] VASTO-TERRIENTES L D, FERNÁNDEZ-CAVIA J, HUERTAS A, et al. Official tourist destination websites: Hierarchical analysis and assessment with ELECTRE-III-H[J]. Tourism Management Perspectives, 2015, 15: 16-28.

[6] LAW R, QI S, BUHALIS D. Progress in tourism management: A review of website evaluation in tourism research[J]. Tourism Management, 2010, 31(3): 297-313.

[7] VLADIMIROV Z. Customer satisfaction with the Bulgarian tour operators and tour agencies' websites[J]. Tourism Management Perspectives, 2012, 4: 176-184.

[8] CHUNG N, LEE H, LEE S J, et al. The influence of tourism website on tourists' behavior to determine destination selection: A case study of creative economy in Korea[J]. Technological Forecasting and Social Change, 2015, 96: 130-143.

[9] WANG L, LAWA R, DENIZCIGUILLETA B, et al. Impact of hotel website quality on online booking intentions: eTrust as a mediator[J]. International Journal of Hospitality Management, 2015, 47: 108-115.

[10] KIM H, FESENMAIER D R. Persuasive design of destination website: An analysis of first impression[J]. Journal of Travel Research, 2008, 47(1): 3-13.

[11] HASSAN S, LI F. Evaluating the usability and content usefulness of website: A benchmarking approach[J]. Journal of Electronic Commerce in Organizations, 2005, 3(2): 46-67.

[12] VILA N, KUSTER I. Consumer feelings and behaviours towards well designed websites[J]. Information and Management, 2011, 48(4-5): 166-177.

[13] HUANG Z, BENYOUCEF M. From e-commerce to social commerce: A close look at design features[J]. Electronic Commerce Research and Applications, 2013, 12(4): 246-259.

[14] BRINCK T, GERGLE D, WOOD S D. Usability for the Web[M]. San Francisco: Morgan Kaufmann, 2002.

[15] NIELSEN J. Heuristic Evaluation: Usability Inspection Methods[M]. Hoboken: John Wiley & Sons, 1994.

[16] AU YEUNG T, LAW R. Extending the modified heuristic usability evaluation technique to chain and independent hotel websites[J]. Journal of Hospitality & Tourism Research, 2004, 23(3): 307-313.

[17] CHIOU W C, LIN C C, PERNG C. A strategic website evaluation of online travel agencies[J]. Tourism Management, 2011, 32(6): 1463-1473.

[18] HASHIM N H, MURPHY J, LAW R. A review of hospitality website design frameworks[J]. Information and Communication Technologies in Tourism, 2007: 219-229.

[19] NOVABOS C, MATIAS A, MENA M. How good is this destination website: A user-centered evaluation of provincial tourism websites[J]. Procedia Manufacturing, 2015, 3: 3478-3485.

[20] PEUTE L W P, DE KEIZER N F, JASPERS M W M. The value of retrospective and concurrent think aloud in formative usability testing of a physician data query tool[J]. Journal of Biomedical Informatics, 2015, 55: 1-10.

[21] ROBERTS M J, GRAY H, LESNIK J. Preference versus performance: Investigating the dissociation between objective measures and subjective ratings of usability for schematic metro maps and intuitive theories of design[J]. International Journal of Human-Computer Studies, 2016, 98: 109-128.

[22] GARCIA A C B, MACIEL C, PINTO F B. A quality inspection method to evaluate e-government sites[J]. Lecture Notes in Computer Science, 2005, 3591: 198-209.

[23] TÜZÜN H, TELLI E, ALIR A. Usability testing of a 3D touch screen kiosk system for way-finding[J]. Computers in Human Behavior, 2016, 61: 73-79.

[24] KONSTANTAS D, BOURRIERES J P, LEONARD M, et al. Interoperability of Enterprises Software and Applications[M]. Berlin: Springer, 2005.

[25] HUANG Z, YU W Y. Bringing e-commerce to social networks[J]. Lecture Notes in Computer Science, 2016, 9751: 46-60.

[26] HUANG Z, BENYOUCEF M. User preferences of social features on social commerce websites: An empirical study[J]. Technological Forecasting and Social Change, 2015, 95: 57-72.

[27] YUAN L, HUANG Z, ZHAO W, et al. Interpreting and predicting social commerce intention based on knowledge graph analysis[J]. Electronic Commerce Research, 2020, 20(1): 197-222.

[28] LENTZ L, PANDER MAAT H. Functional analysis for document design[J]. Technical Communication, 2004, 51(3): 387-398.

[29] DUMAS J S, REDISH J C. A Practical Guide to Usability Testing[M]. Bristol: Intellect Limited, 1999.

[30] HASAN B. Exploring gender differences in online shopping attitude[J]. Computers in Human Behavior, 2010, 26(4): 597-601.

[31] EVERHART D E, SHUCARD J L, QUATRIN T, et al. Sex-related differences in event-related potentials, face recognition, and facial affect processing in prepubertal children[J]. Neuropsychology, 2001, 15(3): 329-341.

[32] LIN P C, CHIEN L W. The effects of gender differences on operational performance and satisfaction with car navigation systems[J]. International Journal of Human-Computer Studies, 2010, 68(10): 777-787.

[33] OKAZAKI S, MENDEZ F. Exploring convenience in mobile commerce: Moderating effects of gender[J]. Computers in Human Behavior, 2013, 29(3): 1234-1242.

[34] KIM D Y, LEHTO X Y, MORRISON A M. Gender differences in online travel information search: Implications for marketing communications on the internet[J]. Tourism Management, 2007, 28(2): 423-433.

[35] YANG J C, CHEN S Y. Effects of gender differences and spatial abilities within a digital pentominoes game[J]. Computers and Education, 2010, 55(3): 1220-1233.

[36] FAQIH K M S, JARADAT M R M. Assessing the moderating effect of gender differences and individualism-collectivism at individual-level on the adoption of mobile commerce technology: TAM3 perspective[J]. Journal of Retailing and Consumer Services, 2015, 22: 37-52.

[37] HOU J, ELLIOTT K. Gender differences in online auctions[J]. Electronic Commerce Research and Applications, 2016, 17: 123-133.

[38] TONBULOGLU I. Using eye tracking method and video record in usability test of educational softwares and gender effects[J]. Procedia-Social and Behavioral Sciences, 2013, 103: 1288-1294.

[39] LADHARI R, LECLERC A. Building loyalty with online financial services customers: is there a gender difference?[J]. Journal of Retailing and Consumer Services, 2013, 20(6): 560-569.

[40] DHIR A, TORSHEIM T. Age and gender differences in photo tagging gratifications[J]. Computers in Human Behavior, 2016, 63: 630-638.

[41] KIMBROUGH A M, GUADAGNO R E, MUSCANELL N L, et al. Gender differences in mediated communication: Women connect more than do men[J]. Computers in Human Behavior, 2013, 29(3): 896-900.

[42] LEE S, KOUBEK R J. The effects of usability and web design attributes on user preference for e-commerce web sites[J]. Computers in Industry, 2010, 61(4): 329-341.

[43] SONDEREGGER A, SCHMUTZ S, SAUER J. The influence of age in usability testing[J]. Applied Ergonomics, 2016, 52: 291-300.

[44] Guidance on Usability: ISO 9241—11: 1998[S/OL]. [2020-06-22]. https://www.iso.org/standard/16883.html.

[45] BRADE J, LORENZ M, BUSCH M, et al. Being there again-presence in real and virtual environments and its relation to usability and user experience using a mobile navigation task[J]. International Journal of Human-Computer Studies, 2017, 101: 76-87.

[46] HUANG Z, BENYOUCEF M. Usability and credibility of e-government websites[J]. Government Information Quarterly, 2014, 31(4): 584-595.

[47] HUANG Z, BENYOUCEF M. The effects of social commerce design on consumer purchase decision-making: An empirical study[J]. Electronic Commerce Research and Applications, 2017, 25: 40-58.

[48] HUANG Z, GAI N N. Exploring health care professionals' attitudes of using social networking sites for health care: An empirical study[J]. Lecture Notes in Computer Science, 2014, 8531: 365-372.

[49] HUANG Z, TIAN Z Y. Analysis and design for mobile applications: A user experience approach[J]. Lecture Note in Computer Science, 2018, 10918: 91-100.

[50] HUANG Z. Developing usability heuristics for recommendation systems within the mobile context[J]. Lecture Notes in Computer Science, 2019, 11586: 143-151.

[51] HUANG Z, ZHAO W. The study of web service discovery: A clustering and differential evolution algorithm approach[C]. IEEE SmartCity, Zhangjiajie, China, 2019: 2618-2622.

[52] STAKHIYEVICH P, HUANG Z. An experimental study of building user profiles for movie recommender system[C]. IEEE SmartCity, Zhangjiajie, China, 2019: 2559-2565.

[53] HUANG Z, ZHAO W. Combination of ELMO representation and CNN approaches to enhance service discovery[J]. IEEE Access, 2020, 8: 130782-130796.

第6章　社交商务信息系统可用性及其测评

6.1　社交商务信息系统及其设计原则

6.1.1　社交商务信息系统概述

随着社交媒体和 Web 2.0 技术的快速发展，当前电子商务信息系统中，以产品为导向的环境转变为以社会和用户为中心的环境，且已成为完全可行的现实[1]。社交媒体是基于 Web 2.0 技术构建的互联网应用程序，而 Web 2.0 技术是一个利用集体智慧的平台[2]。在这种环境下，用户可以获取社会知识和经验，更好地理解在线购买的目的，并做出更明智和准确的购买决策[3]。与此同时，在线贸易有助于商贸企业捕捉用户的行为表现，使得用户更加了解自己的购物体验和期望，并帮助企业制订成功的商业策略[4]。由于企业已认识到这种互惠的优势，使得电子商务正在经历一场新的变革。通过采用 Web 2.0 技术的各种特性和功能，促进用户参与[5]，以增进用户关系[6]，并实现更大的经济价值[7]。电子商务的这种演变，促进了社交商务的诞生。

社交商务是指在电子商务中使用 Web 2.0 技术，特别是发挥 Web 2.0 技术的核心功能，充分实现用户生成内容和内容共享。Web 2.0 技术对电子商务的影响可以从商业成果和用户之间的社交互动中体现，换句话说，Web 2.0 技术会显著影响商业贸易和商业信誉系统的可靠性。社交商务可以加强企业与用户的业务关系，增加公司网站的流量，发现新的商机，并支持产品和品牌发展[8]；还可以促使企业提供高质量的产品，使其处于更好的地位以预测市场趋势，并最大化实现企业营销活动的有效性[4]。对于用户来说，Web 2.0 技术还会在用户管理和价值创造等方面产生影响。用户的感知、偏好和决策不仅基于电子商务网站上所呈现的信息，还会受到社交网络上内容的影响[4]。在电子商务环境中，Web 2.0 技术将市场力量从企业转移到了用户，由于用户对在线服务和应用程序的需求不断增加，使得用户需求也随之发生了各种各样的变化，企业也正在寻找更多的社交和互动方式来促进用户参与。此外，社交商务还可以简单描述为应用于电子商务的口碑营销[9]。社交商务涉及多个学科，包括市场营销、计算机技术、社会学和心理学等，增加了其定义的多样性。例如，在市场营销中，社交商务是在线市场的一种显著趋势，企业利用社交媒体或 Web 2.0 技术作为直接营销工具，以支持用户的决策过程和购买行为[4]。在计算机技术中，社交商务是 Web 2.0 技术在社交网站和社区相结合的在线应用。例如，Ajax 和 RSS 的交互平台，是商业环境中社交网站和社区相结合的在线中介应用程序[10]。在社会学和心理学中，社交商务是指电子商务企业利用基于网络的社交社区，关注对用户互动的社会影响[5]。社交商务还从社会心理学的角度，探讨了社交购物，当用户在网上购物时，用户还会受到网络社区中其他信息提示的影响[11]。

尽管对社交商务的解释有所不同，但上述定义使研究人员对其概念有了更广泛的理解。这些定义蕴含了社交商务和电子商务的不同范围，同时还表明，社交商务是在电子商务的基础上形成的。由此，社交商务最终可以定义为：基于互联网的商务应用程序，利用支持社交互动和用户生成内容的社交媒体与 Web 2.0 技术，帮助消费者在在线市场和社区中做出决策，购买产品或服务。

电子商务和社交商务之间的差异可以从商业目标、用户关系和系统交互三个方面加以区别。在商业目标方面，电子商务注重通过复杂的搜索、一键购买、用户过去购物行为的虚拟目录和推荐策略来实现效率的最大化[12]。社交商务则是面向社交的目标，如首先是网络、协作和信息的共享，其次才是购物[13]。

在用户关系方面，用户通常与电子商务平台进行单独的交互，并且独立于其他用户。社交商务涉及支持社交联系的在线社区，以增强用户之间的对话。

在系统交互方面，传统形式的电子商务大多只提供单向浏览，来自用户的信息很少会返回给企业或其他用户。社交商务开发了很多社交和互动方式，让用户表达自己的想法，并与其他用户和企业共享信息[7]。

社交商务对电子商务变革存在着巨大的潜力，但是，在以产品为中心转变为以用户为中心的环境中，其潜力还未充分发挥出来。因此，以产品为中心和以用户为中心的在线市场成为一个值得关注的问题。两者的区别在于：前者是用户在基于公司所提供的信息中查找和购买产品的互动方式；后者是为用户提供了一个更大的支持，即通过社交联系来鼓励用户一起购物的在线社区。在该社区中，购物体验涉及如何更多地提高销售量、刺激用户参与、提升商家与用户关系等与效益有关的社交合作互动方式。社交商务使电子商务变革存在的潜力得到发挥，是对电子商务的重要贡献。也可以说，电子供应商将面临具有深远意义的挑战，即怎样使其网站社交活动更加丰富？怎样发展更多样的社交特色？怎样使之更加适应用户的需求？

针对上述挑战，许多研究者开始研究社交层面的设计，以实现社交商务网站中的社交特征，如建立品牌微博、社交媒体平台店面、产品建议、等级评定，以及建立回顾、反馈机制、产品定制、同步化购物、限时抢购等。还有研究者通过商业要求分析、市场需求和零售商的期望，研究社交商务的发展。总之，在研究中，关于用户是否使用社交特征，怎样去使用，以及什么样的社交特征会促进或者阻碍用户使用社交商务网站等问题，更加有待于进行深入的研究和解答。

　　社交商务的实施有两种主要方法：一种方法是基于社交媒体特点的电子商务网站；另一种方法是基于提供电子商务功能的社交网络平台。个人用户对社交商务信息系统的特别需求，会增加理解用户对于社交商务信息系统的期望，也会使网站设计者对用户的偏好进一步理解。换言之，理解用户偏好，对于识别个体用户的需求更有帮助。

　　因此，在社交商务设计研究中，除研究社交商务信息系统设计概念和社交商务可用性外，还将研究社交商务可用性对用户购买决策的影响和用户对社交商务设计特征的偏好。开展关于用户对社交特征偏好的调查研究，可为以用户为中心的社交商务信息系统的发展提供具体方法，还可以了解用户对所选社交商务网站的社交特征需求、态度和期望。

6.1.2　社交商务信息系统设计原则

　　鉴于社交商务是电子商务和 Web 2.0 技术的结合，在进行社交商务设计时，必须研究电子商务和 Web 2.0 技术的设计。下面对电子商务和 Web 2.0 技术的设计原则进行讨论。

1．电子商务设计原则

　　由于电子商务设计的目标是促进客户互动，支持客户决策，鼓励客户回访，必须从用户的角度来研究电子商务设计。本小节主要从人机交互领域入手，对设计有效的电子商务平台所需的一些特性进行分类，确定设计原则。如表 6-1 所示，电子商务设计原则包括可用性、信息质量、网站质量、服务质量和趣味性。

表 6-1　电子商务设计原则

设计原则	设计特征	商业目标
可用性	易用性	使网站易于使用和操作
	用户友好性	设计用户友好的网站界面
	简单、简约	提供简单的结构和功能
	导航	支持用户在网站内的移动
	用户控制	允许用户随时离开系统
	错误防范	防止用户出错
	帮助功能	提供帮助和文档
	可理解性	使内容易于理解
	可访问性	使所有用户都可以访问站点

设计原则	设计特征	商业目标
可用性	速度	能快速加载内容
	系统状态可见性	让用户了解系统
	匹配现实世界	遵循现实世界惯例
	一致性	在整个站点中保持相同的设计功能
	认出而不是回忆	使信息容易记住
	美学设计	设计出美观、吸引人的网站
	个性化	使网站可定制
信息质量	相关性	提供相关信息
	准确性	提供准确的信息
	完整性	提供完整的信息
	更新性	提供更新后的信息
	权威性	确保用户对信息的信心
	客观性	提供用户客观公正的信息
	实用性	提供有用的信息
	充分性	提供足够的信息
网站质量	安全性	确保以安全的方式执行任务
	访问性	以便快速访问服务
	错误恢复	帮助用户错误恢复
	操作与计算	使系统和服务易于使用和操作
	外观显示	呈现视觉设计元素
	功能性	提供足够的功能
	支付性	提供安全便捷的支付方式
	订购机制	处理用户订单并跟踪订单状态
	内容性	提供符合用户期望的丰富内容
服务质量	响应性	快速响应用户需求
	保证性	为用户解决问题提供支持
	关注性	为用户提供关怀和关注
	售后服务	听取用户反馈
	可靠性	提供可靠的服务
趣味性	享受性	提供愉悦的体验
	外观性	提供美观的网站
	可控性	授权用户控制
	好奇性	激发用户的认知好奇心
	内在兴趣	匹配用户兴趣

（1）可用性。可用性是电子商务设计中最重要的原则之一。根据 ISO 介绍，可用性是指特定用户在特定使用环境中实现特定目标的有效性、效率和满意程度[14]。由于网站是电子商务系统的接口，可用性研究主要关注电子商务网站的设计，特别是易用性和用户友好性。具体来说，易用性是指用户认为使用特定系统可以实现其性能的程度[15]。用户友好性是指用户对网站界面审美设计的感知[16]。在许多研究中，使用了多种特性来解释以可用性为导向的设计。例如，可用性反映了用户对系统结构的易理解性、网站使用的简洁性、定位对象的速度、浏览网站的易用性、设计格式的一致性，以及用户控制其在系统内移动的能力[17]。Helander 等[18]从简单性、支持、可访问性、可见性、可逆操作、反馈和个性化等方面，对可用性维度进行了描述。在他们的描述中，简单性是指使用简单的功能；支持是关于保持客户的控制；可访问性和可见性可以通过使对象可访问和可见来实现；可逆操作是随时提供撤销功能；反馈是在服务之后提供一个可见的注释机制；个性化则允许用户自定义界面。

（2）信息质量。信息质量是电子商务信息系统的基本设计原则，是客户价值的源泉[19]。它是指电子商务网站所提供信息的相关性、准确性和实用性等，Hasan 等[20]称信息质量为内容质量，指出其可以显著影响顾客的态度和与电子商务的互动。实践证明，信息质量是影响用户对电子商务满意度和忠诚度的一个关键特征[21]。因此，在电子商务中，应重视信息质量，网站必须提供准确、充分和相关的信息，信息质量与商业利益、决策质量和表现、信息系统的感知效益、系统使用水平密切相关。例如，通过使用电子数据交换（electronic data interchange），能够提高企业与其供应商之间交换信息的准确性和及时性，企业可以从库存持有成本、废弃库存成本、运输成本和额外运费中获得较高的经济收益。此外，用户对信息系统的认知和接受程度，在很大程度上取决于能否提供独特、可靠和最新的信息，以满足他们的需要。有了高质量的信息，电子商务信息系统可以被用户广泛使用。电子商务中的信息质量，应该着重于信息质量设计元素的描述。这些设计特征包括准确性、及时性、相关性、灵活的信息表示、价格信息、产品可比性、服务差异性和完整性等。

（3）网站质量。网站质量被定义为电子商务信息系统在提供信息和服务方面的表现[22]，会对客户的购买决策、满意度和信任度产生显著影响。客户通常对电子商务网站访问速度慢、错误恢复效率低、操作计算能力差和服务不安全等缺点感到不满。相反，高水平的网站质量设计，可以通过关注外观、内容、功能性、导航和安全性来实现。外观是一个网站的外部展示，依靠各种视觉设计元素，如文本大小、颜色、页面布局和字体来增强视觉吸引力[23]。内容是为客户提供一个有价值的信息来源，需要始终保持最新、全面和准确的状态。功能性是指在完成任务时一组能够满足客户需求的功能及其属性。导航有助于定位站点，增强客户使用导航控制的能力，以便能够引导他们在站点周围移动，定位相关对象[24]。安全性是确保客户可以与预期的服务交互，并在任何时候都能安全完成任务[25]。

（4）服务质量。服务质量也是电子商务设计的一条重要原则，通常被定义为电子商务供应商提供的在线支持功能[26]。服务质量的协助范围广泛，如常见问题、订单追踪和投诉管理等，若供应商不能提供有效的支持会导致客户和销售损失。一些研究试图通过探索服务质量设计的维度，理解服务质量设计。例如，Lee 等[25]提出了一套与服务质量设计相关的属性，即关注性、可靠性和响应性。Heim 等[27]提出了电子服务质量形成的四个具体维度，包括允许消费者对业务流程满意度评分的网站设计，允许消费者对实践进行评分的可靠性，允许消费者对隐私感知进行评分的安全性和隐私性，以及允许消费者对服务支持进行评分的客户服务。研究者还提出了电子服务质量的可靠性、关注性和保证性[27]。可靠性指提供值得信赖和可靠的服务，与响应、服务支持和推广的期望有关；关注性反映了零售商与客户互动的能力；保证性可以通过解决客户的问题来体现。

（5）趣味性。趣味性是许多软件设计人员作为设计特征更加强调的，是指顾客在与电子商务网站互动时所感受到的乐趣。满意的客户可以从电子商务中的物质和情感中获得乐趣，愉快的体验不仅会激发客户的参与，而且会鼓励他们重复访问[28]。为了更好地理解电子商务中的趣味设计，可以从五个不同的设计因素进行考虑：①电子商务应该让用户享受他们的访问；②应该激发用户的参与感；③应该提高用户的兴奋感；④应该提供美学设计来吸引用户；⑤在网上购物时应该促进用户的集中度。然而，这些因素仍然过于笼统，无法作为具体的设计指南。Katerattanakul[29]从可控性、享受性、好奇性和内在兴趣等方面详细阐述了趣味性设计。在可控性方面，通过设计一个组织良好的网站内容、有效的导航、快速的响应时间和简单的任务处理来实现趣味性。在享受性方面，可以通过提供一个吸引人的、美观的网站界面，以及适当的动画和音频内容来实现享受。在好奇性方面，网站上提供的超链接，应能激发用户的认知好奇心，以发现更多的功能和服务。在内在兴趣方面，网站应提供符合用户兴趣的相关内容。

当前，虽然已有相当多的研究人员致力于电子商务问题的研究，但是仍然需要对电子商务设计进行系统总结，使电子商务设计在整体上有规律和原则遵循。

2. Web 2.0 技术的设计原则

Web 2.0 技术是社交商务设计中的另一个重要组成部分，其以更加协作和互动的方式，利用 Web 的力量，鼓励网络社区进行社交联系，并提供利用 Web 来吸引用户积极参与。因此，Web 2.0 技术是以用户为中心设计的具体体现。Web 2.0 技术的设计具有以下设计原则和关键特征：用户参与、用户交流对话、社区、可识别参与者和系统质量（表 6-2）。

表 6-2　Web 2.0 设计原则和关键特征

设计原则	设计特征	商业目标
用户参与	用户内容创建	鼓励用户生成内容
	信息共享	激励用户分享内容
	参与强度	使用户更经常、更持续地参与
	奖励条款	根据用户的表现提供货币和非货币奖励
	任务创建	使用户能够承担不同的角色，如共同设计者或共同创建者
用户交流对话	相互作用	鼓励用户之间的互动
	沟通性	围绕主题建立交流
	连接性	在联机和脱机情况下保持用户的连接
社区	网络效应	建立关系，建立社区
	协作性	提供用户之间的协作
可识别参与者	身份确认	确定参与者
	内容表示和表达	使用图片和视频等功能来表示参与者的内容
系统质量	界面特性	提供响应、用户友好和灵活的界面
	简洁性	确保设计和功能的简单性
	工具和多媒体丰富的环境	提供一个身临其境且易于探索的环境
	协作性	促进开源、开放创新和协同设计
	透明度	提供一个透明的过程
	用户控制	为用户提供对数据的控制

（1）用户参与。用户参与已被公认是 Web 2.0 技术的核心属性[30]，是指用户和服务与应用程序交互的各种活动，从根本上支持用户生成、共享、编辑和联合传播信息。为了鼓励实现用户参与，提出一些设计特征，即用户内容创建、信息共享、参与强度、奖励条款和任务创建。用户内容创建提供用户原创信息和便捷访问，促进了用户参与，激励用户创建、编辑和发布内容。信息共享中信息的创造、编辑和传播，可以使知识民主化，并促进用户积极参与。此外，信息共享设计功能可以加速用户参与，这表明提供共享或发布用户想要了解内容的能力很重要。许多支持信息共享的具体设计特征，如使用"共享""类似"按钮，可向页面添加语义标记、发布通知、创建有趣内容的微博、提供产品评论和添加内容标签，使用户更方便搜索。此外，参与强度、奖励条款和任务创建等设计特点，也可激发用户的参与热情。交互强度和交互水平能够吸引用户更频繁地与服务和应用程序进行持续交互。奖励条款可以提供直接和真实的反馈，并根据用户的表现，提供货币或非货币的奖励。任务创建允许用户在一系列的任务中扮演各种各样的

角色，如共同设计者或共同创建者。

（2）用户交流对话。用户交流对话与用户之间的交互有关，可以支持用户构建同行社区。用户之间进行交流和联系是对话的基本要求，即交流为用户提供了多个与朋友会话的渠道，实时传达他们的意见，使得保持在线和离线状态下的关系成为可能。Koch 等[31]提出会话设计，即合作伙伴之间交流。交互应该利用服务、应用程序和平台来建立关系，使参与者进行密切互动，各种社交媒体工具的可用性和功能性可以丰富参与者之间的交流。此外，参与者与现有社交团体建立联系，并且利用已建立的关系，可以在很大程度上促进参与者对话。

（3）社区。社区是参与者群体的聚集，构成产生社会效应的网络力量。由社区构成的网络，通过服务和应用程序来影响参与者的行为表现。正如 Constantinides 等[32]所述，网络效应和平等使用极大地激发了用户的态度和忠诚度。因此，社区网络构成了另一个重要的 Web 2.0 设计特性。Constantinides 等[4]建议，应在特殊兴趣小组的基础上轻松创建社区，用户能够在社区内自由分享他们的经验和知识。同样，Murugesan[33]建立了具有共同兴趣爱好的人的社区，这些社区支持协作和收集集体智慧。这种协作能力可以通过三种协作工具进行部署，即微博、Mashups 和 Wikipedia。此外，还可通过展示在线和离线活动，设想社区管理设计，以推动社区发展，提供社区管理的可视性和透明度。

（4）可识别参与者。在社会活动和内容中，参与者需要得到其他人的认可，这种认可被视为鼓励参与者参与的社交验证。在此背景下，可以对参与者身份和内容进行识别设计。建议参与者使用有效的表达和表示方式来突出身份和内容识别，如提供参与者简介、图片、头像和视频；也可以通过社交媒体直观地展示参与者的特征、最近的活动和状态，以促进对参与者的识别。此外，在线讨论网站也可以通过发布参与者兴趣和突出贡献，来提高对参与者的认识和认可。

（5）系统质量。系统质量是 Web 2.0 技术的另一个重要设计特性，它会显著影响参与者的认识和参与度。系统质量可以分为界面特性、透明度和用户控制等。具体来说，Web 2.0 网站的设计应该更简洁灵活、操作更新颖、响应更快速、内容更丰富，同时具有媒体用户的友好界面和清晰的导航链接。尤其是 Web 2.0 应用程序应能提供简单的功能，价值主张应易于识别；所具有的开源、开放创新和共同设计功能，应能体现 Web 2.0 技术开放的透明性，并允许用户参与产品设计。用户控制应扩展到 Web 2.0 技术，使用户能够拥有网站上的数据，并能对这些数据进行控制。

由于 Web 2.0 是社交商务的重要组成部分，上述设计内容和设计特征有助于理解社交商务设计。尽管已经确定了 Web 2.0 技术的一些基本设计特征，但许多研究还只是探索性和概念性的，还需要得到实践验证。

3. 社交商务设计概述

社交商务是电子商务和 Web 2.0 技术的结合，也可以说，Web 2.0 技术是社交商务的重要组成部分。通过总结电子商务和 Web 2.0 技术的设计内容和设计特征，有助于理解社交商务设计。因此，电子商务和 Web 2.0 技术的设计原则，应该均满足社交商务设计原则。

现有的实证研究已确定了电子商务的几种设计特征和 Web 2.0 技术的设计原则，但并不是所有特征都适用于社交商务。此外，虽然一些研究还涉及电子商务设计中的质量因素，部分研究针对特定的 Web 服务，但很少有研究能够提供一个以用户为中心的电子商务设计标准框架或基准。

综上所述，社交商务突出了电子商务设计的一些重要特征，包括可用性、信息质量、网站质量、服务质量和趣味性，这些特征发展了电子商务设计，有助于研究者深入理解社交商务设计，同时为社交商务的设计奠定基础。在社交商务设计方面，这些设计原则、相关特征和详细设计特点，还需进一步探讨。在后面的内容中，将详细介绍社交商务信息系统的设计模型和可用性需求。

6.2　社交商务信息系统设计模型及其可用性设计

6.2.1　社交商务信息系统设计概念及模型

6.1 节介绍了电子商务和 Web 2.0 技术的设计原则，本节则重点介绍社交商务设计。本小节提出社交商务信息系统设计模型，如图 6-1 所示。该模型由 Fisher[34]的模型扩展而来，他在设计社交应用程序（或一般社交软件）的模型中，确定了社交设计的三个核心要素：个人、对话和社区。鉴于社交商务是电子商务和 Web 2.0 技术的结合，添加第四个要素——商务，以捕获电子商务的设计特征。因此，社交商务设计模型由四个层次构成，即个人层、对话层、社区层和商务层。

第一层（最内层）的是个人层，代表"自我"。正如 Fisher[34]所指出的，用户在在线社区中进行交互，会更了解自己，且享受被社区所了解的感觉。该层是所有信息开始的地方，包括用户简介和所有用户生成内容（发布、评论、点赞、分享等）。第二层是对话层，个人通过发帖和与他人交流来表达自己的想法。没有对话，就不会有用户生成内容的倍增，也不会有集体智慧的广泛传播，因此对话层囊括了个人层。第三层是社区层，社区是通过交互创建或整合的，交互则由对话组成。重要的是，对话发生在社区内，因此社区层囊括了对话层和个人层。第四层（最外层）是商务层，这使得在已经建立的社区内进行商务活动成为可能。社交商务的理念是利用社区成员之间存在的关系进行商务活动。

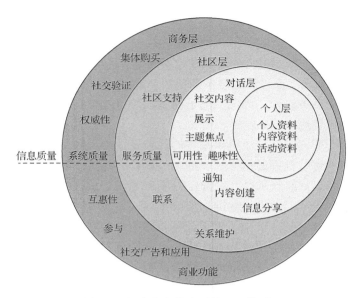

图 6-1　社交商务信息系统设计模型

　　需要指出，电子商务和社交商务之间的主要区别在于，电子商务概念通常只强调个人（最内层），而社交商务概念通常是建立在对话（第二层）之上的社区（第三层）。因此，如果从图 6-1 中去除社区层和对话层，会得到电子商务，即围绕个人层的商务层（最外层）。如果去除商务层，会得到一个典型的在线社区。如果考虑四个层次，会得到社交商务。四个层次中共有的设计特征包括信息质量、系统质量、服务质量、可用性和趣味性。

　　这四个层次代表了社交商务信息系统的重要设计原则。为了完成该模型，需分析电子商务和 Web 2.0 相关的设计特征，并将相关的设计特征分解到相应的层级中（表 6-1 和表 6-2）。在分解的过程中，只选择适合于社交商务环境的特征，并根据社交商务的关键特性，将与多层相关的特征组合成新的设计原则。

　　第一层是社交商务信息系统设计模型的个人层，该层需要提供一种自我认同感和被他人认同的意识。构建个人资料，有助于识别参与者并推动社交活动。此外，当应用程序关注某个特定领域时（如在烹饪应用程序中，内容资料可以显示有关菜肴及其配料的信息），呈现参与者与此背景相关的概要信息，会使对该环境感兴趣的人更容易发现它。个人特征可以通过展示参与者的真实姓名和个人资料图片来表现，也可以利用个人资料构建社交经验来设计，还可以采用突出个人有趣的社交信息来设计（表 6-3）。

表 6-3　个人层设计原则概述

设计层	设计特征	具体解释
个人层	个人资料	提供清晰正确的信息以识别参与者，如提供参与者姓名和图片 提供其他信息，如共同的朋友名单或工作地址 提供个性化和有吸引力的信息，如参与者的喜好和兴趣
	内容资料	当应用程序专注于某个特定领域时，要使配置文件与内容相关。例如，在烹饪应用程序中，配置文件可以显示有关菜肴及其配料的信息
	活动资料	突出显示参与者活动中的有趣信息，如按浏览次数最多、评论最多和最受欢迎的分类信息

　　第二层是社交信息系统商务设计模型的对话层，要求能为参与者之间提供多种交互功能，以便建立一个社区。对话设计原则为参与者提供协作和双向交流，不仅提供丰富的社交内容，而且推动参与者生成社交内容。对话层设计应注重可使参与者能听会说的各种方法。准确来讲，信息获取可以通过显示参与者的活动，关注围绕核心主题的重点对话，提供活动通知来实现。内容创建包括鼓励参与者提供反馈和共享信息（表 6-4）。

表 6-4　对话层设计原则概述

设计层	设计特征	具体解释
对话层	社交内容展示	便于查看参与者的相关内容和活动，如按时间顺序呈现最近的活动 以各种格式提供丰富的社交内容，如文本、照片、视频和音频 优化社交内容格式 考虑提供社交内容的交互方式，如 Facebook 活动提要和推荐插件
	主题焦点	构建工具，围绕核心主题进行重点对话 使参与者能够与社交内容交互，并且每一条内容都可以创建为自己的对话主题，如提供评论或对其他用户的评论进行评级
	通知	通过通知创建连接，如当参与者与特定服务和应用程序交互时，通知将自动传递给其他人
	内容创建	鼓励参与者表达他们的经验、知识和兴趣，如"喜欢"按钮 提供反馈机制，由于参与者可能会对其他参与者或朋友创建或发布的内容做出响应，如 Facebook 社交插件"评论"按钮
	信息分享	分享经验和知识，激发深度参与，为参与者提供强烈的社会认同感，如 Facebook"分享"按钮 当他人分享、回顾和评论经验和知识时，创造一种愉悦感和信心，从而使用户更积极的社交互动，如显示所有参与者对问题的回答

　　第三层是社交商务设计模型的社区层，社区是一群能够支持彼此决策的人群。要建立一个社区，需要对一些设计特征进行处理，包括提供适当的社区支持、联

系他人和朋友，还包括关系维护（表 6-5）。

表 6-5   社区层设计原则概述

设计层	设计特征	具体解释
社区层	社区支持	建立与用户目标和目的相匹配的社区，如基于产品使用的问答社区
		考虑适当的通信类型，如电子邮件支持、电话支持或 Web 支持
		使参与者能够在需要时获得实时社区支持，如在线聊天
		提供社交意见，帮助用户解决决策的不确定性，如展示其他用户怎么做
	联系他人和朋友	连接并自动显示与其他参与人员的连接，如好友连接
		与你喜欢的人建立联系
	关系维护	及时更新社交活动，并通过状态消息通知参与者
		提供社交活动以支持关系维护

第四层是社交商务信息系统设计模型的商务层，应该利用社区聚集的效应，让参与者参与在线商务活动，以及在线商务提供的服务和应用程序。它涵盖了广泛的设计特征，如参与者与志趣相投的人购物、提供社交验证、权威性、提供社交广告和应用、提高商业功能等设计特征（表 6-6）。

表 6-6   商务层设计原则概述

设计层	设计特征	具体解释
商务层	集体购买	与有类似购物兴趣的用户建立联系
		创建用户购物列表并与更多人共享购物列表
	社交验证	帮助解决用户对做什么或买什么的不确定性
	权威性	提供专家推荐
		向用户提供专家建议
	互惠性	便于倾听或观察用户的经验和反馈
		使用户能够回馈好友，如"分享""喜欢"按钮
	参与性	允许用户参与产品的设计、开发、编辑、评价和提交等过程
		显示用户活动的历史记录
		使用户的活动状态对其他参与者和供应商可见和识别
		提供激励机制，如货币或非货币奖励
	社交广告和应用	提供广告服务和应用程序
		邀请用户参与品牌在线应用程序，如社交游戏
	商业功能	提供订购功能
		提供支付机制

　　社交商务信息系统设计模型的四个层次，都有其自然联系的多维特征，需要
将它们作为一个整体考虑，包括信息质量、系统质量、服务质量、可用性和趣味
性（详细共享设计特征见表 6-7）。例如，在个人层中，参与者的简介信息应该是
准确的，更新的信息可能会推动社区建设社交活动，完整的信息可能会使产品描
述更加有用。此外，提供高质量的系统和服务，有助于识别个人（如突出参与者
的活动）、鼓励参与（如跟踪服务）、维持关系（如快速响应）和实现商务成果（如
安全支付）。此外，还需要确保所有活动都在整个社交商务设计的各个层次上，且
该系统易于使用，并为用户提供愉快的体验。

表 6-7　共享设计特征概述

设计原则	设计特征	具体解释
信息质量	信息关联性	提供相关的信息和社交内容
	信息准确性	提供正确的信息和社交内容
	信息完整性	提供完整的信息和社交内容
	信息更新	提供更新的信息和社交内容
		显示信息和服务的更新日期
系统质量	安全性	确保所有客户的行动都是安全的
		提供用户身份验证
		当用户向系统提交个人信息时显示有关数据保护的消息
	访问性	提供对网站的快速访问
	精确操作与计算	确保所有服务和应用程序的正确操作和计算
		明确说明如何利用和整合数据
	用户控制	使用户能够控制服务和应用程序中创建的数据和信息
		使用户意识到所有个人信息都是在他们允许的情况下使用的，并以他们理解的方式应用
	透明性	直接从用户的个人资料中获取信息
		在用户角色、流程和服务结果方面提高透明度
		提供隐私声明以及使用条款和条件
服务质量	响应性	快速响应应用用户需求
	售后服务	提供跟踪和反馈服务，以支持服务改进

设计原则	设计特征	具体解释
可用性	易用性	网站、服务和应用程序易于使用和操作
		使网站内的菜单结构与任务结构匹配
	导航	引导用户的行动以实现他们所期望的服务效果
		提供显示用户在站点内的位置信息
	错误恢复	显示明确的错误消息并建议进一步的操作
		如果用户出现严重错误,则显示警告消息
	有效链接	提供描述性、有意义和明确的链接,并确保所有链接正常工作
	帮助功能	在用户需要的时候提供帮助与支持
		以简洁明了的语言提供帮助指导
	一致性	提供一致的体验以支持客户的感知和行为
		确保标记一致性
趣味性	享受性	提供令人愉快的体验
		与用户进行愉快和尊重的互动
	吸引的外观设计	在相应文本中应用清晰、简单且有意义的图像
		以整洁的方式呈现内容
		区分信息组,并在内容显示中创建对称性

6.2.2　社交商务信息系统可用性设计

由社交互动和商业活动所构成的社交商务信息系统,其工作都是在社交商务网站上进行的。消费者通过网站提供的界面,可获得对企业组织的第一印象,因此企业组织应该提供高质量的界面设计[35]。设计一个良好的用户界面,对消费者有积极的影响,可以更积极地促进消费者使用网站和在线购买[36]。社交商务信息系统可用性设计研究中,主要是提高社交商务网站的设计质量,内容包含三个方面,即可用性、功能性和社交性。

(1)可用性。可用性是社交商务设计中的一个重要因素,定义为能够被用户理解、学习、操作和具有吸引能力的软件产品[37]。具体地说,网站可用性描述了在特定的使用环境中,消费者可以在很大程度上使用网站来高效地、满意地完成特定的目标[38]。一些研究使用多维结构描述网站可用性设计相关的有效性、高效率和满意度。例如,网站可用性反映了网站的简单性、可读性、一致性、易学性、交互性、导航性、内容相关性、可支持性、可信度和临场感。Luna-Nevarez 等[39]

描述了网站设计中的六个可用性属性：内容质量、视觉和呈现风格、导航、文本信息、广告和社交媒体辅助。其中，内容质量是指所提供的优质服务；视觉和呈现风格涉及页面大小、布局和图像数量；导航涉及使用网站地图、搜索工具和可选语言；文本信息是指提供的首页标题、关键词数量和文本长度；广告涉及对网站广告的限制；社交媒体辅助则是指使用社交媒体工具。

（2）功能性。功能性反映了网站的质量，是社交商务设计的另一个因素。它是指在消费者完成任务时能够满足其需求的功能和属性，包括适宜性、准确性、互操作性和安全性。适宜性是指能够应用适当的功能，执行所需要的任务；准确性是指能够满足精度要求，所产生正确结果的能力；互操作性涉及与一个或多个指定系统，进行交互的能力；安全性包括防止未经授权访问服务和数据。社交商务网站由功能性组件（如搜索、支付）和非功能性组件（如图形表示、多媒体和布局）组成。当能够提供高水平的功能时，消费者可以通过与可用信息和服务的充分交互，更好地使用社交商务网站。

（3）社交性。社交性被认为是高质量社交商务信息系统设计的主要因素。它提供了丰富的社交体验，能够让消费者在购物的同时与朋友联系，还可以找到兴趣相似的新朋友，并且分享产品信息，与他人沟通交流。在社交体验中，参与，能够从根本上支持消费者生成、共享、编辑、联合和传播信息。为了鼓励消费者积极参与，设计者提出了一系列设计特点，包括消费者原生内容、信息共享、参与强度、奖励规定和任务创建。对话，涉及在消费者之间建立相应的关系，以帮助他们建立对等社区，这可以通过开发促进交互、沟通和联系的设计特点来实现。没有对话，就不会有用户原生内容的倍增和集体智慧的广泛传播。社区，关注的是构建网络效应和协作。Constantinides 等[4]认为，社区可以从特殊利益团体或具有共同兴趣的消费者中快速创建，它可以支持消费者互相协作，采纳集体智慧解决问题，并做出正确的决策。因此，社交商务应该采用更具有协作化和互动性的方式，利用上述社交功能，鼓励网络社区进行社交联系，以创造更好的商业机会。

确定了社交商务网站的设计后，为了更好地理解所提出的社交商务信息系统设计原则，对两种社交商务网站进行启发式测评。一种是基于电子商务网站，利用 Web 2.0 技术来开发社交商务；另一种则是建立在添加了电子商务功能的 Web 2.0 平台上。第一种社交商务网站以亚马逊（www.amazon.ca）为例，第二种社交商务网站以星巴克脸书（www.facebook.com/starbucks）为例。这两个社交商务网站都具有较好的社交功能和商务功能，这些功能均通过各种形式将其内容清晰且正确地呈现给用户，使用户能够轻松查阅所显示的信息，并与服务和应用程序进行有效的交互。

　　用户登录时，两个网站上会清晰地显示用户的身份，突出有趣的信息，如最近的购买历史和最喜欢的星巴克产品列表（图 6-2）。这些有趣的信息均在用户资料中突出显示，有助于吸引用户对特定内容的关注。每次对话都聚焦于核心主题，以有趣的方式吸引用户参与他们喜欢的服务和应用程序。例如，在亚马逊上查看数码相机时，该网站会显示许多在各种预定拍摄情况下，使用特定相机拍摄的照片。此外，这两个网站上还显示了用户的偏好和近期活动，可以有效地支持更多用户参与（图 6-3）。当用户与产品和服务进行交互时，可以很容易地与他人分享并提供评论意见（图 6-4）。

图 6-2　用户标识展示

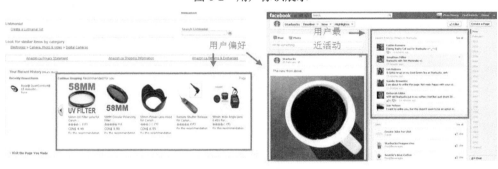

图 6-3　显示用户偏好及近期活动

图 6-4　用户社交评论

然而，这两个网站缺少几个社交商务设计功能。例如，在亚马逊上，当用户与具体的服务或产品交互时，应该能够生成通知消息，并自动发送给用户的朋友。此外，网站没有任何沟通方法，可以将用户与具有相似购物兴趣的人联系起来。如果该网站能够向与服务和应用程序交互过的人，展示与用户正在进行的相似内容，将会提高用户的参与度。而且，用户很难获得来自同行社区的实时支持，在同行社区里，具有共同兴趣的人很难一起工作，并很难利用他们的集体智慧解决问题及做出决策。

基于脸书平台的星巴克缺乏导航描述，这可能会影响用户在网站内的移动操作。用户虽然可以对产品进行评论，但不能在线购买，尤其是网站上没有在线支付交易功能。此外，有关产品、价格和交易的信息并不完整，呈现形式也不够详细，这可能会阻碍用户的后续操作，同时，还需要在整个网站上提供在线帮助功能。

根据以上分析，亚马逊需要更加重视利用社交媒体功能，以提供更具有互动性、社交性和协作性的用户体验。这些社交媒体功能，应该集中建立在用户生成的内容、信息共享、用户联系和同行社区上。相反，建立在 Facebook 上的星巴克社交商务应用程序，应该开发更多的商务功能，如提供激励机制、展示价格信息、应用购物车功能和实施订单跟踪机制等，可更有效地支持用户的在线购物需求。

对于任何一个社交商务网站，实现一套最低限度的社交商务设计特征至关重要。如上所述，社交商务信息系统设计模型由四层组成，每一层都需要处理许多设计特征。虽然无须在每一层都实现所有设计特征，但是社交商务设计特征应该覆盖所有层，即社交商务设计的最小特征集，包括来自个人层、对话层、社区层和商务层的特征。

以亚马逊为例，在商务层，该设计特征可使网站易于访问和使用并提供丰富的商务信息，以更安全的方式实施服务和应用程序，同时用户的机密信息也得到了严密的保护；设计灵活的功能支持用户，找到他们所寻求的信息并实现其期望的结果；用户还可以很容易地从常规内容中区分出广告信息。在社区层，同行社区在相关服务和应用程序的背景环境中，与用户紧密相连，实时提供社交支持。在对话层，网站利用各种社交媒体工具，如使用"类似""共享"按钮促进用户参与。当用户参与到具体的服务和应用程序中时，网站不仅为用户提供了丰富的社交内容，还激励他们生成社交内容，如提供反馈、评级评论和提出建议。在个人层，当用户与网站交互时，设计可以帮助用户了解他们的参与度，并通过活动资料识别他们的内容信息。

在基于脸书平台的星巴克上，当用户访问网站时，可以通过他们的个人资料，轻松地识别出用户。按时间顺序对近期活动进行排列，并显示在网站上。网站通过多种形式提供丰富的社交内容，如文本、照片和视频。在网站上设置灵活的"类似""共享"按钮，鼓励用户分享经验和知识。网站上呈现的每一段内容，都可以创建为参与者自己的对话主题。此外，参与者与他们的社区紧密联系，并可与他们喜欢的人联系，以便他们能够在需要时获得实时的社区支持。值得注意的是，本书理解的电子商务不仅仅是"订购""支付"在线产品，还包括在线营销的"在线交易前"步骤和在线客户服务的"在线交易后"步骤。尽管星巴克 Facebook 上没有订购和支付机制，但该网站提供了各种商业广告，并向消费者广泛传播了有关星巴克产品、服务、新闻和公告的信息。由于这些特征是电子商务的基本组成部分，因此，可以将星巴克 Facebook 视为社交商务的一个实例。

从对亚马逊和星巴克 Facebook 社交商务网站测评结果来看，反映出两种类型社交商务网站的社交商务发展战略截然不同，基于 Facebook 网站的主要目标是注重用户的互动和交流，由此建立一个社区；基于电子商务网站的偏向是为所有用户提供在线购物活动的支持。理解每一种社交商务网站的特点和关注它的商业目标很重要，当商业组织发展他们的社交商务时，必须考虑社交商务设计模型每一层的商业客观性。如果商业组织的焦点是基于电子商务，那么应该更多的关注会话层和商务层，这样即使在某些时候社区层被调查，它仍保证了网站支持用户的通信和购物过程。如果商业组织更感兴趣的是建立一个基于社会网络的系统，那么应该更加注重会话层和社区层，需要商务功能时，可对商务层再进行开发。

6.3　社交商务可用性设计与用户购买决策

社交商务信息系统中的可用性、功能性和社交性是系统重要的特性。用户决策又是一个涉及多方面感知活动的复杂认知过程，因此社交商务可用性对于社交商务设计和用户决策的影响更为重要。本节首先介绍社交商务可用性设计对用户购买决策的影响，考虑性别和年龄，以及这些影响有怎样的不同；其次介绍在购买决策过程的各个阶段，可用性设计特性比其他特性更为重要，研究在哪个决策阶段受设计特性的影响更大，以及不同的购买决策阶段需要怎样的设计特性。

6.3.1　社交商务可用性设计概念

基于社交商务的概念和定义可以看出，电子商务与社交商务存在显著差异，主要表现在商业目的、系统联系和用户购买决策行为方面。

在商业目的方面，电子商务仅关注如何提高在线购物效率，而社交商务则优先考虑社交目的，如用户原生内容、协作知识、网络社区和购物注意事项等。

在系统联系方面，电子商务用户一般都是在很少或没有控制的情况下，单独处理电子商务，通常情况下，由企业组织控制在线内容和消息。然而，社交商务包含一个社交社区，鼓励用户控制并提供实时参与，以支持用户之间的社会联系。

在用户购买决策行为方面，电子商务购买决策主要受电子商务网站提供的信息、产品或服务质量的影响。然而，社交商务提供了一种更加社会化和互动式的体验，并通过这种体验产生了集体决策[40]。

6.3.2　用户购买决策过程

购买决策是指从多个选择中选择产品、服务或购买行为的决策过程[41]。对这一决策过程的调查研究，分为两种方向：第一种研究方向是通过使用各种决策模型、框架和理论，对该过程进行评估；第二种研究方向是研究消费者的行为，即对购买态度、购买意图、消费者的认知和行为的研究。针对第一种研究方向，Simon[42]提出了推动当前理性理论研究发展的开创性决策理论。随后，March[43]提出了模糊和有限理性模型来检测决策过程。针对第二种研究方向，主要研究消费者的行为，包括消费者购买态度、购买意图和消费者的认知与行为，由此建立理性行为理论、计划行为理论和技术接受的模型；通过不同角度对 Web 系统提出认知和感受，以此对购买决策过程进行研究和探索。

Simon[42]研究了与认知过程有关的决策行为，并提出决策是由一系列有序阶段构成，包括理解、设计和选择。理解涉及收集信息，以确定和解决问题；设计是指对可能选择方案的识别；选择则包括做出最终的决定。

Liang 等[44]开发了一个包括需求识别、信息检索、选择评估、商品购买和商品售后五个阶段的消费决策过程。需求识别阶段是指用户产生消费需求时，对某一产品产生感知。信息检索阶段是指用户通过搜索信息，做出明智的选择。选择评估阶段是指用户对备选商品或购物网站进行评估，以得到最好的选择。商品购买阶段是指用户为完成交易，进行购买操作和所有的相关活动。商品售后阶段是指用户在售后的各种活动，如服务推荐和产品退款等。这五个阶段被广泛用于 Web 信息系统设计及研究，该研究对用户购买的影响，可用于探究社会支持，以及社交对商务与用户关系的作用，也可探究用户使用电子渠道与使用传统渠道的对比。

Yadav 等[45]建议，在社交商务设计中应该关注决策过程的所有阶段，而不是只关注购买阶段。Kang 等[40]也表明检索和评估阶段的要素，也会影响用户在社交网站上的购物意愿，并建议将这五个阶段的决策过程作为一个框架，以理解社交商务中用户的行为。

一些研究还调查了决策阶段中每个阶段的因变量，揭示出与用户决策过程相关的一些影响因素。例如，Cox 等[46]发现，内容特征和图示会影响用户，并对用户产生刺激作用。Bronner 等[47]指出，使用某种刺激因素和机体因素，能够成为促进用户搜索信息的方法。刺激因素包括活动内容和互动特征，机体因素包括个人特质、价值观、自我导向和社会导向的感知。Kumar 等[48]发现，在评估阶段，个人主义、享乐主义和功利主义等价值观念可能会影响用户，特别会影响购买阶段的各种因素，包括内容、网络、交互特征、信息查询、信息共享、参与和网站使用等。

此外，社会人口对于理解社交商务设计在用户购买决策中的影响，也至关重要。性别和年龄是在线和离线用户类别中最常用的两个人口统计学特征，因而应重点关注这些变量。

研究表明，性别差异可以从生物学、认知和行为水平等不同的层面解释。Everhart 等[49]发现，女性大脑左右半球的组织更对称，而男性大脑的左右半球更特殊（生物学水平）。女性更偏爱细节化和细致的处理方式，男性则更喜欢整体化和无差别的处理方式（认知水平）。此外，女性更容易受到情感和社交互动的触动，而男性更倾向方便快捷而非社交互动（行为水平）。为了解释消费决策中的性别差异，研究关注用户的行为水平，认为女性倾向将所有可用的信息作为决策的基准。相反，男性在做决定前不会进行全面的处理，而是只使用高度可用的信息。

研究发现，在普通用户和在线用户中，年轻和年长的互联网用户也存在行为差异。年轻的互联网用户通常很活跃，主要是寻求休闲、社交和学术上的满足。年龄较大的用户则是频繁地使用诸如电子邮件、网上购物和查询健康相关的信息。此外，一些研究还强调了不同年龄段在社交功能使用和内容偏好方面的差异。例如，Sheldon[50]发现，老年人利用社交功能来娱乐，以此来传达自己的时尚感，从而打发时间；年轻人则利用社交功能来维持现有的社会关系，从而结识新朋友。由此，年轻用户和年长用户的决策行为也存在差异。一般情况下，风险决策与年龄相关性呈下降趋势。Delaney 等[51]确定了三种决策配置，即情感/经验配置、独立/自我控制配置和人际关系导向配置。研究发现，老年人不太可能拥有情感/经验配置，而更可能拥有独立/自我控制配置。

6.3.3　用户购买决策模型

通过建立用户购买决策模型，探究社交商务设计对用户购买决策的影响，得出设计质量因素的内在机制，是确定用户购买决策的另一方法。用户购买决策模型如图 6-5 所示。在社交商务信息系统设计质量方面，三个设计因素需要考虑，即可用性因素、功能性因素和社交性因素。用户购买决策过程主要关注五个阶段，包括产品认知、信息搜索、产品评估、产品购买和产品售后。同时值得注意的是在此过程中，性别、年龄等个性化差异对各阶段特性会产生影响。本小节详细介绍设计因素与用户购买决策间的影响。

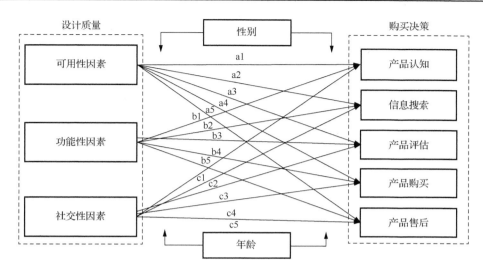

图 6-5　用户购买决策模型

1）可用性因素

可用性对用户购买决策有直接的影响。通过研究发现，许多可用性特征会影响用户购买决策过程的各个阶段。Liu 等[52]研究了 Web 属性对在线冲动性购物的影响。结果发现信息质量、视觉吸引力和易用性，会直接影响触发消费者在网上冲动购物决策的情绪。Pallud 等[53]研究了网店设计对用户购买行为的影响。研究指出，使用导航和清晰的导航提示，可以帮助用户浏览定位，降低消费者的认知负荷，从而帮助用户在购买决策过程中确定产品。

在购买决策的信息搜索阶段，网站应在内容组织、导航、可访问性、易用性和信息质量方面提供优质设计，所提供的优质设计会受到消费者更大的欢迎。用户搜索到的结果由信息质量水平（完整性、实用性、新颖性和相关性）决定。此外，影响消费者对产品评估的还有可用性的属性，包括内容表达、联系信息规定和交易安全等，这些属性有助于用户在购买决策过程中消除对风险和不确定性的感知。

另外，网站美学和极简设计也会影响产品识别。影响用户在线购买行为的因素包括视觉美学、内容组织水平、信息显示质量水平、易用性因素、安全考量和可信度水平。在设计中，可通过一致的布局、恰当的图形、最小化的文本和明确的超链接，进行视觉吸引设计，从而达到实现产品识别的目的。

在购买决策的产品售后阶段，可读性、可访问性和信息准确性是需要重点考虑的相关可用性特征。由此，做出如下假设。

假设 a1：好的可用性设计将影响用户的产品认知；

假设 a2：好的可用性设计将影响用户的信息搜索；

假设 a3：好的可用性设计将影响用户的产品评估；

假设 a4：好的可用性设计将影响用户的产品购买；

假设 a5：好的可用性设计将影响用户的产品售后。

2）功能性因素

功能性要满足用户在购买决策过程中每个阶段的需要。网站功能会影响用户购物意愿，进而影响其在线购买。通过使用在线广告、拍卖机制和显示当前访问者的数量来刺激购买欲望，可以提高产品或服务知名度。提供足够的搜索引擎功能、定制信息和导航支持，可以提高信息检索效率。利用价格对比功能、用户评价和其他用户评论功能，直接影响用户的评估选择。订购、支付和交付服务，是支持最终购买的基本功能。在产品售后阶段，灵活的服务交付、订单跟踪和产品退货，也被视为是更好的功能设计，随着用户满意度的提高，品牌忠诚度也会提高。由此，做出如下假设。

假设 b1：好的功能性设计将影响用户的产品认知；

假设 b2：好的功能性设计将影响用户的信息搜索；

假设 b3：好的功能性设计将影响用户的产品评估；

假设 b4：好的功能性设计将影响用户的产品购买；

假设 b5：好的功能性设计将影响用户的产品售后。

3）社交性因素

社交性设计是社交商务能否成功的一个主要因素，是由于它为用户提供了社会价值。这种价值与口碑和用户原生内容密切相关，社交性设计是在社交商务中影响用户购买决策的核心属性[30]。通过开发在线社交社区来培养社交商务信息系统设计中的社交性，是社会价值的一个重要方面，其可以帮助用户识别社交商务网站提供的产品或服务。产品或服务意识，也是通过提供社交媒体应用得到实现。例如，评论和评分、消费者反馈渠道、产品共享和社交推荐获得等。在线社交网络为购买决策提供信息检索支持，虚拟社区可以帮助用户利用社会知识和过滤评估选择经验，以做出更明智和准确的购买决策。同样，内容社区、聊天应用程序、留言板、推荐、论坛和社交评论等社交功能，也会提高用户在社交商务中的参与度，并提高用户购买的可能性。论坛和内容社区等社交功能，会影响售后行为，这些功能可以刺激用户的重复购买行为，同时也可以促进售后品牌战略。由此，做出如下假设。

假设 c1：好的社交性设计将影响用户的产品认知；

假设 c2：好的社交性设计将影响用户的信息搜索；

假设 c3：好的社交性设计将影响用户的产品评估；

假设 c4：好的社交性设计将影响用户的产品购买；

假设 c5：好的社交性设计将影响用户的产品售后。

6.3.4 设计特征对购买决策的影响

通过 Smart PLS 建立结构方程模型与偏最小二乘法（structural equation model-partial least squares，SEM-PLS）模型，评估所提出的模型和结构间的假设关系。如图 6-6 所示，研究通过 Bootstrapping 计算出每个假设关系的 T 统计值，得出路径的显著性水平。通过运行偏最小二乘法（partial least squares，PLS）模型，得到路径系数 T 和适度方差 R^2，以此对结构模型的预测性能进行评估。产品认知结构的 R^2 为 0.657，表明该模型占产品认知阶段方差的 65%；信息搜索结构的 R^2 为 0.728，表明该模型占信息搜索阶段方差的 72%。模型还解释了产品评估阶段的适度方差（$R^2 = 0.660$），以及 R^2 为 0.632 的产品购买阶段。另外，产品售后阶段得到 R^2 为 0.615，表明该模型占产品售后阶段方差的 61%。总体来说，实证结果有力地证明了研究模型对购买决策过程的解释力[54]。

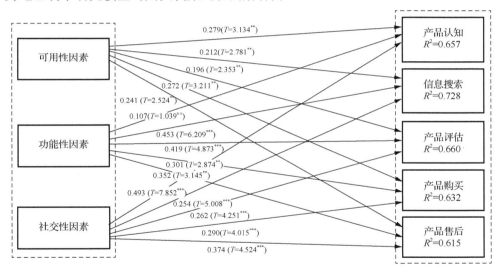

图 6-6　基于 PLS 结果的研究模型

T 表示路径系数值；**表示显著性水平 $P < 0.01$；***表示显著性水平 $P < 0.001$；n.s 表示"无意义"

如图 6-6 所示，研究模型还发现，设计因素和购买决策阶段之间的多数关系，都得到了有力的支持。模型中 15 条路径中有 14 条是显著的（至少 $P < 0.05$），说明该模型总体上是可靠的（表 6-8）。结果表明，可用性因素和社交性因素对产品认知存在影响得到了有力支持，而功能性因素与产品认知之间的路径为负，显著性水平为 0.299。可用性因素、功能性因素和社交性因素是信息搜索阶段的重要决定因素，显著性水平小于 0.01。结果还指出，三个设计质量因素与产品评估阶段之间存在显著的相关性（$P < 0.01$）。可用性因素、功能性因素和社交性因素对产

品购买和产品售后阶段的影响显著性水平小于 0.01。实验结果证实了这三个设计因素与用户购买决策过程存在的密切关系，因此所有提出的设计因素都会直接影响每一个决策阶段。

表 6-8　假设的结构化建模结果

假设影响	标准化系数	T	P	结论
假设 a1：好的可用性设计将影响用户的产品认知	0.279	3.134	0.002	支持
假设 a2：好的可用性设计将影响用户的信息搜索	0.212	2.781	0.006	支持
假设 a3：好的可用性设计将影响用户的产品评估	0.196	2.353	0.009	支持
假设 a4：好的可用性设计将影响用户的产品购买	0.272	3.211	0.003	支持
假设 a5：好的可用性设计将影响用户的产品售后	0.241	2.524	0.006	支持
假设 b1：好的功能性设计将影响用户的产品认知	0.107	1.039	0.299	不支持
假设 b2：好的功能性设计将影响用户的信息搜索	0.453	6.209	0.000	支持
假设 b3：好的功能性设计将影响用户的产品评估	0.419	4.873	0.000	支持
假设 b4：好的功能性设计将影响用户的产品购买	0.301	2.874	0.004	支持
假设 b5：好的功能性设计将影响用户的产品售后	0.352	3.145	0.002	支持
假设 c1：好的社交性设计将影响用户的产品认知	0.493	7.852	0.000	支持
假设 c2：好的社交性设计将影响用户的信息搜索	0.254	5.008	0.000	支持
假设 c3：好的社交性设计将影响用户的产品评估	0.262	4.251	0.000	支持
假设 c4：好的社交性设计将影响用户的产品购买	0.290	4.015	0.000	支持
假设 c5：好的社交性设计将影响用户的产品售后	0.374	4.524	0.000	支持

该模型还量化了每个设计因素对用户决策过程的影响程度。

1）可用性因素

T 值越高,影响强度越大,可用性因素对购买阶段的影响最大,其中 T 为 3.211,P 为 0.003。结果表明，可用性在支持用户购买阶段发挥了重要作用，这是由于可用性可以为用户提供享乐和实用价值，可以丰富他们在社交商务环境下的购买活动。同时也表明，网站的视觉吸引力、实用性和易用性等可用性因素，也是影响用户购买决策的关键决定因素。当用户在线购物时，他们的商业活动必须在可支持他们完成任务的可用网站上进行，这也说明可用性因素对在线购买过程尤为重要。

2）功能性因素

功能性因素对购买决策过程中影响最大的是信息搜索阶段，其 T 为 6.209，P 为 0，这表明信息搜索需要实现更高层次的社交商务网站功能。为了在该阶段提供更好的用户体验，在设计社交商务网站时，必须提供灵活的搜索功能、合理的信息安排和快捷方式，以利于更快速方便地访问信息。信息搜索功能通常可为用户提供导航提示和控制，不仅有利于网站定位，而且会增强用户的信息检索能力，同时还允许用户在查找信息时关注中心主题。

3）社交性因素

模型结果进一步表明，社交性因素对产品认识阶段的影响最为显著，T 为 7.852，P 为 0，表明社交功能有助于提高产品意识和需求识别。正如一些研究者所强调的，在社交商务网站上设计社交功能的主要目标之一是提供一种自我认同感，以及能够被他人识别的产品意识。这种意识可以通过分享用户的在线活动和利用用户形象描述，建立社会经验以及突出有趣的社交信息来实现。

鉴于这些发现，可用性因素、功能性因素和社交性因素在用户决策过程的各个阶段都必不可少。要设计更多以用户为中心的社交商务网站，意识到并理解可用性、功能性、社交性与购买决策各个阶段之间的关系尤为重要。

6.3.5 个性化特征对购买决策的影响

性别和年龄是用户中两个最显著的个性化特征。本小节从这两个角度，研究个性化特征对购买决策的影响。

模型将用户分为男性和女性两组，并给出了相对应的结构模型。图 6-7 给出了可用性设计因素对男性用户购买决策过程的影响。T 值越高，影响强度越大。结果表明，可用性因素对售后阶段的影响最大（T=2.853；P=0.040）。

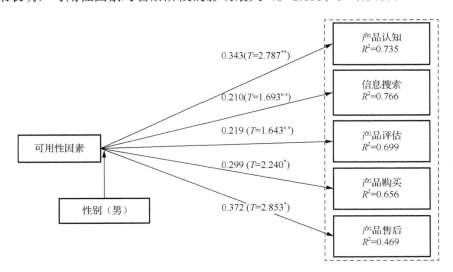

图 6-7 男性用户的可用性与购买决策过程的影响

T 表示路径系数值；*表示显著性水平 $P < 0.05$；**表示显著性水平 $P < 0.01$； n.s 表示"无意义"

　　图 6-8 显示了女性用户的可用性与购买决策过程的影响。结果表明，对于女性用户，可用性因素在决策过程中对购买阶段的影响最大（$T=2.976$；$P=0.025$）。

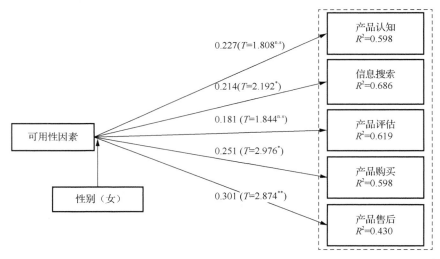

图 6-8　女性用户的可用性与购买决策过程的影响

T 表示路径系数值；*表示显著性水平 $P<0.05$；**表示显著性水平 $P<0.01$；n.s 表示"无意义"

　　通过不同性别用户的可用性因素，在决策过程中对购买阶段的影响对比，说明对于不同性别的用户群体，设计因素对购买决策过程中各个阶段的影响不同。在整个购买决策过程中，男性用户需要更高的整体可用性水平，并将重点放在产品售后阶段。女性用户在产品购买阶段有更高的可用性要求。男性在信息搜索阶段的功能性要求较高，而女性则需要更多的功能帮助她们对产品进行评估。

　　值得注意的是，在购买决策过程的各个阶段，男性用户的 R^2 值都高于女性用户（图 6-7 和图 6-8）。这表明不同性别的用户，在决策阶段对设计因素的认知不同。事实上，在购买决策过程中，男性似乎比女性有更广泛的设计需求，这些在对于微博界面设计偏好的性别差异研究中都有所反映。研究结果证明，当要求评估微博界面时，男性比女性对界面进行的考察更为细致，并考虑了更多的设计元素。

　　在另外的研究模型中，将用户分为年轻（18～35 岁）和年长（35 岁以上）两组，也给出了相应的结构模型。图 6-9 和图 6-10 从年龄角度来研究可用性对购买决策过程的影响。图 6-9 显示了年轻用户的可用性对购买决策过程的影响，图中结果显示，年轻用户可用性在购买决策过程中，对购买阶段影响最大（$T=1.850$；$P=0.02$）。同样，如图 6-10 中显示了年长用户可用性对购买决策过程的影响。图中结果显示，年长用户可用性对购买决策过程中，对评估阶段影响最大（$T=4.289$；$P=0$）。

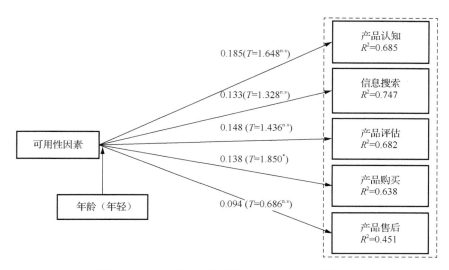

图 6-9　年轻用户的可用性与购买决策过程的影响

T 表示路径系数值；*表示显著性水平 $P < 0.05$；n.s 表示"无意义"

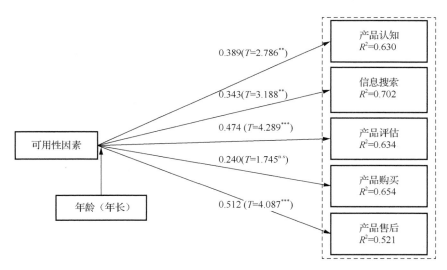

图 6-10　年长用户的可用性与购买决策过程的影响

T 表示路径系数值；**表示显著性水平 $P < 0.01$；***表示显著性水平 $P < 0.001$；n.s 表示"无意义"

6.4　小　　结

本章介绍了社交商务的概念，阐述了其现状，指出社交商务是一个需要深入理解和研究的新现象[55]，并对社交商务设计的相关特征进行了描述[56]，便于更深入地了解参与者、社区和在线商务之间的整体关系[57, 58]。

首先，提出了社交商务设计模型。社交商务设计模型由个人层、对话层、社区层和商务层四个层次构成，提出了社交商务信息系统可用性设计与测评，主要用于提高社交商务网站的设计质量。商务系统可用性设计内容包含三个因素，即可用性、功能性和社交性。其次，阐述了社交商务可用性设计与用户购买决策，提出了社交商务可用性设计概念、用户购买决策过程、用户购买决策模型、设计特征对购买决策影响、个性化特征对购买决策的影响。

社交商务的可用性设计概念和定义表明，可用性设计主要表现在商业目的、系统联系和用户购买决策行为方面。用户购买决策过程的研究有两种方向：第一种是通过使用各种决策模型、框架和理论，对该过程进行评估；第二种是研究消费者的行为，即对购买态度、购买意图、消费者的认知和行为的研究。建立用户购买决策模型，探究社交商务设计对用户购买决策的影响，得出质量设计因素的内在机制。在社交商务信息系统设计质量方面应考虑可用性、功能性和社交性。

设计特征对用户决策过程的影响[59]，必须从可用性、功能性和社交性三个因素考虑。对于个性化对购买决策间影响，可通过不同性别用户的可用性因素，在决策过程中对购买阶段的影响对比进行说明。对于不同性别用户群体，设计因素对购买决策过程的影响不同。从年龄角度研究可用性对购买决策的影响，设计因素对购买决策过程的影响也不同。

最后得出结论，企业可以通过提高社交商务的设计质量，以促进消费者的决策[60]。消费者不同的设计需求，取决于他们所处的消费决策阶段[61]。产品购买阶段的可用性、产品评估阶段的功能性，都会影响社交商务的社交性[62]。社交商务的设计质量应在产品购买、信息搜索和产品评估阶段，分别关注它们的可用性、功能性和社交性[63]。

参 考 文 献

[1] WIGAND R T, BENJAMIN R I, BIRKLAND J. Web 2.0 and beyond: Implications for electronic commerce[C]. Proceedings of the 10th International Conference on Electronic Commerce, New York, USA, 2008.

[2] KAPLAN A M, HAENLEIN M. Users of the world, unite! The challenges and opportunities of social media[J]. Business Horizons, 2010, 53(1): 59-68.

[3] AHMAD N, REXTIN A, KULSOOM U E. Perspectives on usability guideline for smartphone applications: An empirical investigation and systematic literature review[J]. Information and Software Technology, 2018, 94: 130-149.

[4] CONSTANTINIDES E, ROMERO L R, BORIA M A G. Social media: A new frontier for retailers?[J]. European Retail Research, 2008, 22: 1-28.

[5] KIM Y A, SRIVASTAVA J. Impact of social influence in e-commerce decision making[C]. Proceedings of the Ninth International Conference on Electronic Commerce, Minneapolis, USA, 2007: 293-302.

[6]　LIANG T, HO Y, LI Y, et al. What drives social commerce: The role of social support and relationship quality[J]. International Journal of Electronic Commerce, 2011, 16(2): 69-90.

[7]　PARISE S, GUINANP J. Marketing using Web 2.0[C]. Proceedings of the 41st Hawaii International Conference on System Sciences, Hawaii, USA, 2008.

[8]　SWAMYNATHAN G, WILSON C, BOE B, et al. Do social networks improve e-commerce? A study on social marketplaces[C]. Proceedings of the First Workshop on Online Social Networks, New York, USA, 2008: 1-6.

[9]　DENNISON G, BOURDAGE-BRAUN S M. IBM White Paper: Social commerce defined[R]. New York: IBM Corporation, 2009.

[10]　LEE S H, DEWESTER D, PARK S R. Web 2.0 and opportunities for small business[J]. Service Business, 2008, 2(4): 335-345.

[11]　MARSDEN P. How social commerce works: The social psychology of social shopping[J]. Social Commerce Today, 2009, (1): 1-2.

[12]　CARROLL B. Social shopping: A new twist on e-commerce[J]. Furniture Today, 2008, 32(20): 81-82.

[13]　WANG C N, ZHANG P. The evolution of social commerce: The people, management, technology, and information dimensions[J]. Communications of the Association for Information Systems, 2012, 31(5): 105-127.

[14]　HUANG Z, BENYOUCEF M. Usability and credibility of e-government websites[J]. Government Information Quarterly, 2014, 31(4): 584-595.

[15]　KUMAR V, MUKERJI B, BUTT I, et al. Factors for successful e-government adoption: A conceptual framework[J]. Electronic Journal of E-Government, 2007, 5(1): 63-76.

[16]　MATERA M, COSTABILE M, GARZOTTO F, et al. SUE inspection: An effective method for systematic usability evaluation of hypermedia[J]. IEEE Transaction on System Man and Cybernetics- Part A Systems and Humans, 2002, 32(1): 93-103.

[17]　FLAVIÁN C, GUINALIU M, GURREA R. The role played by perceived usability, satisfaction and consumer trust on website loyalty[J]. Information and Management, 2006, 43(1): 1-14.

[18]　HELANDER M G, KHALID H M. Modeling the customer in electronic commerce[J]. Applied Ergonomics, 2000, 31(6): 609-619.

[19]　MOLLA A, LICKER S P. E-commerce systems success: An attempt to extend and respecify the Delone and Maclean model of IS success[J]. Journal of Electronic Commerce Research, 2001, 2(4): 131-141.

[20]　HASAN L, ABUELRUB E. Assessing the quality of web sites[J]. Applied Computing and Informatics, 2011, 9(1): 11-29.

[21]　JAISWAL A K, NIRAJ R, VENUGOPAL P. Context-general and context-specific determinants of online satisfaction and loyalty for commerce and content sites[J]. Journal of Interactive Marketing, 2010, 24(3): 222-238.

[22]　LIAO C, PALVIA P, LIN H N. The roles of habit and web site quality in e-commerce[J]. International Journal of Information Management, 2006, 26(6): 469-483.

[23]　LEE K C, LEE S. A cognitive map simulation approach to adjusting the design factors of the electronic commerce web sites[J]. Expert Systems with Applications, 2003, 24(1): 1-11.

[24]　TUNG L, DEBRECENY R, CHAN Y, et al. Interacting with hypertext: An experimental investigation of navigation tools[J]. Electronic Commerce Research and Applications, 2003, 2(1): 61-72.

[25]　LEE Y, KOZAR K A. Investigating the effect of website quality on e-business success: An analytic hierarchy process

approach[J]. Decision Support Systems, 2006, 42(3): 1383-1401.

[26] WOLFIFINBARGER M, GILLY M C. eTailQ: Dimensionalizing, measuring and predicting etail quality[J]. Journal of Retailing, 2003, 79(3): 183-198.

[27] HEIM G R, FIELD J M. Process drivers of e-service quality: Analysis of data from an online rating site[J]. Journal of Operations Management, 2007, 25(5): 962-984.

[28] JARVENPAA S L, TODD P A. Consumer reactions to electronic shopping on the World Wide Web[J]. International Journal of Electronic Commerce, 1996, 1(2): 59-88.

[29] KATERATTANAKUL P. Framework of effective web site design for business-to-consumer Internet commerce[J]. International Journal of Information Technology and Management, 2002, 40(1): 57-70.

[30] MOHAM S, CHOI E, MIN D. Conceptual modeling of enterprise application system using social networking and Web 2.0 'social CRM system'[C]. Proceedings of the 2008 International Conference on Convergence and Hybrid Information Technology, Washington D C, USA, 2008: 237-244.

[31] KOCH G, FÜLLER J, BRUNSWICKER S. Online crowdsourcing in the public sector: How to design open government platforms[J]. Lecture Notes in Computer Science, 2011, 6778: 203-212.

[32] CONSTANTINIDES E, FOUNTAIN S J. Web 2.0: Conceptual foundations and marketing issues[J]. Journal of Direct, Data and Digital Marketing Practice, 2008, 9(3): 231-244.

[33] MURUGESAN S. Understanding Web 2.0[J]. IT Professional, 2007, 9(4): 34-41.

[34] FISHER E. Social design[R]. Menlo Park: Facebook Developers, 2010.

[35] LIANG T P, TURBAN E. Introduction to the special issue-social commerce: A research framework for social commerce[J]. International Journal of Electronic Commerce, 2011, 16(2): 5-14.

[36] FAN W S, TSAI M C. Factor driving website success——The key role of internet customisation and the influence of website design quality and internet marketing strategy[J]. Total Quality Management and Business Excellence, 2010, 21: 1141-1159.

[37] FERNANDEZ A, INSFRAN E, ABRAHÃO S. Usability evaluation methods for the web: A systematic mapping study[J]. Information and Software Technology, 2011, 53(8): 789-817.

[38] VENKATESH V, HOEHLE H, ALJAFARI R. A usability evaluation of the Obamacare website[J]. Government Information Quarterly, 2014, 31(4): 669-680.

[39] LUNA-NEVAREZ C, HYMAN M R. Common practices in destination website design[J]. Journal of Destination Marketing & Management, 2012, 1: 94-106.

[40] KANG J, PARK-POAPS H. Motivational antecedents of social shopping for fashion and its contribution to shopping satisfaction[J]. Clothing & Textiles Research Journal, 2011, 29(4): 331-347.

[41] CHEUNG C M K, THADANI D R. The impact of electronic word-of-mouth communication: A literature analysis and integrative model[J]. Decision Support System, 2012, 54(1): 461-470.

[42] SIMON H A. Theories of decision-making in economics and behavioral science[J]. The American Economic Review, 1959, 49(3): 253-283.

[43] MARCH J G. Bounded rationality, ambiguity, and the engineering of choice[J]. Bell Journal of Economics, 1978, 9(2): 587-608.

[44] LIANG T, LAI H. Effect of store design on consumer purchases: Van empirical study of on-line bookstore[J]. Information & Management, 2002, 39(6): 431-444.

[45] YADAV M S, VALCK K, HENNIG-THURAU T, et al. Social commerce: A contingency framework for assessing marketing potential[J]. Journal of Interactive Marketing, 2013, 27(4): 311-323.

[46] COX T, PARK J H. Facebook marketing in contemporary orthodontic practice: A consumer report[J]. Journal of the World Federation of Orthodontists, 2014, 3(2): 43-47.

[47] BRONNER F, HOOG R D. Social media and consumer choice[J]. International Journal of Market Research, 2014, 56(1): 51-71.

[48] KUMAR S S, RAMACHANDRAN T, PANBOLI S. Product recommendations over Facebook: The roles of influencing factors to induce online shopping[J]. Asian Social Science, 2015, 11(2): 202-218.

[49] EVERHART D E, SHUCARD J L, QUATRIN T, et al. Sex-related differences in event-related potentials, face recognition, and facial affect processing in prepubertal children[J]. Neuropsychology, 2001, 15: 329-341.

[50] SHELDON P. Student favorite: Facebook and motives for its use[J]. Southwestern Mass Communication Journal, 2008, 23(2): 39-55.

[51] DELANEY R, STROUGH J, PARKER A M, et al. Variations in decisionmaking profiles by age and gender: A cluster-analytic approach[J]. Personality Individual Differences, 2015, 85: 19-24.

[52] LIU Y, LI H, HU F. Website attributes in urging online impulse purchase: An empirical investigation on consumer perceptions[J]. Decision Support System, 2013, 55(3): 829-837.

[53] PALLUD J, STRAUB D W. Effective website design for experience-influenced environments: The case of high culture museums[J]. Information & Management, 2014, 51(3): 359-373.

[54] HUANG Z, BENYOUCEF M. The effects of social commerce design on consumer purchase decision-making: An empirical study[J]. Electronic Commerce Research and Applications, 2017, 25: 40-58.

[55] HUANG Z, BENYOUCEF M. From e-commerce to social commerce: A close look at design features[J]. Electronic Commerce Research and Applications, 2013, 12(4): 246-259.

[56] HUANG Z, YU W Y. Bringing e-commerce to social networks[J]. Lecture Notes in Computer Science, 2016, 9751: 46-60.

[57] YUAN L, HUANG Z, ZHAO W, et al. Interpreting and predicting social commerce intention based on knowledge graph analysis, electronic commerce research[J]. Electronic Commerce Research, 2020, 20(1): 197-222.

[58] HUANG Z, GAI N N. Exploring health care professionals' attitudes of using social networking sites for health care: An empirical study[J]. Lecture Notes in Computer Science, 2014, 8531: 365-372.

[59] HUANG Z, TIAN Z Y. Analysis and design for mobile applications: A user experience approach[J]. Lecture Notes in Computer Science, 2018, 10918: 91-100.

[60] HUANG Z, BENYOUCEF M. User preferences of social features on social commerce websites: An empirical study[J]. Technological Forecasting and Social Change, 2015, 95: 57-72.

[61] HUANG Z. Developing usability heuristics for recommendation systems within the mobile context[J]. Lecture Notes in Computer Science, 2019, 11586: 143-151.

[62] HUANG Z, ZHAO W. The study of web service discovery: A clustering and differential evolution algorithm approach[C]. IEEE SmartCity, Zhangjiajie, China, 2019: 2618-2622.

[63] STAKHIYEVICH P, HUANG Z. An experimental study of building user profiles for movie recommender system[C]. IEEE SmartCity, Zhangjiajie, China, 2019: 2559-2565.

第7章 移动应用程序可用性

7.1 移动应用程序介绍

先进的移动技术和无线互联网技术的飞速发展,促进了移动服务市场的增长。2018 年,全球手机销量达到了 17 亿部[1]。2020 年,全球移动服务年总收入超过了 1011 亿美元[2]。移动电话除了基本通话功能外,还可以通过移动应用程序,在教育、医疗、娱乐和社交网络等领域实现各种移动服务。因此,成千上万的移动应用程序已被开发和使用,程序的开发人员一直专注于改善用户体验。但由于手机独特的性能,如屏幕尺寸小、显示分辨率不足、链接受限、功耗高、处理能力不同、输入模式单一和使用环境复杂等问题,许多移动应用程序仍然难以使用。由此可以看出,移动应用程序的可用性对于用户体验尤为重要。移动应用程序中,高水平的可用性能为用户提供丰富的实用和享乐体验,不但可以提高产品的整体质量,还可使移动应用程序得到更好的感知有用性和感知易用性。感知有用性是指对移动应用程序帮助用户更好地完成工作能力的感知;而感知易用性是指学习使用移动应用程序以获得理想结果的难度。显而易见,可用性已逐渐成为移动应用程序设计中的核心问题。

当前,移动应用程序可用性相关研究中,有些侧重无线应用协议的评估;有些探索了评估移动应用程序可用性的研究方法;还有些关注移动应用程序的开发指南,如苹果和微软公司发布的开发指南等。鉴于移动应用程序可用性研究存在着不足,如部分研究通过概念中不同的结构来描述移动应用的可用性,缺乏对可用性的系统理解,需考虑从概念层到属性层再到设计层的详细、一致、连贯描述,有待进行更深入的研究。在移动应用程序可用性研究的调查中,发现存在三个主要不足之处。

(1)领先的移动操作系统供应商考虑的主要问题是,如何构建更好的应用程序提供指南,所提供的指南往往侧重样式,而非可用性。

(2)以前的研究依赖各种概念不一致的结构,用于描述移动应用程序的可用性。例如,Cyr 等[3]使用诸如美学、实用性、易用性和趣味性等因素表征移动应用程序的可用性。Chittaro 等[4]将移动应用程序可用性概念化为设计美学和可读性的结合。Joyce 等[5]采用了十个移动应用程序可用性属性,即系统可见性、系统与现实世界相匹配、用户控制、标准、错误预防、系统识别、效率、美学设计、纠错和帮助功能。

（3）移动应用程序可用性概念通常是基于网站可用性概念开发的。目前，还缺乏针对移动应用程序的独立特征，如对小屏幕和使用环境的研究。

移动应用程序可用性被定义为在特定的使用环境中，特定用户使用移动应用程序以达到特定目标的有效性、效率和满意度的程度[6]。显然，移动应用程序可用性不同于网站可用性或传统软件可用性，要求因其特定类型、设计目的、业务目标和策略而确立，需进行整体全方位的研究。

本章主要介绍移动应用程序分类，移动应用程序特征，移动应用程序可用性概述，移动应用程序可用性设计中的挑战，移动应用程序可用性评估方法分析，移动应用程序可用性设计原则、属性、特征，不同类型的应用程序可用性设计特征和可用性原则与不同类型移动应用程序间的关系等。

7.1.1　移动应用程序分类

移动应用程序是指专门为安装在手持设备（如智能手机、平板电脑等）上的移动操作系统而开发的软件产品。企业应用移动应用程序，有助于管理客户关系和为多个平台提供支持，从而覆盖更广泛的潜在用户。移动应用程序是在移动设备上运行的软件系统，相关技术的迅速发展使得随时随地访问信息成为现实和可能。移动应用程序通常因使用方便而广受用户欢迎，它们作为一种强大的通信形式和信息来源，更具广阔的应用前景。

移动应用程序的发展可以追溯到 20 世纪 90 年代初，当时，大多数移动应用程序都是以游戏的形式呈现[7]。2007 年，随着苹果手机的出现，用户可以通过下载和安装各种移动应用程序来实现多种功能，手机应用也开始流行起来[8]。如今，涉及生活方方面面的相关移动应用程序已经陆续被开发出来，并可供下载，且其中许多是免费的。

移动应用程序种类繁多，因此需要对其进行分类，以帮助用户快速发现和选择他们所需的应用程序，还可以帮助应用程序开发人员了解应用中的功能模式，并分析其演变过程。根据关键功能，可将移动应用程序分为办公类应用、工具类应用、教育类应用、健康和健身类应用、生活类应用、娱乐类应用、音乐和音频类应用、商业和商务类应用、游戏类应用、社交网络类应用和新闻类应用。通常，在谷歌游戏和苹果应用商店等主要应用程序商店中，可以看到这样的分类。

对移动应用程序的分类，引起了很多学者的兴趣。Bellman 等[9]将移动应用程序分为信息型与体验型，分别对应于实用型和享乐型[10]。游戏和娱乐应用程序主要用于娱乐，被归为享乐型应用程序，而实用和商务应用程序则被归类为非享乐型应用程序。用户在非享乐商品的消费表现为知识学习、查找信息、购买意图等。用户以认知驱动、工具化和目标导向的方式消费实用商品，以完成实际任务。用户对享乐商品的消费主要表现为情感体验、感官体验、审美或感官愉悦、幻想和乐趣等。这两种应用风格分别反映了不同类型的内容。以用户为中心，鼓励与品牌建立个人联系的信息型、创造型风格的移动应用程序，可以有效地改变用户的购买意图[1]；而以体验型、游戏型为核心的移动应用程序则无法实现这一目标，其主要原因是用户通常把自己的注意力集中在手机上。

移动应用程序的另一种分类方法是进一步将信息型和体验型归纳为五种类型：工具型、游戏型、社交型、商务型和设计型[11]。以工具为中心的移动应用程序，可以通过识别用户对产品的需求来开发提供用户帮助的服务；以游戏为中心的移动应用程序给用户创建沉浸式的娱乐环境来吸引用户；以社交为中心的应用程序主要通过创建忠实客户的虚拟社区来促进和增强品牌参与；以商务为中心的移动应用程序提供销售产品服务；以设计为中心的应用程序则提供富有想象力的内容。

Xu 等[12]将移动应用程序分为七类，即移动社交应用、移动游戏、移动音乐和视频应用、移动购物应用、移动摄影应用、移动金融应用和移动个性化应用。还有部分研究者将移动应用程序分为实用导向型、信息导向型、享乐导向型、目标导向型、功能导向型、体验导向型和转换导向型[13-15]。例如，办公应用程序是实用导向型，这是由于它们为用户提供了实用工具（如 Google One 应用程序），可帮助他们使用品牌的产品或服务。新闻应用程序是信息导向型，提供了广泛的内容，以满足用户的信息要求（如 BBC 新闻应用程序）。生活类应用程序是享乐导向型，旨在影响用户思维、着装、饮食或完成各种活动的方式（如李宁应用程序）。同样，娱乐应用程序旨在通过提供创造性和富有想象力的内容来获得乐趣（如 YouTube 应用程序）。教育应用程序是目标导向型，是由于它们受到各种学习目标的驱动，这些学习目标能够促进学习者的参与和互动（如英语学习应用程序）。工具型应用程序是功能导向型，侧重用户的特定需求，以支持完成某些任务（如计算机应用程序）。健康和健身应用程序同样是功能导向型，是由于它们提供了多种功能来支持健康的行为变化（如 Fitbit 应用程序）。游戏应用程序是体验导向型，它们创建了身临其境的游戏体验，为用户提供享乐价值（如 Super Bino Go 应用程序）。同样，社交网络应用程序也是体验导向型，旨在增加用户之间的亲密感，并促进品牌参与（如 LinkedIn 应用程序）。最后，商业和商务应用程序是转换导向型，可帮助用户购买产品或服务（如 Amazon 应用程序）。

7.1.2　移动应用程序特征

从设计角度，移动应用程序的主要特征主要包含品牌标识特征和用户体验特征两个方面。移动应用程序特征是指移动应用程序中所使用的移动交互特性，如表 7-1 所示。这些移动交互特性在本质上具有不同的功能性，以下举例说明。

表 7-1　移动应用程序特征

移动应用特征	主要特点
基于摄像头的移动交互特征	产品拍摄 扫描产品条形码或二维码
基于位置服务的特征	提供反映用户位置和需求的信息服务
多点触控手势	使用摇晃、滑动、捏或张开等手势
语音识别	识别用户声音
增强现实	由计算机生成的真实世界环境的实时视图
移动网络视频	简短的视频内容
移动钱包	随时随地直接从移动设备购买产品

基于摄像头的移动交互特征，允许用户捕捉或扫描条形码或二维码，来获取产品信息，这种交互寻求实用效率[13]。采用该技术，足以见到购物方面的成效，也证明了条形码读取器深受广大用户的欢迎[14]。

基于位置服务的特征也被广泛使用，为用户提供反映其位置和需求的信息服务。位置感知是衡量移动应用程序有效性的一个重要标准[15]。

多点触控手势是采用各种传感器，如触控、倾斜、接近等，使用户能够通过做手势，如摇晃、滑动、捏或张开等，来达到预期交互的效果。

语音识别允许设备识别人声，并能回答所提问题。

增强现实是将虚拟数据与真实世界结合起来，使用户可以容易地在实际环境中感知虚拟产品。基于增强现实的产品展示，可建立更有效的沟通，通常也被称为虚拟镜像[16]，这种应用有助于吸引用户，也可以帮助用户进一步查看产品外观。

移动网络视频可以通过简短的视频内容能够吸引用户的注意，还可以促进用户通过社交网络分享丰富的画面和信息。

移动钱包是在保证用户安全和隐私的前提下，直接从移动设备购买产品，通过移动设备实现支付。

除了这些功能和技术特征之外，移动应用程序还包含社交特征，可为企业提供与潜在用户接触和互动的机会，鼓励增进交流，建立联系。通过实际应用可以看出，社交特征越来越多地出现在移动应用程序中，用以支持协作和共享[17]。

一般从用户角度，社交特征分为两大类，一类是内容的交互，另一类是用户间的交互，如表 7-2 所示。

（1）内容的交互。内容的交互主要反映在三个方面。首先，用户生成内容，可以建立用户的唯一身份，仅在所创建该内容的系统中公开，包含文本、图像、视频、个性化频道等多种媒体格式。其次，内容批注与注释，包括评星、评级、讨论、评论、分类、标签等。最后，内容共享，可以加速内容交互，需要提供

表 7-2　社交特征

交互范围	社交特征	主要特点
内容的交互	用户生成的内容	鼓励用户生成内容
		提供多种形式的内容
		允许用户建立其唯一性
		识别用户
	内容批注与注释	提供与内容相关的注释
		提供内容评级
		提供讨论
		提供内容分类
	内容共享	通过电子邮件共享内容
		通过社交网络共享内容
		提供“共享”“喜欢”按钮
		发布通知
		提供产品评审
用户间的交互	关注与取消关注	允许通知用户
		允许用户关注他人的活动
	在线对话与交流	提供点对点在线对话
		在用户之间提供方便的通信
		提供多种聊天方式
	邀请联系人	允许用户邀请应用程序以外的联系人

各种用户共享或发布内容的方法。Najjar[18]提出支持信息共享的具体设计特征，如添加语义标记、“分享”“点赞”按钮、发布通知和产品评论。

（2）用户间的交互。用户间的交互可以通过聊天、发帖，与其他用户交流来表达自己的观点实现。缺少此类互动，用户生成内容就无法传播，集体智慧也得不到广泛传播和应用。有多种方法可以让用户与参与者分享和接受，包括展示参与者的活动、关注邀请、提供活动通知和建立一个在线对话社区等。因此，用户之间的交互包括关注与取消关注、在线对话与交流和邀请联系人。

品牌标识特征是移动应用程序的一个主要特征。尽管人们对品牌标识、品牌个性和品牌差异的概念一直存在困惑，但大多数品牌标识特征的定义中都明确指出它与品牌外观、视觉呈现风格的紧密关系[19]。在品牌的应用程序中，品牌标识特征可以吸引用户的关注，并帮助他们在后续使用过程中记住品牌和识别品牌。

表 7-3 归纳总结了品牌标识特征及其具体描述。品牌名称是指产品的品牌实际名称；企业名称是指企业的实际名称；品牌标记或企业标识是一种图形标志或符号设计；品牌代言人是用于宣传产品或品牌的宣传角色；产品包装是指包装设计；品牌设计包含品牌选择用来传达和表达组织身份的视觉方法，主要涉及品牌的视觉图形设计，如文字、布局、颜色、形状、图标和样式。品牌应用，通常应保持其最初的品牌设计，以保持品牌的一致性。

表 7-3　品牌标识特征及其具体描述

品牌标识	具体描述
品牌名称	品牌名称文本
企业名称	企业名称文本
品牌标记	品牌标志或商标
企业标识	公司标志
品牌代言人	用于推销产品或品牌
产品包装	用户对产品视觉体验
品牌设计	品牌视觉图形设计风格

品牌移动应用程序的设计，有助于将品牌的整体愿景、企业文化、定位和战略概念转化为应用程序的视觉，并呈现给客户。除此之外，用户体验特征是移动应用程序的另一个主要特征。品牌应用程序强调客户关系管理功能，支持营销人员与现有用户间的互动，并发现确定潜在用户和销售产品或服务，促进客户品牌参与。例如，时装零售应用程序中突出了四种设计功能，包括多媒体产品查看、具有丰富信息的内容、产品促销和消费者主导的互动[20]。其中，许多功能与客户关系管理紧密相关。表 7-4 归纳总结了在移动应用程序中客户关系管理设计的主要特征。

表 7-4　客户关系管理设计的主要特征

客户关系管理类型	客户关系管理设计特征	主要特点
与产品相关	产品描述	描述产品功能、价格等各个方面
	产品推荐	基于用户需求的产品引导展示
	产品促销	使用折扣、优惠券等形式的促销活动
	产品购买	下订单购买产品
与互动相关	用户数据收集	收集用户私人信息，如电子邮件、姓名、性别、地址等
	用户忠诚度	继续以奖励方式鼓励用户购买

用户体验特征可反映用户对应用程序的使用或预期使用的感知和反应[21]。这些感知和反应与用户的内部状态、系统特征和交互环境密切相关，而用户体验特征将影响用户的满意度和互动程度。在人机交互领域，已经介绍了许多关于有效设计移动应用程序的特征，将其概括分为三类，包括可用性、功能性和美学设计，如表 7-5 所示。

表 7-5　用户体验特征

用户体验设计	设计特征	主要特点
可用性	导航	清楚显示当前位置
		清楚显示退出按钮
		支持取消和重做
		使流程设计与目标用户的任务执行习惯相匹配
	易学性	支持用户学习
		解释和指导复杂的交互
	标准和一致性	保持信息表达的一致性和标准化
		保持一致的配色方案
	用户语言	使用通俗易懂的语言
		使用简短直接的语言
功能性	搜索功能	提供搜索功能
		建立数据索引
	响应时间	提供准确的反馈
		及时反馈用户的行动
	用户控制	使用熟悉的控件
		跨页面使用相同的控件
		显示精确地控制状态
		使用清晰有效的文本解释控件
	错误预防	确保功能正常工作
		最小化错误发生
	关联内容	提供相关信息与内容
美学设计	文本	创建分层文本排列
		提高与图像相关联的可读性
		适当使用列表
	颜色	确保配色方案与目标用户组的产品特征和特性相匹配
		使用限定颜色

用户体验设计	设计特征	主要特点
美学设计	格式	创建适当的间距
		创建不同的层
		使用适当的字体
		使用行距、对齐和缩进
	标志	每页显示标志
	图标	易于理解
		显示清晰、准确的信息
		确保图标样式与总体样式匹配
	多媒体	使用适当、有意义的多媒体效果
		确保多媒体风格与整体风格相匹配
		正确使用动画

　　可用性可以简单地定义为有效性、效率和满意度。对于万维网，网站可用性是指软件产品被用户理解、学习、操作和吸引的能力。Nielsen[22]所提出的可用性启发式准则开发已久，为了满足当今移动应用程序的特殊需求，需要更进一步解释移动应用程序的可用性。Venkatesh 等[23]指出，移动应用程序的可用性可以被解释为特定用户通过移动应用程序，能够在多大程度上实现他们在使用环境中的目标。移动应用程序的可用性，不同于网站信息系统的可用性，也不同于移动设备可用性，与移动应用程序的界面设计、易用性和用户友好性相关[5]。易用性是指用户认为使用移动应用程序可以帮助他们实现目标的程度。用户友好性是指用户对美学设计的感知。许多研究使用多元素来解释移动应用设计的可用性。例如，Geng 等[24]关注移动应用程序的导航，强调导航是引导用户移动的能力。Agarwal 等[25]论述了可学习性在可用性设计中的重要性。可学习性被解释为在移动应用程序的使用中学习，如何达到预期效果的难易程度。Zhang 等[26]在可学习性、一致性和用户语言方面对移动应用程序的可用性进行了扩展，其中可学习性是指学习的容易程度；一致性是指在移动应用程序内保持相同的设计风格和特征；用户语言是指使用符合移动应用程序内容的清晰且简单的语言。

　　功能性是移动应用程序的一组可满足用户任务、完成需求和功能的属性，包含搜索功能、响应时间、用户控制、错误预防和关联内容等设计元素。搜索功能可为用户提供高效率的搜索能力；响应时间是指为用户提供快速及时的反馈；用户控制是指为用户提供完整的控制，使其可以在任何阶段退出或返回系统；错误预防支持用户更改错误，并防止相同问题的再次发生；关联内容是指移动应用程序为用户提供相关信息。尽管在移动应用程序中会同时包含多种功能性，如搜索功能、支付功能和图形显示、多媒体、布局组件等功能，但这些组件都需要协同工作，以确保应用程序的功能应用和与用户的交互。强大的功能有助于用户使用移动应用程序，并更有效地与移动应用程序所提供的信息和服务进行交互。

美学设计在移动应用程序中也扮演着重要的角色。以比例、和谐和统一为特征的美学设计元素，要求符合秩序、对称性和确定性的普遍标准。美学设计提供了信息系统的第一印象，用户在其他认知过程发生之前，会根据视觉设计元素做出初步判断，快速地判断出美学感知。通过对视觉刺激的系统操作，可以揭示不同设计维度和感知吸引力。例如，Falloon[27]指出，美学设计与用户表现、使用水平、信息系统的感知质量等密切相关。丰富的视觉图形可以提高移动应用程序的整体质量，并吸引用户的注意力，支持任务的完成。

7.2　移动应用程序可用性评估

7.2.1　移动应用程序可用性概述

对移动应用程序可用性的研究，通常涵盖人机交互、计算机科学、信息系统和商务与市场营销等领域。

研究表明，移动应用程序可用性的概念化是从传统软件和网站可用性中发展而来。Joyce 等[28]主要根据 Nielsen 可用性启发式准则，提出了一套可用性启发法，以评估移动计算应用程序的可用性。Masood 等[29]依靠网站可用性特征，评估专为儿童设计的移动教育应用程序的可用性。但是，这些研究对移动应用程序的可用性进行概念化方式过于简单，虽然有助于理解移动应用程序的可用性，但不能解决其独有的特点。

值得注意的是，移动应用程序的可用性，可从物理约束、使用环境和系统交互的角度，通过对网站可用性和移动应用程序可用性之间的差异对比，进行研究和论证。

在物理约束方面（如屏幕大小），网站可用性允许提供丰富的内容和选项，允许用户按照自己想要的方式完成多个任务。然而，试图将所有内容都放在桌面屏幕上是不可能实现的。在移动设备的小屏幕上，只应该提供正确的信息和要输入的选项。

在使用环境方面，网站可用性通常侧重静态桌面的位置和使用，而移动应用程序可用性则侧重移动的使用和环境。

在系统交互方面，移动应用程序上可用的按钮应足以匹配指尖的大小，允许用户通过菜单进行导航。然而，网站的可用性没有这样的要求，这是由于网站通常是用鼠标和键盘进行操作的。

在文献中，一般将移动应用程序的可用性称为可用性属性[30]。例如，利用微软的移动可用性指南为移动应用程序开发的可用性属性，包括美观的图形、颜色、控制显著性、入口点、指尖大小、字体、形状、层次结构、微妙的动画及其转换。Ahmad 等[31]通过关注可用性属性，如内容、错误处理、输入法、公平使用、认知负载和设计，对移动应用程序的可用性进行评估。其他的一些研究中，将属性（如有用性与营销研究、满意度和信息系统设计原则、美学）各个方面相结合。Harrison 等[32]结合 ISO 的可用性属性来描述移动应用程序的可用性，包括有效性、效率和对以用户为中心的设计属性的满意度，还包括可学习性、记忆性、错误和认知负载。Karjaluoto 等[33]通过解决易用性和有用性等，采用系统设计因素（如功能）来解释移动应用程序的可用性。

上述研究的一个主要局限，在于它们依赖概念上不同的属性对移动应用程序的可用性进行描述。要全面描述移动应用程序的可用性，需要对移动应用程序的可用性属性进行系统的审查、识别和分类，这有助于为此类应用程序提供设计信息，从而促进其被用户接受和使用。下面将分别进行论述。

7.2.2 移动应用程序可用性设计中的挑战

移动设备和无线技术的独特性，为移动应用程序的设计和开发带来了许多挑战，包括屏幕尺寸小、连接受限、处理能力有限、显示分辨率不同、存储空间有限、使用环境有限、输入能力受限和多模态。

移动设备屏幕尺寸小造成的物理约束，会直接影响移动应用程序的可用性。与桌面固定屏幕不同，移动设备屏幕应该只显示必要的内容和输入选项。小屏幕增加了用户对简洁和可操作信息的需求。事实上，在小屏幕上显示过多信息，可能会让用户很难阅读内容，也很难通过移动应用程序引导他们移动，从而产生一种不愉快的审美体验。

使用无线网络连接的移动连接，有时速度较慢且不可靠。连接信号因时间和位置的不同，可能会影响移动应用程序的性能。特别是会影响数据传输的速度，以及视频和音频流的下载时间和质量。

移动设备的处理能力、内存和功率有限。一些具有图形处理和三维视频游戏功能的移动应用程序，往往需要大量内存和较高处理速度，而移动应用程序缺少这些处理能力，使得这类应用程序难以或无法使用。

移动设备的显示分辨率通常较低，可能会影响内容的可读性和多媒体显示的质量，从而引起用户对移动应用程序的不满。

移动设备的数据存储空间有限，由此使得用户无法在此类设备上存储大量数据。这也降低了移动设备的内存使用率，从而影响移动应用程序的开发。

使用环境是指影响用户与移动应用程序之间交互的任何事物，是移动应用程序可用性中的关键问题。例如，当用户所处环境照明条件差，而且噪音很高时，必须进行适当的调节来支持用户完成任务。此外，当用户在移动时，还需要将一些接口元素更改为更大、更易于触摸的元素。

移动应用程序开发还面临另一个挑战，即输入功能有限。特别是当用户移动时，小按钮和触摸屏自然会影响用户输入数据的效率，从而降低输入能力，并增加错误率。事实上，移动设备的输入能力不同于台式机，需要一定智能化。特别是一些上肢活动不便的用户，在使用触摸屏的过程中往往容易出现错误。

多模态是指能够提升移动用户体验的一些移动设备特征，如麦克风、摄像头和传感器等。多模态处理对移动应用程序的可用性也提出了挑战，这是由于移动设备特征是功能冲突的根源。例如，用于从麦克风录制音频的编解码器，与从设备上下载的许多编解码器不兼容，因此当录制音频时，设备上的所有声音都不可用。

7.2.3　移动应用程序可用性评估方法分析

在移动应用程序可用性评估中，有多种评估方法。第一，最常用的方法是实验室研究方法。实验室研究具有可控条件下的特征变量，因此易于计划和实施，用户通常需要执行一组预定的任务，在任务中观察和记录其各种性能因素。第二，现场研究方法。该方法倾向在真实环境中研究被调查的可用性问题，揭示用户如何在受控环境之外使用移动应用程序。第三，调查研究方法。它包括各种调查类型，如专家调查、跨部门调查和多领域调查。调查研究法能有效地确定和解释实际现象，有助于更好地理解用户如何使用移动应用程序和用户认知的可用性。第四，使用文献分析方法。此方法对一组研究进行考察，跟踪最新进展，并深入了解移动应用程序可用性领域。除上述外，其他研究方法还包括通过口袋日记和网络日记来探索移动应用程序的可用性等。

移动应用程序可用性研究方法除具有多样性之外，还有多种用于评估移动应用程序可用性的方法，即使用可用性检查表进行移动应用程序的可用性评估；采用基于流程的方法测评移动应用程序的可用性；应用新技术对移动应用程序进行可用性评估；进行移动应用程序的多层次可用性评估等。

移动应用程序可用性评估方法中，最常见的方法是启发式测评，由评估人员根据一组预定义的设计指南或启发式准则来发现可用性问题。这种方法能够更快、更易且更有效地支持可用性检查，并且可以由专家或新手执行。其次是专家评估，通过领域专家审查移动应用程序，评估并确定可用性问题的严重程度。专家评估可由一个评估人员来执行，也可以由多个评估人员来执行，随着评估人员数量的增加，其有效性也会得到提高。现场调查评估，还可用于确定、描述和解释实际问题。焦点小组评估是定性研究的一种形式，主要调查一组用户对移动应用程序可用性的看法、意见和态度。用户测评法侧重通过观察一些具有代表性的用户群体，对移动应用程序的实际使用情况进行评估，同时也可评估用户的认知行为。

此外，还包括发声思考、性能度量、认知走查和概念评估等方法。发声思考是让评估人员在执行一系列具体任务时发声思考，从而观察和理解用户的认知过程，捕捉思维过程。性能度量主要是通过定量和定性的数据，观察一系列性能指标，评估用户实现某些任务及其结果的程度。认知走查是指可用性专家根据认知理论，从整体角度来识别可用性问题。概念评估是基于一个将移动应用程序可用性理解概念化的模型或框架，对可用性问题进行探索。现还有一部分研究评估方法，是根据信息系统或软件产品的特点自行开发的，也可用来评估检查移动应用程序的可用性，包括实际测量方法和基于过程的方法。

7.3　移动应用程序可用性设计

7.3.1　移动应用程序可用性设计原则

根据移动应用程序可用性概念，可以提出更高层次的移动应用程序可用性设计原则。表 7-6 显示了移动应用程序可用性设计原则和解释。根据 Ji 等[34]开发的设计原则，移动应用程序可用性被分为五个主要设计原则，即认知支持、信息支持、交互支持、性能支持和用户支持。

表 7-6　移动应用程序可用性设计原则和解释

可用性设计原则	解释
认知支持	移动应用程序对用户在思考、交流、记忆和创造过程中所提供的帮助
信息支持	支持信息显示和信息提供的移动应用程序特性
交互支持	为用户与移动应用程序之间的交互所提供的支持与帮助
性能支持	移动应用程序为保障用户执行并完成任务所提供的支持和帮助
用户支持	提供用户与移动应用程序交互期间完成任务和解决问题的帮助

（1）认知支持。认知支持是指信息系统或软件产品对用户在思考、交流、记忆和创造过程中所提供的帮助[35]。在移动应用程序设计中，用户友好性可以通过构建设计良好的界面和使用适合移动内容的简单语言来实现。一般情况下，用户态度和学习表现过程，经常受到系统的感知易用性、易学习性和集成功能的影响。保持一致的设计方案，可以减少认知负荷，帮助用户建立视觉连续性。认知负荷表示在处理具体任务时，增加在用户认知系统负荷的多维结构。认知负荷是指用户在使用移动应用程序时容纳增加任务所需的认知容量，是用户认知系统负荷

的多维结构[36]。最小化认知负荷可以促进用户对主题的理解，并减少记忆负荷[37]。当服务或应用程序安全实现，用户的个人信息受到保护，这时用户的认知过程可以进一步发展。此外，当移动应用程序可满足用户实现每一步操作，并达到期望目标，用户的认知能力会显著提高。同样，感知有用性和移动应用程序的趣味性，会激发用户的认知好奇心，从而发现更多的信息和服务。

（2）信息支持。信息支持是指一些有关显示信息和提供信息的移动应用程序特性。例如，为确保设计和功能的简单性，可以提高用户使用移动应用程序的舒适度，同时又能够支持用户寻找信息，并且顺利完成任务。可视化的系统状态，可以让用户直观地了解服务的进展，同时促进可视化通信。同样，美学设计关注各种设计元素，如文本大小、颜色、字体和页面布局，以增强信息的视觉吸引力。屏幕可读性加强了移动应用程序上的内容安排，方便用户搜索和扫描信息。此外，内容提供与信息支持密切相关，用户可以对信息的价值及其来源做出正确的判断，通过提供高质量的内容，使用户的信息搜索行为和对移动应用程序的满意度有所提高。

（3）交互支持。交互支持是指为用户与移动应用程序之间的交互所提供的帮助。例如，支持便捷的输入、对实际错误的管理等。交互支持具有简单的输入功能，减少了移动用户使用双手的麻烦，更有助于用户和移动设备或应用程序之间的物理交互。此外，用户与移动应用程序的交互，还可以通过实际的错误管理改进，如在第一时间内防止问题发生，并帮助用户识别、诊断和改正错误。

（4）性能支持。性能支持是指移动应用程序为用户所执行预期任务的性能保障，反映了移动应用程序的有效性、效率和满意度。有效性指用户实现其目标的完整性和准确性，可以通过对用户性能和用户行为水平进行比较，同时进行测量而获得。效率是指用户通过使用移动应用程序，从而快速完成任务的能力。满意度是指用户通过使用移动应用程序，所感受到的舒适和愉悦程度。

（5）用户支持。用户支持是指当用户由于软件缺陷或经验不足而遇到困难时，移动应用程序为用户提供的帮助。当设计移动应用程序时，考虑用户支持，用户行为可以得到显著改善，从而提高移动应用程序的可用性。用户支持，还可以通过系统支持、个性化、导航和用户控制实现。系统支持可以帮助具有不同技能的用户，以一种合理简单的方式访问服务或解决问题。个性化允许用户修改界面或服务，以提高效率。导航和用户控制，可以方便移动应用程序的定位，增强用户确定导航控制的能力，从而可以通过移动应用程序引导用户移动。

7.3.2　移动应用程序可用性设计属性

移动应用程序可用性由多个可用性属性组成。下面给出一组重要的移动应用程序可用性属性，包括简单性、易用性、系统支持、功能集成、一致性、易学性、

系统状态可见性、系统与现实世界相匹配性、美学设计、易输入性、可读性、个
性化、隐私性、错误管理、有效性、效率性、满意度、记忆性、认知负荷、导航
与控制、内容质量和有用性等。表 7-7 详细介绍了这些可用性属性，展示了其与
可用性设计原则之间的关系。

表 7-7　移动应用程序可用性设计属性和解释

可用性设计原则	可用性设计属性	可用性设计属性解释
认知支持	易用性	确保使用移动应用程序轻松完成用户的任务
	功能集成	确保移动应用程序中的各种功能集成良好
	一致性	保持一致的设计特点和方案
	易学性	确保用户快速学习应用程序
	系统与现实世界匹配性	确保用户熟悉所使用的单词、短语和概念
	隐私性	保护用户信息并保护其服务
	记忆性	帮助用户保持有效使用应用程序的能力
	有用性	为用户提供有用的信息或服务
信息支持	简单性	确保移动应用程序设计和功能的简单性
	系统状态可见性	让用户直观地了解任务进度
	美学设计	为用户提供美观的设计
	可读性	提供在小屏幕上阅读内容的简单方法
	认知负荷	最大限度地减少工作记忆中的脑力劳动
	内容质量	为用户提供丰富、更新和高质量的内容
交互支持	易输入性	通过移动指尖输入实现快速输入
	错误管理	防止错误发生并支持错误更正
性能支持	有效性	支持用户在指定上下文中完成任务的能力
	效率性	确保用户快速准确地完成任务
	满意度	最大程度地感知应用程序的舒适性
用户支持	系统支持	支持和发展用户的技能和知识
	个性化	提供个性化配置系统与操作
	导航与控制	部署容易的导航支持和完全用户控制

在列举的可用性属性中，美学设计的评估频率最高，这表明美学与可用性之
间存在密切的关系。实际上，美学设计被认为是"外观可用性"，一般比其他可用
性属性更容易被用户感知[38]，并且用户对可用性的第一印象，通常来源于美学设
计。易用性也是评估频率较高的属性。正如 Lee 等[39]所述，通常认为系统易用性
是对可用性的定性评估，其在很大程度上影响了用户对可用性的整体感知。导航
与控制也是评估中的重要属性，有效的导航与控制可以促进移动应用程序的定位，
加强用户实现其期望服务效果的能力。

7.3.3　移动应用程序可用性设计特征

在建立了移动应用程序可用性设计原则及其相关属性后，对能够实现这些可用性原则和属性的可用性设计特征进行描述。

设计人员可以利用已识别的设计特征，重点关注移动应用程序设计的具体元素，从而进一步提高可用性设计。对于不支持移动应用程序可用性的设计特征，该过程将不予考虑。值得注意的是，有多个与可用性属性相关的可用性设计特征，可以根据其关键特性组成一个属性。有关移动应用程序的可用性设计原则的属性和特征，见表 7-8～表 7-12。

表 7-8　认知支持原则的设计属性和设计特征

可用性设计原则	设计属性	设计特征
认知支持	易用性	提供相关的图形和语音帮助
		为不同的屏幕方向和大小提供相同的功能
		提供明确指示
	功能集成	整合好各种功能
		使用相机、麦克风、传感器来减轻用户的工作量
		为主要功能提供物理按钮或等效按钮
	一致性	使用共同的主题和一致的术语
		使用一致的样式
	易学性	快速学习系统的使用
		提供直观的界面，让用户更轻松的访问
		允许配置选项和快捷方式
	系统与现实世界匹配性	显示主要功能和特征
		使用用户熟悉的单词、短语、概念来表达用户的语言
		使信息以自然和逻辑的顺序出现
		对线上和线下业务应用相同的配色方案
	隐私性	保护用户的私人服务
		保护用户个人信息
	记忆性	链接结构帮助用户以较少的点击次数完成任务
		使系统容易记住
	有用性	提供有用的信息
		使系统有用

表 7-9　信息支持原则的设计属性和设计特征

可用性设计原则	设计属性	设计特征
信息支持	简单性	专注于每个界面上的一个任务
		避免使用复杂的动画
		避免不必要的透明效果或渐变
	系统状态可见性	提供申请状态通知
		提供准确和充分的反馈
	美学设计	设计一个美观的界面
		创建美观和易识别的图标
		提供背景和正面内容的可见颜色对比
		避免复杂的字体样式
		限制屏幕数量并为每个屏幕提供标题
		使字体易于阅读
		使用空白并避免混乱
		使用有助于学习的图像
		使用粗体颜色与对比度，避免深色或繁杂的背景
	可读性	使显示一目了然
		提供准确、清晰的显示
	认知负荷	在模块中提供少量的同质信息
		提供完成任务的最少步骤或操作
		使对象、操作和选项可见
	内容质量	使用与真实世界相关的术语
		避免使用具有不同含义的对象
		提供丰富而准确的内容
		避免使用快速移动的对象
		使用与内容相关的精细动画
		使广告区别于常规内容
		每页提供缩略图
		使用有意义的标题

表 7-10　交互支持原则的设计属性和设计特征

可用性设计原则	设计属性	设计特征
交互支持	易输入性	输入时最小化击键次数
		提供多模式输入
		使用不同的图标和菜单方式访问应用程序
	错误管理	支持用户改正错误
		尽可能防止错误
		提供错误消息

表 7-11　性能支持原则的设计属性和设计特征

可用性设计原则	设计属性	设计特征
性能支持	有效性	使系统有效
		使运算和计算有效
	效率性	提供清晰一致的菜单选择
		为用户提供更高级别的控制
		使控件对用户可见
		使用合适的手指大小控件轻松地点击控件
	满意度	让应用程序按用户希望的方式工作
		支持用户的技能和知识

表 7-12　用户支持原则的设计属性和设计特征

可用性设计原则	设计属性	设计特征
用户支持	系统支持	提供高质量的支持信息
		提供帮助和文档
	个性化	提供用户友好的界面
		定制个性化频操作
		根据上下文需要配置系统
	导航与控制	提供清晰一致的导航
		应用程序中的导航显示用户位置
		提供清晰可见的按钮，便于导航
		通过提供层次结构和菜单减少导航
		最小化滚动搜索按钮
		确保用户可以在任何阶段退出或返回
		设计清晰的导航路径以完成任务
		允许快速访问主菜单和子菜单
		使用线性信息路径
		清楚地标记链接并有效地使用链接
		提供简单的搜索和浏览选项功能

7.3.4　不同类型的移动应用程序可用性设计特征

在实际使用中，移动应用程序有很多不同类型，包括办公、工具、教育、健康、生活、娱乐、游戏、音乐和视频、商业和商务、社交网络、新闻等。不同类型的移动应用程序可用性设计特征，是一个很重要的问题，这些特征主要包含三个方面，即不同类型的通用可用性设计特征、每个单独类型中的重要可用性设计特征，以及可用性设计原则与不同类型移动应用程序之间的关系。不同类型的移动应用程序中，具有一些通用的可用性设计特征。表 7-13 显示了一组不同类型的通用可用性设计特征。

表 7-13　不同类型的通用可用性设计特征

可用性属性	通用可用性设计特征	可用性设计原则
简单性	专注于每个界面上的一个任务	信息支持
易用性	为不同的屏幕方向和大小提供相同的功能	认知支持
功能集成	使用相机、麦克风、传感器来减轻用户的工作量	认知支持
	为主要功能提供物理按钮或等效按钮	认知支持
一致性	使用共同的主题和一致的术语	认知支持
	使用一致的样式	认知支持
易学性	快速学习系统的使用	认知支持
	提供直观的界面，让用户更轻松地访问	认知支持
	允许配置选项和快捷方式	认知支持
系统状态可见性	提供申请状态通知	信息支持
	提供准确和充分的反馈	信息支持
系统与现实世界匹配性	显示主要功能和特征	认知支持
	使用用户熟悉的单词、短语、概念来表达用户的语言	认知支持
	使信息以自然和逻辑的顺序出现	认知支持
美学设计	设计一个美观的界面	信息支持
	创建美观和易识别的图标	信息支持
易输入性	输入时最小化击键次数	交互支持
	使用不同的图标和菜单方式访问应用程序	交互支持
可读性	使显示一目了然	信息支持
	提供准确、清晰的显示	信息支持
个性化	提供用户友好的界面	用户支持
	根据上下文需要配置系统	用户支持

续表

可用性属性	通用可用性设计特征	可用性设计原则
隐私性	保护用户的私人服务	认知支持
	保护用户个人信息	认知支持
错误管理	支持用户改正错误	交互支持
	尽可能防止错误	交互支持
有效性	使系统有效	性能支持
	使运算和计算有效	性能支持
效率性	提供清晰一致的菜单选择	性能支持
	使控件对用户可见	性能支持
	使用合适的手指大小控件轻松地点击控件	性能支持
满意度	让应用程序按用户希望的方式工作	性能支持
记忆性	链接结构帮助用户以较少的点击次数完成任务	认知支持
	使系统容易记住	认知支持
认知负荷	使对象、操作、选项可见	信息支持
导航与控制	提供清晰一致的导航	用户支持
	确保用户可以在任何阶段退出或返回	用户支持
	允许快速访问主菜单和子菜单	用户支持
	清楚地标记链接并有效地使用链接	用户支持
内容质量	提供丰富而准确的内容	信息支持
	使用有意义的标题	信息支持
	避免使用具有不同含义的对象	信息支持
有用性	提供有用的信息	认知支持
	使系统有用	认知支持

在不同类别的移动应用程序中，都具有"专注于每个界面上的一个任务"特征，该特征提高了移动应用程序的简单性，能够增强用户对应用程序的适应感，更容易促使交互成功。另一个通用特征是"使用共同的主题和一致的术语"，该特征鼓励设计的一致性，从而加强应用程序的视觉连续性。当一个内容在整个应用程序中以相同的方式呈现，在视觉上可支持用户的认知反应，用户可以快速定位满足其需求的信息。

有一些通用特征，如"使用用户熟悉的单词、短语和概念来表达用户的语言""保护用户个人信息"，都会影响用户对移动应用程序的信任。还有一些通用特征，如"使信息以自然和逻辑的顺序出现"，也表现出了应用程序类型的通用性，它可以支持用户理解移动应用程序上的信息安排，并减少用户的记忆负载。

此外，移动应用程序的美学外观，也是一个移动应用程序的通用特征，对用户的感知可用性起着至关重要的作用。例如，"设计一个美观的界面""创建美观和易识别的图标"，这些特征通常比其他可用性属性更容易被理解，同时也是决定用户满意度的关键因素。高水平的美学外观，提供了一种适合其所代表组织的专业外观和感觉。

还有通用特征如"使用不同的图标和菜单方式访问应用程序"，该特征改进了移动服务交付功能，并为用户提供快速访问、自由控制和灵活导航。"提供准确、清晰的显示"也是一个通用特征，该特征促进了高质量的内容表示，使用户在信息搜索过程中专注于准确的主题。"错误管理"同样也是所有应用程序类别中的通用特征，通过两个主要功能来帮助用户，即"支持用户改正错误""尽可能防止错误"。

此外，还识别出如"提供清晰一致的导航""确保用户可以在任何阶段退出或返回""允许快速访问主菜单和子菜单"等通用特征，通常为用户提供导航支持，促进应用程序的定位，增强用户确定导航控制的能力，以便用户可以通过移动应用程序来引导他们移动。

上面提到的通用可用性特征，涵盖了大多数已确定的可用性属性。除此之外，还发现了一些涉及更多可用性特征的属性，如"易学性""系统与现实世界相匹配""效率性""内容质量"。在这些属性里，并未发现"系统支持"属性中所存在的通用可用性特征。可以解释为，不同类型的应用程序可能需要不同的系统支持。系统支持应该根据系统的性质、目标用户、系统设计和用户需求进行不同的开发。

通用的可用性特征，涵盖了 5 个可用性原则，即认知支持、信息支持、交互支持、性能支持和用户支持。认知支持包括 17 个可用性设计特征，信息支持包括 11 个可用性设计特征，交互支持包括 4 个可用性设计特征，性能支持和用户支持各包括 6 个可用性设计特征。可以理解为认知支持与帮助用户，与移动应用程序交互期间进行认知处理和完成任务的设计工作有关。而且移动应用程序的高可用性可以激发用户的认知好奇心。

表 7-14 显示了在不同移动应用程序类型中的重要可用性设计特征，这些特征可以在各种类型中共享。

在办公类应用程序中，一个重要的特征是"最小化滚动搜索按钮"。办公类应用程序通常很少进行用户交互，因此，它们需要较少的滚动搜索按钮。

在工具类应用程序中，"提供完成任务的最小步骤数或操作数"特征很重要。该特征可帮助用户专注于他们的任务，使用最少的步骤数来完成任务。

在教育类应用程序中，"使用有助于学习的图像"特征很重要。它有利于内容的呈现，增强教育类应用程序的视觉传达，可以丰富用户在应用程序中的活动。

表 7-14　不同移动应用程序类型中的重要可用性设计特征

移动应用程序类型	重要可用性设计特征	相关可用性设计原则
办公类	避免复杂的字体样式	信息支持
	最小化滚动搜索按钮	用户支持
工具类	提供完成任务的最少步骤数或操作数	信息支持
	提供清晰可见的按钮，便于导航	用户支持
教育类	提供丰富准确的内容	信息支持
	提供帮助和文档	用户支持
	使用有助于学习的图像	信息支持
	让应用程序按用户希望的方式工作	性能支持
	通过提供层次结构、菜单减少导航	用户支持
	使用线性信息路径	用户支持
健康和健身类	提供相关的图形和语音帮助	认知支持
	提供明确指示	认知支持
	提供高质量的支持信息	用户支持
	每页提供缩略图	信息支持
生活类	避免使用复杂的动画	信息支持
	对线上和线下业务采用相同的配色方案	认知支持
娱乐类	提供帮助和文档	用户支持
	限制屏幕数量并为每个屏幕提供标题	信息支持
	设计清晰的导航路径以完成任务	用户支持
音乐和音频类	使用有助于学习的图像	信息支持
	在模块中提供少量的同质信息	信息支持
	提供简单的搜索和浏览选项	用户支持
商业和商务类	提供帮助和文档	用户支持
	整合好各种功能	认知支持
	电子商务和实体商务采用相同的配色方案	认知支持
	使用空白并避免混乱	信息支持
	使用粗体颜色与对比度，避免深色或繁杂的背景	信息支持
	使广告区别于常规内容	信息支持
游戏类	提供明确的指示	认知支持
	定制个性化频操作	用户支持
	为用户提供更高级别的控制	性能支持
	使用与内容相关的精细动画	信息支持

续表

移动应用程序类型	重要可用性设计特征	相关可用性设计原则
社交网络类	提供背景和正面内容的可见颜色对比	信息支持
	使用空白并避免混乱	信息支持
	使用粗体颜色与对比度，避免深色或繁杂的背景	信息支持
	提供丰富而准确的内容	信息支持
新闻类	限制屏幕数量并为每个屏幕提供标题	信息支持
	使字体易于阅读	信息支持
	使用空白并避免混乱	信息支持
	使用有助于学习的图像	信息支持
	使用粗体颜色与对比度，避免深色或繁杂的背景	信息支持
	最小化滚动搜索按钮	用户支持

在健康和健身类应用程序中，"提供高质量的支持信息"特征很重要。该特征侧重为用户提供有用的支持，以帮助用户不断地寻找信息、解决问题，并做出决策，从而使用户实现他们预期的结果。

在生活类应用程序中，"避免使用复杂的动画"特征十分重要。适当的动画可用于提供一个有吸引力、美观的移动应用程序界面。Susser 等[40]强调，使用多媒体和动画是重要的设计特征，但在设计或开发高效的系统时必须谨慎使用。

在娱乐类应用程序中，"设计清晰的导航路径以完成任务"特征十分重要。它可以在视觉上支持用户对主题的识别，提供导航提示，以增强用户的导航控制能力。

在音乐和音频类应用程序中，"提供简单的搜索和浏览选项"特征十分重要。搜索和浏览选项是实现高效信息搜索的重要应用程序功能。该特征可以提供精确、全面和相关的搜索结果，从而提高搜索质量，使用户能够在海量的信息源中快速定位目标对象[41]。

在商业和商务类应用程序中，"使广告区别于常规内容"特征非常重要。该特征在视觉上支持用户对资源的识别，帮助他们在搜索过程中定位信息。

在游戏类应用程序中，"为用户提供更高级别的控制"特征很重要。Deniz 等[42]解释了手机游戏中用户控制的重要性，指出单控件的外观和准确性在手机游戏中的重要性。

在社交网络类应用程序中，"提供丰富而准确的内容"特征非常重要。社交网络应用程序为用户提供了一个有价值的信息来源，必须是最新的、全面的和准确的。Hasan 等[43]将其称为"内容质量"，并指出它可以显著影响用户的态度和系统的交互。

在新闻类应用程序中，"限制屏幕数量并为每个屏幕提供标题"特征尤为重要。

该特征在视觉上支持用户对主题的识别，并提供导航提示，不仅可以促进对应用程序的定位，还可以增强用户确定导航控制的能力。

7.3.5　可用性设计原则与不同类型移动应用程序间的关系

在 7.3.4 小节中，提出了不同类型移动应用程序可用性设计特征，主要包含不同类型的通用可用性设计特征、每个单独类型中的重要可用性设计特征，以及可用性设计原则与不同类型移动应用程序之间的关系三个方面，且对所有不同类型的通用可用性设计特征和每个单独类型中的重要可用性设计特征做了阐述，本小节阐述可用性设计原则与不同类型移动应用程序间的关系。

可用性原则与不同类型应用程序间存在着密切的关系，深入了解该关系可以帮助有不同商务重点和服务目标的企业，实现合理的移动应用程序设计结果。Bellman 等[9]指出，每个类型的移动应用程序，都有各自的系统需求和用户需求。本章开始已阐述了不同移动应用程序的分类，被分为实用导向型、信息导向型、享乐导向型、目标导向型、功能导向型、体验导向型和转换导向型[9, 44, 45]。这种分类有助于理解移动应用程序的应用目的，根据目的有针对性实现移动应用程序的可用性设计。下面对可用性设计原则与移动应用程序之间的关系进行讨论。

办公类应用程序以实用性为导向，帮助用户执行基本的日常任务。这些应用程序负责提供快速访问功能，如笔记、电子邮件、日历、待办事项和提醒、文字处理、电子表格和演示文稿，以提高移动设备用户的效率。该类移动应用程序与信息支持密切相关，因此，设计中应更多地关注与信息支持相关的可用性设计原则。

工具类应用程序以目标和实用为导向，通常关注用户在任务完成方面的直接需求，功能应该更强。因此，工具类应用程序应该优先支持用户的认知处理和解决问题的可用性设计原则。

教育类应用程序作为移动学习平台的主导类型，旨在鼓励用户参与教育活动和学习表现。此类应用程序的设计应侧重在信息搜索、用户表现和学习支持方面提供帮助，以促进有效和高效的学习和交流。

健康和健身类应用程序包含各种功能，如设定健身目标、跟踪卡路里摄入量、收集健身建议和在社交媒体上分享进展，以促进健康行为的改变。因此，该类应用程序设计，应该专注于通过提供健身建议、医疗记录和营养计划，满足用户在认知过程中做出更健康选择的信息需求。

生活类应用程序属于享乐导向型，重点在于改变用户的思维方式、衣着方式和饮食方式，还在于完成其他各种活动的方式，目的是教会用户在不同的情况下采取怎样的行动。因此，该类应用程序设计应侧重提供信息支持和认知支持，通过移动应用程序显示和提供信息的特点,帮助用户处理认知负荷,增强认知能力。

　　娱乐类应用程序属于享乐导向型，目的是通过各种休闲活动为用户提供轻松愉快的体验。因此，娱乐类应用程序设计的首要任务是开发丰富而有吸引力的内容和广泛的用户支持，确保用户享受与应用程序交互的过程，并能够达到预期的效果。

　　音乐和音频类应用程序，通常提供了丰富的数字音乐库，关注用户在音乐检索方面的需求。因此，提供信息支持和用户支持，以满足用户在音乐搜索、识别和选择方面的需求，显得非常重要。

　　商业和商务类应用程序属于目标导向型，目的是帮助商业组织解决商业问题，激发用户参与移动在线买卖活动。根据 Karjaluoto 等[33]的研究，移动商务应用程序的高感知价值来自信息的便捷获取、更好的知识处理和高质量系统的支持。因此，设计这类应用程序，应侧重认知支持、信息支持和用户支持，以利于实现商业服务。

　　游戏类应用类程序是体验导向型，提供了交互式视频游戏系统，用户有足够的能力在系统中完成各种任务以获得奖励。这类移动应用程序的设计重点是为用户提供对移动应用程序的控制，使得具有较高认知能力的体验式游戏用户，能够更深入的参与游戏[46]。因此在交互过程中，移动应用程序可以随时提供认知支持、信息支持、性能支持和用户支持非常重要。

　　社交网络类应用程序是指用户与他人建立社交关系的平台，负责提供用户生成的内容，以增加用户的参与度和社交互动。因此，该类应用程序的设计，应侧重信息支持和用户支持，加快用户参与和交流。

　　新闻类应用程序属于信息导向型，信息量更大，涉及的话题也更广泛。该类应用程序的设计重点应是提供信息支持。例如，为每个屏幕提供标题，使字体易于阅读，避免混乱，在相应的内容中，尽可能应用图像，以解决用户在信息寻找、识别和可读性方面的问题。

　　研究结果显示，虽然不同移动应用程序类别有不同的目标和特点，但可用性设计原则"信息支持"是所有类别的首要需求。这与其他发现信息查找和共享的研究一致，也与移动环境中基本的用户行为研究相一致[47]。跨类别的另一个需求是"用户支持"，它确认了在用户与移动应用程序交互过程中提供帮助的必要性。这一点也得到了计算机系统设计领域研究的支持，此研究结果也明确指出，移动应用程序的可用性设计原则中，需要有随时提供用户帮助的功能[48]。

7.4　小　　结

　　在教育、医疗、娱乐和社交网络等领域，移动应用程序正成功地实现着各种移动服务[49]，成千上万的移动应用程序已被开发和使用[50]。移动应用程序的开发人员，一直致力于改善用户体验。本章详细论述了移动应用程序可用性。

首先，阐述了移动应用程序的概念。解释了移动应用程序分类和移动应用程序特征。移动应用程序分类，可分为信息型和体验型两大类型[51]，信息型和体验型又划分为工具型、游戏型、社交型、商务型和设计型五种类型[52]。移动应用程序的特征，主要包括可用性、功能性和美学设计。

其次，阐述了移动应用程序的可用性评估，提出了移动应用程序的可用性概念。由概念得知，对移动应用程序可用性的研究，通常涵盖了人机交互[53]、计算机科学[54]、信息系统[55]和商务与市场营销等领域[56-58]。由于移动设备和无线技术的独特性，提出了移动应用程序可用性设计中所存在的挑战[59, 60]。为了加深对移动应用程序可用性的理解，根据研究目的和研究中发现的问题，对移动应用程序可用性评估方法进行了深入分析，得出概念评估是一个基于将移动应用程序的可用性理解概念化的模型或框架，对可用性问题进行探索。部分研究评估方法，是根据信息系统或软件产品的特点自行开发的，可用来评估检查移动应用程序的可用性，其中包括实际测量方法和基于过程的方法。

再次，提出了移动应用程序可用性设计。论述了移动应用程序可用性设计原则，包括认知支持、信息支持、交互支持、性能支持和用户支持五种可用性设计原则。在可用性设计原则中，都强调了不同的设计属性及其设计特征，提出了不同类型的移动应用程序可用性设计特征，主要包含三个方面，即所有不同类型的通用设计特征，每个单独类型中的重要设计特征，以及可用性设计原则与不同类型移动应用程序之间的关系。

最后，阐述了可用性设计原则与不同类型应用程序间的关系。每个移动应用程序类别，都有各自的可用性需求。因此，可用性设计不应该简单地从一个移动应用程序复制到另一个移动应用程序，或者从一个网站转移到一个应用程序。应该充分了解用户的移动应用程序目标，分析用户的需求，并实施适当的设计策略来开发移动应用程序，从而达到期望的结果。

参 考 文 献

[1] EVANTHIA F, MARIA R, SPIROS S. A usability study of iPhone built-in applications[J]. Behaviour & Information Technology, 2015, 34(8): 799-808.

[2] RIEGER C, KUCHEN H. A process-oriented modeling approach for graphical development of mobile business apps[J]. Computer Languages, Systems & Structures, 2018, 53: 43-58.

[3] CYR D, HEAD M, IVANOV A. Design aesthetics leading to m-loyalty in mobile commerce[J]. Information & Management, 2006, 43(8): 950-963.

[4] CHITTARO L, CIN P D. Evaluating interface design choices on WAP phones: Navigation and selection[J]. Personal and Ubiquitous Computing, 2002, 6(4): 237-244.

[5] JOYCE G, LILLEY M. Towards the development of usability heuristics for native smartphone mobile applications[C]. International Conference of Design, User Experience, and Usability, Heraklion, Greece, 2014: 465-474.

[6] HOEHLE H, VENKATESH V. Mobile application usability: Conceptualization and instrument development[J]. Management Information System Quarterly, 2015, 39(2): 435-472.

[7] ISLAM N, WANT R. Smartphones: Past, present, and future[J]. IEEE Pervasive Computing, 2014, 13(4): 89-92.

[8] JABANGWE R, EDISON H, DUC A N. Software engineering process models for mobile app development: A systematic literature review[J]. Journal of Systems and Software, 2018, 145: 98-111.

[9] BELLMAN S, POTTER R F, TRELEAVEN-HASSARD S, et al. The effectiveness of branded mobile phone apps[J]. Journal of interactive Marketing, 2011, 25(4): 191-200.

[10] CHEN G C C. Users' adoption of mobile applications: Product type and message framing's moderating effect[J]. Journal of Business Research, 2015, 68(11): 2317-2321.

[11] ZHAO Z, BALAGUÉ C. Designing branded mobile apps: Fundamentals and recommendations[J]. Business Horizons, 2015, 58(3): 305-315.

[12] XU R, FREY R M, FLEISCH E, et al. Understanding the impact of personality traits on mobile app adoption-insights from a large-scale field study[J]. Computers in Human Behavior, 2016, 62: 244-256.

[13] SALO M, OLSSON T, MAKKONEN M, et al. Consumer value of camera-based mobile interaction with the real world[J]. Pervasive and Mobile Computing, 2013, 9(2): 258-268.

[14] VENKATESH V, ALOYSIUS J A, HOEHLE H, et al. Design and evaluation of auto-id enabled shopping assistance artifacts in customers' mobile phones: Two retail store laboratory experiments[J]. MIS Quarterly, 2017, 41(1): 83-114.

[15] NGAI E W, GUNASEKARAN A. A review for mobile commerce research and applications[J]. Decision Support Systems, 2007, 43(1): 3-15.

[16] CHO H, SCHWARZ N. I like your product when I like my photo: Misattribution using interactive virtual mirrors[J]. Journal of Interactive Marketing, 2012, 26(4): 235-243.

[17] HINCHCLIFFE D, KIM P. Social Business by Design: Transformative Social Media Strategies for the Connected Company[M]. Hoboken: John Wiley & Sons, 2012.

[18] NAJJAR L J. Advances in E-Commerce User Interface Design[M]. Berlin: Springer, 2011.

[19] DE CHERNATONY L. Brand management through narrowing the gap between brand identity and brand reputation[J]. Journal of Marketing Management, 1999, 15(1-3): 157-179.

[20] MAGRATH V, MCCORMICK H. Marketing design elements of mobile fashion retail apps[J]. Journal of Fashion Marketing and Management, 2013, 17(1): 115-134.

[21] Guidance on Usability: ISO 9241—11: 1998[S/OL]. [2020-06-22]. https://www.iso.org/standard/16883.html.

[22] NIELSEN J. Usability inspection methods[C]. Conference Companion on Human Factors in Computing Systems, Boston, USA, 1994: 413-414.

[23] VENKATESH V, RAMESH V. Web and wireless site usability: Understanding differences and modeling use[J]. MIS Quarterly, 2006, 30(1): 181-206.

[24] GENG R, TIAN J. Improving web navigation usability by comparing actual and anticipated usage[J]. IEEE Transactions on Human-Machine Systems, 2015, 45(1): 84-94.

[25] AGARWAL R, VENKATESH V. Assessing a firm's web presence: A heuristic evaluation procedure for the measurement of usability[J]. Information Systems Research, 2002, 13(2): 168-186.

[26] ZHANG D, ADIPAT B. Challenges, methodologies, and issues in the usability testing of mobile applications[J]. International Journal of Human-Computer Interaction, 2005, 18(3): 293-308.

[27] FALLOON G. Young students using iPads: App design and content influences on their learning pathways[J]. Computers & Education, 2013, 68(1): 505-521.

[28] JOYCE G, LILLEY M, BARKER T, et al. Mobile application usability heuristics: Decoupling context-of-use[J]. Lecture Notes in Computer Science, 2017, 10288: 410-423.

[29] MASOOD M, THIGAMBARAM M. The usability of mobile applications for pre-schoolers[J]. Procedia-Social and Behavioral Sciences, 2015, 197: 1818-1826.

[30] KUMAR B A, MOHITE P. Usability of mobile learning applications: A systematic literature review[J]. Journal of Computers in Education, 2018, 5(1): 1-17.

[31] AHMAD N, REXTIN A, KULSOOM U E. Perspectives on usability guidelines for smartphone applications: An empirical investigation and systematic literature review[J]. Information and Software Technology, 2018, 94: 130-149.

[32] HARRISON R, FLOOD D, DUCE D. Usability of mobile applications: Literature review and rationale for a new usability model[J]. Journal of Interaction Science, 2013, 1(1): 1-16.

[33] KARJALUOTO H, SHAIKH A A, SAARIJÄRVI H, et al. How perceived value drives the use of mobile financial services apps[J]. International Journal of Information Management, 2018, 47: 252-261.

[34] JI Y G, PARK J H, LEE C, et al. A usability checklist for the usability evaluation of mobile phone user interface[J]. International Journal of Human-Computer Interaction, 2006, 20(3): 207-231.

[35] PRADO M P, VINCENZI A M R. Towards cognitive support for unit testing: A qualitative study with practitioners[J]. Journal of Systems and Software, 2018, 141: 66-84.

[36] HUANG I. Usability of tourism website: A case study of heuristic evaluation[J]. New Review of Hypermedia and Multimedia, 2020, 26(1-2): 55-91.

[37] BINTIAYOB N Z, HUSSIN A R C, DAHLAN H M. Three layers design guideline for mobile application[C]. International Conference on Information Management and Engineering, Washington D C, USA, 2009: 427-431.

[38] TRACTINSKY N. Aesthetics and apparent usability: Empirically assessing cultural and methodological issues[C]. Proceedings of the ACM SIGCHI conference on human factors in computing systems, New York, USA, 1997: 115-122.

[39] LEE Y, KOZAR K A. Understanding of website usability: Specifying and measuring constructs and their relationships[J]. Decision Support Systems, 2012, 52(2): 450-463.

[40] SUSSER B, ARIGA T. Teaching e-commerce web page evaluation and design: A pilot study using tourism destination sites[J]. Computers and Education, 2006, 47(4): 399-413.

[41] DEWRI R, THURIMELLA R. Mobile local search with noisy locations[J]. Pervasive and Mobile Computing, 2016, 32: 78-92.

[42] DENIZ G, DURDU P O. A comparison of mobile form controls for different tasks[J]. Computer Standards & Interfaces, 2019, 61: 97-106.

[43] HASAN L, ABUELRUB E. Assessing the quality of web sites[J]. Applied Computing and Informatics, 2011, 9(1): 11-29.

[44] SHIMP T A. Advertising, Promotion, and Other Aspects of Integrated Marketing Communications[M]. 7th ed. Michigan: Thomson South-Western, 2007.

[45] ROSSITER, JOHN R, LARRY P. Advertising Communication and Promotion Management[M]. 2nd ed. New York: McGraw-Hill Companies, 1997.

[46] GILL D, PROWSE V L. Cognitive ability, character skills, and learning to play equilibrium: A level-k analysis[J]. Research in Economics, 2016, 73: 97-106.

[47] MILLS L A, KNEZEK G, KHADDAGE F. Information seeking, information sharing, and going mobile: Three bridges to informal learning[J]. Computers in Human Behavior, 2014, 32: 324-334.

[48] HUET N, MOTÁK L, SAKDAVONG J C. Motivation to seek help and help efficiency in students who failed in an initial task[J]. Computers in Human Behavior, 2016, 63: 584-593.

[49] AHMAD N, REXTIN A, KULSOOM U E. Perspectives on usability guidelines for smartphone applications: An empirical investigation and systematic literature review[J]. Information and Software Technology, 2018, 94: 130-149.

[50] HUANG Z, ZHAO W. The study of web service discovery: A clustering and differential evolution algorithm approach[C]. IEEE SmartCity, Zhangjiajie, China, 2019: 2618-2622.

[51] HUANG Z, TIAN Z Y. Analysis and design for mobile applications: A user experience approach[J]. Lecture Notes in Computer Science, 2018, 10918: 91–100.

[52] HUANG Z, BENYOUCEF M. Usability and credibility of e-government websites[J]. Government Information Quarterly, 2014, 31(4): 584-595.

[53] HUANG Z, GAI N N. Exploring health care professionals' attitudes of using social networking sites for health care: An empirical study[J]. Lecture Notes in Computer Science, 2014, 8531: 365-372.

[54] HUANG Z, YU W Y. Bringing e-commerce to social networks[J]. Lecture Notes in Computer Science, 2016, 9751: 46-60.

[55] HUANG Z, BENYOUCEF M. User preferences of social features on social commerce websites: An empirical study[J]. Technological Forecasting and Social Change, 2015, 95: 57-72.

[56] HUANG Z, BENYOUCEF M. The effects of social commerce design on consumer purchase decision-making: An empirical study[J]. Electronic Commerce Research and Applications, 2017, 25: 40-58.

[57] YUAN L, HUANG Z, ZHAO W, et al. Interpreting and predicting social commerce intention based on knowledge graph analysis[J]. Electronic Commerce Research, 2020, 20(1): 197-222.

[58] HUANG Z. Developing usability heuristics for recommendation systems within the mobile context[J]. Lecture Notes in Computer Science, 2019, 11586: 143-151.

[59] HUANG Z, BENYOUCEF M. From e-commerce to social commerce: A close look at design features[J]. Electronic Commerce Research and Applications, 2013, 12(4): 246-259.

[60] STAKHIYEVICH P, HUANG Z. An experimental study of building user profiles for movie recommender system[C]. IEEE SmartCity, Zhangjiajie, China, 2019: 2559-2565.

第8章　电子政务信息系统可用性与可信性

8.1　电子政务的发展

互联网和网络技术已在商业应用中得到了广泛应用，并在电子商务领域取得巨大成功。随之，全球各地的国家和区域都着手利用这种技术来发展电子政务。电子政务涉及使用信息和通信技术，特别是基于 Web 的应用程序，可为公众提供更快、更容易和更有效的信息/服务访问[1]。更重要的是，电子政府将"后台"的执行程序有效地移到了"前端"，包括各种界面、电子政务系统网站和移动应用等，使其在各政府部门和组织间、信息交流和知识共享方面，发挥着更有效的作用[2]。大量的电子政务信息系统可以通过互联网进行访问，获得各种在线政务信息和服务[3]。

然而，在增强用户对电子政务信息系统的信息访问、服务使用和参与政府决策方面，仍然存在挑战。其中，可用性和可信性是该挑战的重要方面，这是由于它们会影响用户对电子政务的使用和接受程度，以及用户与电子政务网站的日常交互[4]。反而言之，当设计和开发不出可用、可信的网站，可能会改变用户的使用态度，降低用户的满意度，更使用户在使用网站上的信息和服务时产生担忧[5]。

因此，在发展电子政务时，电子政务信息系统的可用性是决定电子政务能否成功的关键因素[6]。最佳解决方案是电子政务的开发人员应当定期监控和提高其网站的可用性，从而吸引和满足用户需求[7]。然而，许多研究集中在定义电子政务网站的可用性结构上。一些研究针对电子政务网站可用性进行了多维度测量[8]，另一些研究则评测了可用性对用户态度和表现的影响[9]。虽然这些研究可以帮助用户理解可用性，但目前的电子政务网站仍然存在一些不足，如内容难以理解、格式不一致、导航能力差、定向困难、使用帮助功能困难和缺乏可靠性等可用性问题。这些可用性问题都会对电子政务的可信性产生负面影响。具体的可用性问题包括失效链接、超载信息表示和颜色不一致等，在电子政务网站的可信性方面都扮演着极其重要的角色[10]。从这个角度来说，在研究电子政务信息系统可用性时，也需同时考虑可信性问题，从而实现能够设计出支持用户获得所需的服务结果，使更多用户更加主动地使用电子政务信息系统。

总之，在电子政务发展的挑战中，首先必须要研究电子政务信息系统的可用性，同时也要考虑电子政务的可信性问题。换言之，电子政务发展必须从可用性和可信性两个方面着手。由此，提出了电子政务信息系统可用性与可信性测评。

图 8-1 是电子政务信息系统可用性与可信性测评过程，描述了电子政务信息系统可用性测评的步骤，并对各步骤进行了详细解释。

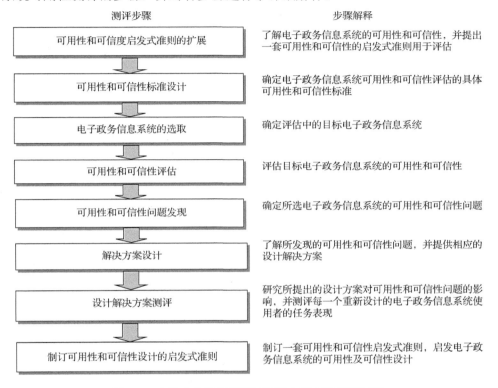

测评步骤	步骤解释
可用性和可信度启发式准则的扩展	了解电子政务信息系统的可用性和可信性，并提出一套可用性和可信性的启发式准则用于评估
可用性和可信性标准设计	确定电子政务信息系统可用性和可信性评估的具体可用性和可信性标准
电子政务信息系统的选取	确定评估中的目标电子政务信息系统
可用性和可信性评估	评估目标电子政务信息系统的可用性和可信性
可用性和可信性问题发现	确定所选电子政务信息系统的可用性和可信性问题
解决方案设计	了解所发现的可用性和可信性问题，并提供相应的设计解决方案
设计解决方案测评	研究所提出的设计方案对可用性和可信性问题的影响，并测评每一个重新设计的电子政务信息系统使用者的任务表现
制订可用性和可信性设计的启发式准则	制订一套可用性和可信性启发式准则，启发电子政务信息系统的可用性及可信性设计

图 8-1　电子政务信息系统可用性与可信性测评过程

8.2　电子政务信息系统可用性与可信性概念

电子政务信息系统通常被定义为使用互联网，特别是将 Web 技术作为一种工具，向用户提供政府信息和服务[11]。电子政务信息系统不仅是一种电子信息系统，也是一种必要的政府行政策略。事实上，各级政府（包括中央、区域和地方）都在实施信息和通信技术，以改变传统政府的结构、运行和文化[12]。政府采取多项措施，推动电子政务的发展[13]。例如，"实施电子政府"计划，要求从国家到地方实施电子政务应用[14]。同时，地方政府也在开发自己的电子政务信息系统，推行电子服务。

尽管电子政务信息系统发展迅速，引人注目，但与此同时，一些研究也指出了各种各样的问题。例如，电子政务网站应该更多地关注网站一致性、简单性、导航和可访问性等设计元素[15]。Kuzma[16]调查了英国电子政务网站的易访问性设计问题，发现一些网站并没有对用户普遍开放。研究者建议将信息划分为更易于管理的类型，明确每个链接的目标，使用适合网站内容的简单语言。同样，Kuk[17]发现，英国地方电子政务网站的信息内容质量明显较低，在线服务范围也相对有限。此外，电子政务基础设施、网页设计和服务管理方面均存在巨大的挑战。

可用性是人机交互研究中一个重要且定义明确的概念，它是指用户和计算机能够通过界面进行清晰"沟通"的程度[18]。也可以将可用性定义为软件产品理解、学习、操作和吸引用户的能力[19]。除了学术定义外，ISO 将可用性解释为特定用户在特定使用环境中实现特定目标的有效性、效率和满意度[20]。对于万维网（World Wide Web）而言，可用性是对网站的用户友好性和易用性进行的定性评估[21]。一些研究使用多个评测指标来解释可用性，并开发了一套标准的启发式准则来解释相关可用性。例如，Nielsen[22]建议使用可用性启发式准则，即①系统状态的可见性；②系统与现实世界相匹配；③用户控制和自主权；④一致性和标准化；⑤避免用户错误；⑥依赖识别而非记忆；⑦使用的灵活性和高效性；⑧审美学与最小化设计；⑨帮助用户识别、诊断和订正错误；⑩帮助和文档。表 8-1 给出了 Nielsen 的可用性启发式准则，其已被广泛用于评估网站的可用性。但是，这些准则大都是二十多年前开发的，多用于一般网站的可用性评估。为了满足当今电子政务网站的特殊需求，有必要对现有的可用性启发式准则做进一步发展和补充。

电子政务网站已经被广泛使用，因此，其应该支持具有不同技能的用户，使用户能够以一种合理简单的方式访问电子政务的服务[23-36]。特别是在信息和服务交换方面，互操作性也很重要。同时，要求政府和电子政务信息系统之间的信息始终保持最新状态[37]。在与电子政务服务的交互过程中，应能秉承尊重用户的宗旨[38]。因此，对现有的 Nielsen 可用性启发式准则进行扩展，增加了三条准则，即"互操作性""支持和开发用户技能""用户愉快的交互"（见表 8-1 序号 11～13）。

表 8-1　Nielsen 的可用性启发式准则

序号	可用性启发式准则	解释
1	系统状态的可见性	系统应该始终在恰当的时间通过反馈让用户了解系统正在做什么事情，如当系统处理一项任务需要一段时间，系统应显示出系统正在处理，用户需要等待的指示
2	系统与现实世界相匹配	系统应该使用用户的语言，以及用户熟悉的词、短语和概念，避免使用面向系统的专业术语。应遵循现实世界中的惯例，通过一种自然并合乎逻辑的次序将信息与内容呈现在用户面前

序号	可用性启发式准则	解释
3	用户控制和自主权	系统应在交互期间提供撤销和重做功能，并支持用户随时离开系统。当用户执行错误操作后，系统应该允许用户撤销和重做任务，也可以通过退出操作帮助用户离开异常状态
4	一致性和标准化	系统设计应遵循特定平台的惯例并接受标准，保持相同的设计特性，如一致的字体、版式、颜色等。这在很大程度上会帮助用户建立系统一致性和连贯性的认知，也可避免用户无法确定不同的词汇 (或情境、动作)是否具有相同含义的情形出现
5	避免用户错误	一个能够事先预防用户错误发生的系统设计要比好的错误提示信息有用得多，因此系统应尽可能通过设计预防用户错误的发生。同时支持用户克服错误并防止同样的错误再次发生
6	依赖识别而非记忆	使系统界面的对象、操作和选项都清晰可见。用户在执行并完成任务的过程中不必记忆任何信息和步骤。系统使用说明在任何时候都清晰可见且易于获取
7	使用的灵活性和高效性	系统应该同时考虑新手和有经验用户的使用。允许用户定制快捷操作或频繁使用的选项菜单。应用快捷键加速用户交互过程，并且满足快捷键能够快速为有经验用户使用，对新手用户不可见
8	审美学与最小化设计	在对话中避免使用无关或极少使用的信息。对话框中任何一个额外信息内容都会与对话中的相关信息形成竞争，降低信息的可见性
9	帮助用户识别、诊断和订正错误	系统应该通过简明的语言显示错误信息，准确指出错误所在，并提出建设性的解决方案。例如，当发现用户输入格式出现错误时，系统会弹出错误提示框，说明问题所在并显示正确输入格式
10	帮助和文档	尽可能让用户可以在不使用文档或依赖帮助的情况下使用系统，但提供帮助和说明仍然非常有必要。这些帮助信息应该易于检索，紧密围绕用户的任务，指出要执行的具体步骤，并且篇幅不要太长
11	互操作性	使所有服务部分、设计元素和网站功能作为一个整体工作，以支持用户完成任务
12	支持和开发用户技能	支持和发展用户当前的技能和知识
13	用户愉快的交互	提供一个令人愉快、尊重用户的交互过程

以往的研究表明，电子政务网站可以通过为用户提供服务窗口和反馈用户满意度方式，从较高的可用性中获益。首先，电子政务网站为用户提供一个窗口，让他们对政府及其网上服务有一个初步的印象。因此，无论政务网站的类型如何，政府运作的民主价值要求电子政务应以用户友好性为目标。如果网站不能表现出很好的可用性，反而会阻碍用户访问网站和在线服务的使用，从而影响电子政务的发展。其次，可用性可以提高用户表现，以及用户对电子政务的满意度。用户与电子政务的可用性因素密切相关，这些可用性因素包括服务的接受和使用、服务的访问程度、网站的可读性、页面的加载速度、信息的有用性和通过网站提供的灵活性等。最后，网站具有高水平的可用性，可以使用户更好地使用电子政务

服务，相反，网站若不能确保电子政务信息系统的可用性，会阻碍用户的参与。例如，用户由于可用性缺陷，而无法访问和正确执行电子服务，他们的满意度也会随之下降。这种不满情绪可能会阻碍用户再次使用，甚至阻碍他们向他人推荐该网站。显然，网站的可用性会影响用户对电子政务的印象，影响他们的表现和满意度。

接下来，讨论可用性与可信性之间的关系。可信性一般是指感知者对交流者可信度的判断[23]。尽管可信性有许多定义，但可以认为它有两个基本特征：信誉和专业知识。信誉是关于可靠性的感知，专业知识是关于用户对知识和技能来源的感知[24]。研究中，一些研究者使用多个测评指标对可信性进行描述，从而理解得更为全面。例如，将可信性解释为信赖、可靠性、准确性、权威性和质量。Fogg[25]提出一套可信性启发式准则，通过这些准则可以更好地解释可信性概念（表 8-2）。

表 8-2 Fogg 的可信性启发式准则

序号	可信性启发式准则	解释
1	外观设计	干净、符合目的，给人留下好印象的专业布局
2	信息准确性	提供可信的第三方参考、资源链接和信息来源
3	真实世界的感觉	提供实际地址和详细公司背景等信息
4	专业知识	提供在该领域获得的专业证书和相关奖项
5	可信赖	提供部门主管和管理团队的照片，有助于提高用户对网站的信赖度
6	联系信息	提供清晰、易找的联系信息，有助于提高用户受关心的认识
7	容易使用	用户可以使用网站轻松完成任务
8	内容更新	提供上次更新内容或审阅时间的证据，表明网站正在使用并且是最新的
9	商业或宣传内容	限制任何商业或促销内容的使用
10	避免错误	防止所有类型的问题，如印刷错误和断开的链接
11	透明性	网站应让使用者了解政府的运作，并提供政府的预算和开支资料
12	服务便捷性	网站应提供灵活的服务，以适应不同的用户路径
13	安全和隐私性	网站应该保护用户的信息和提供安全的服务

在电子政务的背景下，确保网站可信是道德和法律的共同要求。有些用户不愿意使用电子政务，这是由于他们对在线交易的安全性缺乏信任，并且担心在线提交个人信息的使用，在缺乏立法的情况下会引发道德问题。因而，在多数情况下，电子政务的可信性与法律的要求有关。例如，英国的《2003 年隐私与电子通信条例》和《信息安全保障框架》等立法，对提高电子政务的可信性大有裨益。

许多的研究中强调了可用性和可信性之间的关系。在网站设计中将可用性和可信性相结合，可以提高用户的响应能力。另外，用户对电子政务服务的接受程度，也会受可用性和可信性的影响。Youngblood 等[26]对电子政务网站的可用性进行了分析，研究显示电子政务网站在可用性方面存在的实质性问题，可能会削弱用户对政府的可信度。同样，电子政务信息系统可信性设计，也可以带来整体可用性提升。Nielsen[27]也支持这一观点，他强调可信性是网站可用性设计的一部分，并建议在网站的每个页面上建立可信度，尤其是表现在视觉外观方面。

还有一些研究表明，可用性和可信性共享一些重要的网站设计属性。例如，可信性的一些属性（即提供公平、公正、客观信息的程度等）与可用性密切相关，这些属性可以用来衡量信息质量的可用性。同样，网站美学设计为可信性提供了第一印象，用户可以通过网站美学印象，快速判断网站的可信度，这是由于在其感知过程发生之前，基于视觉设计元素的潜意识判断已经形成。值得注意的是，美学设计也是可用性的一个属性[27]。用户界面的高质量美学处理会直接影响用户对可用性的判断。由此可见，可用性与可信性密切相关。可以肯定地说，研究电子政务网站的可用性与可信性可为电子政务信息系统的发展提供更有用的帮助。

8.3　电子政务信息系统可用性测评方法

在形成性评估中，可用性主要关注使用可用性测评方法或专家评估方法来测评软件产品。可用性测评的主要方法包括启发式测评法、看法走查法和用户测评法等。其中，启发式测评法是一种快速、简便、有效的评价方法，并且在很多研究中得到了广泛的应用。虽然启发式测评法有时也被称为专家检测法，但新手也同样能有效地使用。尽管增加评估人员的数量可以提高其效率，但它也可以只由一名评估人员来执行和完成。此外，启发式测评还可以发现很多潜在问题。例如，Tan 等[28]同时使用启发式测评法和用户测评法，以评估基于 Web 的信息系统设计问题，在 183 个问题中，启发式测评法识别出了 150 个，而用户测评法只检测到 69 个。

启发式测评法可以用于深入检查。例如，Garcia 等[8]使用启发式测评法对巴西电子政务网站进行测评。为了使启发式测评法能够对整个网站中的可用性进行测评，同时可以发现详细的设计元素，作者对启发式测评法进行了扩展，以满足电子政务网站的特定需求。因此，可在每个扩展方法的基础上，开发更为详细的子测评标准。结果显示，所有的启发式准则都发现了相关问题。特别是在安全和隐私性、使用效率、信息精度、系统可见性、互操作性和透明度等方面，使得测评更加彻底和深入。在具体的设计问题方面，结果表明，缺乏数字认证与用于安全和隐私密码输入的虚拟键盘，都是需要详细设计的问题。上述实例说明了启发式测评法在电子政务信息系统可用性和可信性评价研究中的适用性和实用性。

8.3.1　电子政务信息系统可用性测评设计

电子政务信息系统可用性测评设计包括电子政务网站选择、任务表、可用性和可信性问卷设计。

1. 电子政务网站选择

电子政务网站是与用户沟通的窗口。它是电子政务信息系统的接口，被视为电子政府发展的关键优先事项。

实验 1 中，选择了 3 个地方电子政务信息系统。

（1）电子政务信息系统 1：专注于提供广泛的社会服务，如社会福利申请、议会纳税和学校注册；

（2）电子政务信息系统 2：是一个更具有信息性的机构，主要关注用户的信息搜索需求，如寻找本地招聘信息和查询当地机场航班等；

（3）电子政务信息系统 3：旨在鼓励用户参与，如让他们参与讨论（和投票）建筑计划。

选择这 3 个地方电子政务信息系统的主要原因包括：

（1）地方电子政务网站最接近用户，并经常被公众使用，通常地方电子政务信息系统关注的是用户在获取信息和服务方面的直接需求；

（2）地方电子政务信息系统须创造并提供高质量的内容和服务，重要的是了解地方电子政务对用户的影响；

（3）研究表明，更大的挑战存在于地方电子政务信息系统及其网站设计中[29]，这些挑战会导致用户的参与度降低。

实验 2 的目的是根据实验 1 中的电子政务信息系统发现的可用性和可信性问题，测评所提出的设计解决方案对原有电子政务信息系统的影响。为了进行实验 2，将实验 1 中所使用的电子政务信息系统，根据提出的设计解决方案进行重新设计。此外，为了测试设计解决方案是否符合相关电子政务信息系统上发现的问题，将重新设计 3 个电子政务信息系统。

这 3 个重新设计的电子政务信息系统，将以实验 1 中使用的 3 个电子政务网站为基础。每个重新设计的电子政务信息系统，都对应于实验 1 中使用的电子政务网站，并为每个电子政务网站设计相应的解决方案。重新设计的电子政务网站建设分为三个阶段：

阶段一，针对实验 1 中所发现的问题，对重新设计的电子政务网站提出相应的设计方案；

阶段二，每个重新设计的电子政务信息系统，都是在实验 1 中所使用的相应电子政务网站的基础上设计的，且保持了相同的结构、布局和内容；

阶段三，重新设计的电子政务信息系统将包含丰富的信息并提供一系列服务，来满足实验 2 中参与者的感知。所有重新设计的电子政务信息系统，在实验开始前都经过了彻底的预先测试和进一步的改进。

2. 任务表

作为评估的一部分，为了让参与者与选定的电子政务网站有初步的互动，并形成一个整体的感知，参与者需要在这 3 个网站上完成一系列实际任务。这些任务代表了用户通常在电子政务网站上所执行的任务。

电子政务服务一般分为三类：信息发布、提供服务和用户参与。信息发布是指通过电子政务网站提供各种信息；提供服务包括向用户提供单向服务，如文档下载和信息搜索；用户参与涉及其在网站上的双向服务互动，如电子出生登记、缴税和学校申请。根据不同服务类型，一系列任务旨在表示用户访问电子政务网站时，通常进行的不同类型的交互。

3. 可用性和可信性问卷设计

问卷调查是用来评估参与者对所选电子政务网站可用性和可信性的主观认识。问卷设计分为三个步骤：首先，需要对现有的启发式准则进行扩展，以满足用户对电子政务信息系统的具体要求；其次，为每个启发式准则制订一组具体的相关标准，帮助用户关注可用性和可信性的详细设计；最后，根据详细标准设计具体问题。

可用性和可信性问卷设计具体步骤如下。

步骤一：启发式准则扩展。如前所述，因为 Nielsen 和 Fogg 的启发式准则有效性已经得到了验证，所以将其作为电子政务信息系统可用性测评的基准。然而，这两个准则的制订时间较久，主要用于一般网站的可用性和可信性评估。为了更符合电子政务信息系统的需求，可对现有的 Nielsen 和 Fogg 的启发式准则进行扩展。

在可用性方面，以往的研究表明，电子政务被广泛的用户使用，应该支持具有不同技能的用户，使其以一种合理简单的方式访问所需的服务。互操作性，特别是在信息和服务交换方面非常重要，如确保政府和电子政务信息系统之间的信息保持最新状态。在与电子政务服务的交互过程中，应该始终秉承尊重用户的宗旨[30]。因此，对现有的 Nielsen 的可用性启发式准则进行扩展，增加了三个准则，即"互操作性""支持和开发用户技能""用户愉快的交互"（见表 8-1 序号 11～13）。

对于可信性，研究表明，由于电子政务信息系统用于公共管理，应通过提供诸如公共开支等深度信息来促进透明度。电子政务网站还提供了各种各样的信息和服务，它们必须使用灵活的机制来传递，以支持用户通过使用他们自己的方式来实现预期的结果[31]。所有的信息和服务都是通过互联网进行传递和处理，必须认真对待安全和隐私性问题，而安全和隐私性与用户信任密切相关。鉴于这些特点，在 Fogg 原来列出的十项可信性启发式准则的基础上[24]，又增加了三条，即"透明度""服务便捷性""安全和隐私性"（见表 8-2 序号 11～13）。

步骤二：设计具体相关标准。虽然根据电子政务信息系统的需求和特点，可用性和可信性启发式准则已经得到扩展，但是对于设计问卷中的可用性和可信性问题来说，它们仍然过于笼统，这可能会使其无法完成深入的评估。而且分析中的细节缺失，将导致无法确定具体的可用性和可信性问题。因此，为每个准则设计一套相关的评价标准十分重要。这些标准是根据有关可用性和可信性的研究，基于广泛的电子政务的解释而制订的。

步骤三：可用性和可信性问卷设计。使用问卷可以确保对每个参与者提供相同的问题，并且快速得到回答。问卷设计要求参与者使用五点利克特量表进行回答，该量表可以清楚地显示参与者对构成问卷的问题表述的满意程度。使用五点利克特量表的另一个好处是，回答形式允许参与者做出积极、中立或消极的选择来表达他们的观点。此外，从五点利克特量表中获得的信息可以很容易地被收集和分析。

8.3.2 电子政务信息系统可用性测评步骤

共有 36 名参与者被平均分配到 3 个选择的电子政务信息系统（即每个网站由 12 名参与者评估）。参与者花了大约 90min 完成整个评估过程，每次评估都遵循三个阶段：自由评论、基于任务的交互和问卷调查。

（1）自由评论。自由评论是让参与者浏览目标电子政务网站，他们可以自由地浏览整个网站，也可以专注于特定的网站设计元素。这为参与者提供了与电子政务网站的初步互动，并让参与者形成对电子政务信息系统的整体认识。

（2）基于任务的交互。参与者须在指定的电子政务网站上完成一系列工作任务。为此，通过任务表向参与者描述所执行的任务，要求参与者在不受时间限制的情况下，逐一完成这些任务。当参与者完成分配的任务时，观察并记录他们的表现要素（包括所需的在线帮助数、完成任务的时间、完成任务的步骤数和成功完成任务的比例）。

（3）问卷调查。在完成所有任务后，最后要求参与者填写可用性和可信性调查问卷。在评估开始前，对研究中所使用的方法、工具都经过彻底检查，并在研究试点中进行预测试。

预测试是在实验开始前进行的预演。它的目的是确定实验环节和实验条件等方面是否合适。实验 1 采用的措施如下：

（1）检查每项任务完成的时间，以提供合理的任务选择；

（2）检查运行实验所需的时间，以便将其控制在参与者可接受的水平；

（3）测试用户任务单是否合适；

（4）检查问卷中的问题是否容易理解；

（5）检查实验过程是否合适。

在研究试点中发现任何潜在问题，将进行相应的调整。在实验 2 开始前也需进行预测试。虽然实验 2 所用的实验程序与实验 1 相同，但可用性和可信性问卷、任务单与实验 1 不同。另外，实验 2 所选的电子政务网站，将根据实验 1 中发现的可用性和可信性问题进行重新设计。因此，需要进行的另一项预测是，确定实验 2 中实验环节和实验条件等方面是否合适。实验 2 采用的措施如下：

（1）检查每项任务完成的时间，以提供合理的任务选择；

（2）检查运行实验所需的时间，以便将其控制在参与者可接受的水平；

（3）测试用户任务单是否合适；

（4）检查问卷中的问题是否容易理解；

（5）检查根据实验 1 所提出的设计方案是否与电子政务网站设计很好整合；

（6）检查重新设计的电子政务网站的功能；

（7）检查实验过程是否合适。

8.4　电子政务信息系统可用性与可信性问题与分析

本节介绍并讨论电子政务信息系统可用性测评结果，包括评估 3 个所选电子政务信息系统的可用性和可信性、可用性和可信性之间的相互影响、用户在 3 个电子政务网站系统中的行为表现。

8.4.1　电子政务信息系统可用性评估

根据分析可以看出参与者对每个目标电子政务网站可用性的评价。单因素方差分析结果显示，3 个系统的总体可用性存在显著差异，$F(2, 33) = 8.784$，$P = 0.001$。平均值越低表示总体评估越差，因此电子政务信息系统 2 的总体评估结果最差，总体可用性平均值为 3.323，标准差为 0.367。电子政务信息系统 1 排名第二，总体可用性平均值为 3.445，标准偏差为 0.304。电子政务信息系统 3 得分最高，总体可用性评估均值为 3.843，标准差为 0.275。

研究了参与者对可用性的总体看法之后，详细描述用户对目标电子政务网站可用性优点的感知程度。为了确定可用性优点，使用单样本测试来确定每个可用性特征是否与总体可用性显著不同。如果发现存在显著性差异（$P<0.05$），选择平均得分高于总体可用性平均得分的特征作为可用性优点。同样，将平均得分低于总体可用性平均得分的特征作为可用性缺点。

在目标电子政务网站上确定一套可用性优点，最常见的优点包括"在网站的不同区域内轻松地前进和后退""在每个页面上显示标题，以清楚地表明内容的主题"。值得注意的是，常见的可用性优点通常可以为用户提供导航提示，这不仅有助于网站定位，而且增强了导航控制能力。

此外，在特定的电子政务网站上也发现了一些可用性优点。例如，在电子政务信息系统 1 中，认为支持用户快速查找相关信息的"提供 a～z"特征是一个优点。在电子政务信息系统 2 中，"每幅图像对应于每一种上下文"的特征被确定为一个优点。该功能有助于文本表示，并增加了网站的视觉交流。在电子政务信息系统 3 中，最重要的可用性特征是"为任务完成提供多种服务方法"。这些具体特征为用户提供了自由控制和灵活的导航，因此他们可以按照自己喜欢的方式来执行任务。这些发现说明可用性特征需要满足电子政务的特点，并且要更符合用户的在线行为。每个电子政务网站都呈现出与三个构成特征相关的结构，即在线服务提供、信息迁移率和用户参与能力。

电子政务信息系统 1 是伦敦主要的自治市议会，负责提供广泛的服务，涉及社会关怀、图书馆和教育等。因此，其网站可能侧重于为用户提供快速的服务访问支持。

电子政务信息系统 2 作为大学和机场的所在地，其网站通常更具信息性，且更关注用户在信息搜索方面的直接需求。因此，电子政务信息系统 2 的首要任务是为用户不断增长的信息搜索、扫描和可读性需求提供支持。

电子政务信息系统 3 通常旨在鼓励用户参与服务，如查阅政府统计数据、在网络论坛上提出建议和参与公众投票。因此，"为任务完成提供多种服务方法"可被确定为电子政务信息系统 3 的一个重要特征。

表 8-3 显示了所选电子政务信息系统的可用性问题。其中，在所选电子政务信息系统上发现的可用性问题中最常见的是"用户被有许多不同颜色的链接搞糊涂""已访问的链接没有清楚标记"。这些问题在视觉上阻碍了用户对资源的识别，使其在信息搜索过程中难以定位信息。此外，每个电子政务网站都有不同的可用性问题。可用性测评分数越低，说明问题越严重。

在电子政务信息系统 1 中，发现"在线帮助功能没有明确显示"是一个严重的问题，这可能会对用户解决问题的能力提出挑战。此外，还发现了"用户被有许多不同颜色的链接搞糊涂""用户很难在在线帮助和当前工作之间切换"等问题。

在电子政务信息系统 2 中，"主页上的选项没有清楚地显示出来"也被视为一个问题。这种问题会影响主题内容的呈现，可能会给用户在寻找信息过程中带来困难。此外，还发现"网站有时不显示任务的进度""已访问的链接没有清楚标记""网站允许用户跳过流程的顺序"等问题。

在电子政务信息系统 3 中，"在呈现主题类别时没有逻辑顺序"是一个严重的可用性问题，这可能会影响用户对主题安排的理解，并产生记忆负载。此外，还发现"信息在广度和深度之间不平衡"等问题。

表 8-3　所选电子政务信息系统的可用性问题

电子政务信息系统	可用性问题
电子政务信息系统 1	用户被有许多不同颜色的链接搞糊涂
	在线帮助功能没有明确显示
	用户很难在在线帮助和当前工作之间切换
电子政务信息系统 2	主页上的选项没有清晰地显示出来
	网站有时不显示任务的进度
	已访问的链接没有清楚标记
	网站允许用户跳过流程的顺序
电子政务信息系统 3	在呈现主题类别时没有逻辑顺序
	信息在广度和深度之间不平衡

8.4.2　电子政务信息系统可信性评估

研究结果显示，3 个所选电子政务信息系统的总体可信性间存在显著差异，$F(2, 33) = 4.885$，$P = 0.014$。电子政务信息系统 2 的总体评价结果最差，总体可信性均值为 3.436，标准差为 0.322。电子政务信息系统 1 排名第二，总体可信性均值为 3.699，标准差为 0.432。电子政务信息系统 3 得分最高，总体可信性均值为 3.885，标准差为 0.291。

同时，在 3 个电子政务信息系统上也发现一些可信性优点。其中，最常见的有"网址正确显示地方议会域名""网站内容与用户期望从地方议会获得的信息相匹配""网站不提供过多无关的推广内容"。这些发现与其他研究一致，当用户评估基于 Web 的信息可信性时，大多数可能会查看引用附属机构和 URL 域。如果网站符合用户实现目标步骤的期望，用户的可信性感知就会增强。所凸显的共同可信性优点可以有效地支持电子政务发展，并促进用户对可信性的评估。

3 个电子政务信息系统也各有特色：

在电子政务信息系统 1 上，发现了"使用登录机制访问一些个人服务"，确保了用户的身份验证，并提高了服务安全性。

在电子政务信息系统 2 上，"有限的宣传内容展示"被认定是一种强势特性。这一功能有助于区分信息和广告内容，并保证用户在信息搜索过程中专注于自己的目标主题。

在电子政务信息系统 3 中，发现强有力的"明确服务条款"。这一功能有助于在网站上建立真实的存在感，并培养用户的信任。

　　表 8-4 还列出了在所选电子政务信息系统上发现的可信性问题。其中，最常见的是"操作中未显示用户状态""没有显示详细的联系信息""信息在广度和深度之间不平衡""网站没有最新更新"。

表 8-4　所选电子政务信息系统的可信性问题

电子政务信息系统	可信性问题
电子政务信息系统 1	信息呈现时的颜色不一致
	主题没有按逻辑顺序呈现
	网站显示的信息不准确
	网站没有显示详细的联系信息
	网站不容易导航
	网站中浏览位置不清楚
	网站没有最新更新
电子政务信息系统 2	网站没有显示获得的任何奖项
	信息在广度和深度之间不平衡
	网站没有显示详细的联系信息
	不容易找到"关于我们"的链接
电子政务信息系统 3	一些个人服务不需要密码就可以访问
	访问某些信息时，不显示安全消息
	网站不显示负责人信息
	操作中未显示用户状态

　　上述网站优点表明，在评审电子政务网站时，参与者确实考虑了可用性和可信性。这些优点为用户提供了方便地访问和可信的电子政务，从而促进了电子政务的使用和使用质量。通常使用质量可以通过软件产品影响用户的满意度来衡量，也可以通过表现的可用性和可靠性属性来衡量。

　　此外，3 个电子政务信息系统中都存在严重的可信性弱点：

　　电子政务信息系统 1 的一个严重可信性问题是"信息呈现时的颜色不一致"，这可能会影响网站的视觉连续性。此外，还发现"主题没有按逻辑顺序呈现""网站显示的信息不准确""网站没有显示详细的联系信息""网站不容易导航""网站中浏览位置不清楚""网站没有最新更新"等问题。

　　电子政务信息系统 2 的最大可信性不足是"网站没有显示获得的任何奖项"。这类问题可能会对电子政务的声誉产生影响，进而导致用户信任度下降。此外，还发现"信息在广度和深度之间不平衡""网站没有显示详细的联系信息""不容易找到'关于我们'的链接"等问题。

电子政务信息系统 3 存在的主要问题是"一些个人服务不需要密码就可以访问"。这增加了个人信息丢失的风险，很可能导致使用者无法使用电子政务网站上的任何服务。此外，还发现"访问某些信息时，不显示安全消息""网站不显示负责人信息""操作中未显示用户状态"等问题。

上述网站问题表明，电子政务网站的开发虽然在一定程度上考虑了可用性和可信性，但在细节层面上还没有得到足够的重视，在可用性和可信性方面还有很大的提升空间。其中，突出的可用性问题出现在"审美学与最小化设计""依赖识别而非回忆""一致性和标准化"等领域；突出的可信性问题出现在"设计外观""容易使用""内容更新""安全和隐私性"等领域。电子政务信息系统的设计人员应认真研究这些领域，以放大网站的特定元素，从而提高网站的可用性和可信性。

8.4.3　可用性与可信性间的相互影响

可用性和可信性设计的整体结果表明，电子政务网站可用性越高，其可信性也越高（如电子政务信息系统 3）；反之，电子政务网站可用性越低，其可信性也越低（如电子政务信息系统 2）。用户对可用性和可信性的看法是相互影响的，这也印证了 8.2 节的研究结果。

下面分析 3 个电子政务信息系统的可用性和可信性之间的相互影响。

结果表明，对整体可信性影响最大的可用性启发式准则包括"系统与现实世界相匹配""审美学与最小化设计"。在"系统与现实世界相匹配"方面，参与者对其看法与电子政务信息系统 1 可信性启发式准则中的第 6 条"联系信息"、电子政务信息系统 2 中的第 11 条"透明性"、电子政务信息系统 3 中的第 11 条"透明性"存在显著差异；在"审美学与最小化设计"方面，参与者对其看法与电子政务信息系统 1 可信性启发式准则中的第 8 条"内容更新"、电子政务信息系统 2 中的第 7 条"容易使用"、电子政务信息系统 3 中的第 12 条"服务便捷性"存在显著差异。

电子政务信息系统一般应使用用户熟悉的词汇、短语和概念来表达用户的语言，且遵循现实世界的惯例，使信息自然且符合逻辑的形式出现，从而显著促进了用户对电子政务的信任。这种信任是一个长期的命题，是在人们使用网站的过程中慢慢建立起来的，如果有一次违反信任，就会破坏网站的信誉。此外，网站的美观与否，能够使用户对网站可信性产生一定看法，对网站可信性起着至关重要的作用。高水准的美学可表现出专业的观感，能够体现它所代表的组织。一个好的网站不仅可以给用户留下一个良好的印象，也可以增加用户对网站的可信性看法。

"避免错误"被确定为对总体可用性影响最大的可信性特征。参与者对"避免错误"的看法与电子政务信息系统 1 可用性启发式准则中的第 7 条"使用的灵活性和高效性"、电子政务信息系统 2 中的第 7 条"使用的灵活性和高效性"和电子政务信息系统 3 中的第 4 条"一致性和标准化"存在显著差异。错误预防通过两个主要功能来帮助用户：①防止问题的发生，以及保持用户的控制；②缺乏错误预防可能会阻碍用户有效地使用网站，影响用户的态度。这一点得到了 Bargas-Avila 等[32]的支持，他们指出，经历各种错误的用户，一般会对网站表示不满。因此，在可用性驱动的设计过程中，应该始终如一地寻找防止任何类型的错误，如排版错误、断开的链接和设计缺陷。

　　以上讨论表明，理解电子政务信息系统的可用性和可信性的概念非常重要。在发展电子政务时，应注意影响可用性和可信性的因素，同时还有必要分析它们之间的相互影响。这样可以开发出更多的交互式电子政务网站，从而激发用户的参与。

8.4.4　电子政务信息系统用户行为测评

　　电子政务信息系统用户行为是指参与者在电子政务网站中的表现。分析参与者在电子政务网站中表现的相关数据，是对电子政务信息系统用户行为进行测评的途径。以下通过一系列的指标，对参与者的表现进行评估，包括用户所需的在线帮助的数量、完成任务的时间、完成任务的平均步骤数和成功完成任务的比例。

　　表 8-5 显示了参与者的不同用户行为，在 3 个目标电子政务信息系统上的表现数据。单因素方差分析结果表明，参与者在 3 个信息系统中的表现存在显著差异。具体来说，使用电子政务信息系统 2 的参与者比使用电子政务信息系统 1 和电子政务信息系统 3 的参与者需要更多的在线支持，且完成任务的步骤数也更多。此外，从成功完成任务的比例分析，使用电子政务信息系统 2 的参与者比其他两个网站的参与者完成的任务更少。参与者对可用性和可信性的总体看法结果也反映了这一点，结果显示电子政务信息系统 2 的可用性和可信性得分最低，这可能意味着用户对可用性和可信性的总体看法会影响用户的表现。正如 Fogg 等[24]所指出的，整体评估尤其受到突出问题的影响，而且这些问题反过来又会对用户的看法产生更大的影响。在电子政务信息系统 2 中发现的最严重问题是"主页上的选项没有清晰地显示出来"（平均值：2.17；标准差：1.030）；"信息在广度和深度之间不平衡"（平均值：2.17；标准差：1.030）；"网站没有显示获得的任何奖项"（平均值：2.17；标准差：0.866）；"网站不容易导航"（平均值：2.17；标准差：0.937），这些问题可能严重影响了用户对电子政务信息系统 2 的整体印象。

表 8-5 所选电子政务信息系统中的不同用户行为

用户行为	测量名称	电子政务信息系统 1	电子政务信息系统 2	电子政务信息系统 3
在线帮助数	平均值	0.250	0.583	0.000
	标准偏差	0.452	0.669	0.000
显著性差异				$F(2, 33) = 4.733$, $P = 0.016$
完成任务的时间/min	平均值	26.627	21.721	16.209
	标准偏差	8.905	8.579	8.102
显著性差异				$F(2, 33) = 4.474$, $P = 0.019$
完成任务的步骤数	平均值	60.417	81.833	50.167
	标准偏差	13.104	20.687	16.297
显著性差异				$F(2, 33) = 10.862$, $P = 0.000$
成功完成任务的比例/%	平均值	1.139	1.148	1.065
	标准偏差	0.117	0.086	0.088
显著性差异				$F(2, 33) = 2.590$, $P = 0.090$

从完成所有任务的平均时间来看，用户表现的结果很有趣。如表 8-5 所示，使用电子政务信息系统 1 的参与者，完成任务的时间比使用电子政务信息系统 2 和电子政务信息系统 3 的参与者都长。但这并没有反映出用户对可用性和可信性的整体看法，也不能说明电子政务信息系统 1 网站的整体可用性和可信性最差。一种可能的解释是，参与者的表现不仅受到整体可用性和可信性的影响，还可能受到可用性和可信性的特定特征的影响。

在电子政务信息系统 1 中发现的最突出的问题是"用户被有许多不同颜色的链接搞糊涂了"（平均值：2.32；标准差：1.084）和"主页上的选项没有清晰地显示出来"（平均值：2.58；标准差：0.996），两者都与网站外观密切相关（见表 8-1 序号 8：审美学与最小化设计，见表 8-2 序号 1：外观设计）。网站外观是电子政务网站的一套视觉设计元素，对网站的可用性和可信性都会产生很大影响。Fogg 等[24]的研究表明，美学与感知可用性有很强的相关性，而感知可用性是决定用户满意度和愉悦感的关键因素。这一点也得到了 Tractinsky[33]的认同，他发现系统美学可以被看作是"明显的可用性"，比可用性的其他属性更快地被感知。在可信性方面，Fogg 等[24]认为在可信性评价中发现的最突出的问题是设计外观，它可以引起用户对可信性的最大关注。更重要的是，用户对可信性最初的判断是基于网站的外观。正如 Robins 等[34]所指出的，用户对可信性的第一印象来自网站的设计外观，这使得其与其他可信性看法相比，用户能够对可信性做出更快的判断。而且，电子政务信息系统 1 表明，用户对电子政务网站外观的看法会影响他们的表现。

8.5　电子政务信息系统可用性与可信性解决方案与再设计

8.5.1　可用性问题解决方案与再设计

　　在电子政务信息系统 1 中，发现"在线帮助功能没有明确显示"是一个严重的不足，这可能会对用户解决问题的能力提出挑战，如图 8-2（a）所示。在线帮助功能可用于提供用户支持信息，帮助用户解决在网站上遇到的问题。相反，在线帮助功能未能在电子政务网站上清晰显示，会极大影响帮助信息的识别。在线帮助信息应该在电子政务网站中被清晰地识别出来，这将能有效地帮助用户随时使用帮助功能。针对此问题，建议设计方案可在电子政务信息系统 1 中的每个网页上提供一个在线帮助链接选项，并置于每个网页的固定位置。这样，在线帮助功能就可以清晰地呈现在网站上，帮助用户在需要的时候快速查找和访问用户帮助信息，解决问题，如图 8-2（b）所示。

（a）没有在线帮助功能显示问题

（b）在线帮助功能显示问题再设计

图 8-2　电子政务信息系统 1 中在线帮助功能显示问题与再设计

　　在电子政务信息系统 2 中，"主页上的选项没有清晰地显示出来"是被发现的一个缺点，如图 8-3（a）所示。这种缺点影响了主题内容的呈现，会给用户在寻找信息过程中带来困难。清晰显示主页选项可以使得用户更容易理解选项，也可以支持用户更好地识别主题，同时帮助用户快速理解页面上显示的主题内容，并很容易地选择相关选项来确定他们寻找的信息。相比之下，没有清晰呈现的主题，其选项会导致页面更复杂，使得用户难以搜索和识别主题内容。因此，电子政务网站的设计人员应该考虑提供一种方法，以提高用户对主页上所显示选项的理解。其中所建议的设计方案是提供额外的简要信息，解释主页上的每个选项。为了避免打搅用户，只有当用户将鼠标移动到该选项上时，才会显示此解释信息。这样，用户将会得到选项的详细信息，从而增加用户对选项主题的理解，如图 8-3（b）所示。

（a）选项显示不清晰问题　　　　　　　（b）选项显示不清晰问题再设计

图 8-3　电子政务信息系统 2 中选项显示不清晰问题与再设计

　　在电子政务信息系统 3 中，发现"在呈现主题类别时没有逻辑顺序"是一个严重可用性问题，这可能会影响用户对主题安排的理解，并产生记忆负载。逻辑顺序可用于显示信息排列顺序，有助于用户快速扫描主题信息，以便准确识别对象和减少记忆负载问题，如图 8-4（a）所示。没有逻辑顺序的主题，将会影响信息的排列，也可能导致信息寻求的复杂性。因此，电子政务网站的设计人员应考虑按特定顺序组织主题类别，以支持用户通过一种逻辑和合理的方式来搜索主题信息。其中所建议的设计方案是在电子政务信息系统 3 的页面上，按照字母顺序 a～z 排列主题类别。这样，用户可以快速了解主题的整体布局，并容易识别相关信息，以满足自己的需求，如图 8-4（b）所示。

（a）主题显示没有逻辑顺序问题

（b）主题显示没有逻辑顺序问题再设计

图 8-4　电子政务信息系统 3 中主题显示没有逻辑顺序问题与再设计

8.5.2　可信性问题解决方案与再设计

电子政务信息系统 1 的一个可信性问题是"信息呈现时的颜色不一致"，这可能会影响网站的视觉连续性，如图 8-5（a）所示。颜色一致性有利于建立电子政务网站页面的统一性，加强视觉主题识别，减少布局混乱。它可以帮助用户方便地定位信息，以满足他们的需求。相反，如果信息呈现不一致的颜色时，则会影响电子政务网站整体的一致性，导致用户难以识别信息。因此，建议电子政务网站应保持一致的配色方案，如建议使用相同的颜色模式或黑白灰度差在电子政务信息系统 1 的页面上呈现信息，如图 8-5（b）所示。

（a）信息呈现时的颜色不一致问题

（b）信息呈现时的颜色不一致问题再设计

图 8-5　电子政务信息系统 1 中信息呈现时的颜色不一致问题与再设计

　　电子政务信息系统 2 发现的一个可信性问题是"网站没有显示获得的任何奖项",如图 8-6(a)所示。这类问题可能会对电子政务信息系统的声誉产生影响,进而导致用户信任度下降。展示一个电子政务组织获得的奖项,有助于提高其声誉,从而促进用户的信任。因此,电子政务网站的设计人员应该考虑利用视觉线索来展现电子政务的信誉度。其中一个设计方案是在网页上显示系统所遵循的网络与互联网标准和电子政务信息系统 2 获得的最佳电子政务奖等,这有助于用户建立长期信任,如图 8-6(b)所示。

(a)无奖项显示问题

(b)无奖项显示问题再设计

图 8-6　电子政务信息系统 2 中无奖项显示问题与再设计

　　电子政务信息系统 3 存在的可信性主要问题是"一些个人服务不需要密码就可以访问",如图 8-7(a)所示。这不仅增加了个人信息丢失的风险,也可能导致用户无法使用电子政务网站上的任何服务。登录选项是一种常用的用户身份验证保护机制，它保证了用户的隐私信息和服务安全，可以降低用户对风险的感知。但是，在没有登录要求的情况下访问个人服务的问题，会增加个人信息和服务的风险，可能导致用户无法在电子政务网站内从事相关服务。因此，电子政务网站的设计人员应考虑采用登录机制，在进行访问个人服务时保护用户信息。其中一个设计方案是在站点内提供"登录/注册"选项，即当用户访问个人服务时，电子政务网站首先要求用户登录或注册。只有用户登录到网站后，才将被允许继续其服务任务。这样，只有经过授权的用户才能访问私人信息和服务，从而提高了个人服务的安全性，如图 8-7（b）所示。

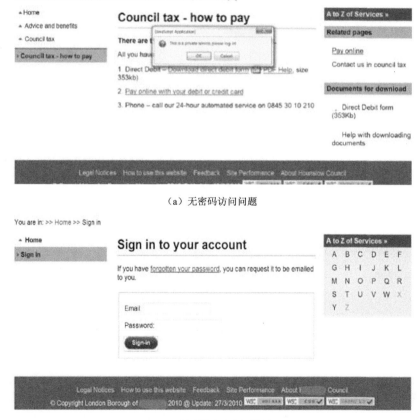

（a）无密码访问问题

（b）无密码访问问题再设计

图 8-7　电子政务信息系统 3 中无密码访问问题与再设计

8.6　电子政务信息系统设计指导准则

基于可用性和可信性评估的结果，本节提供了一套针对电子政务网站开发的可用性和可信性设计指导准则[35]。准则的重要性在于其可以提供一个框架，以支持设计人员开发设计出高质量的信息系统或软件产品。此外，每一个指导准则都涵盖了具体的设计特征，这些准则也可以用来帮助设计人员评估现有电子政务网站的可用性和可信性。

8.6.1　可用性设计指导准则

可用性准则一：电子政务网站应为用户提供高水平的状态可见性，以支持其信息搜索。

结果表明，用户在电子政务网站上浏览时，通常先会扫描网页标题或主题标题，以此识别各种信息，而不是阅读详细的信息内容。网页需要有明确的主题标题和页面标题，以支持快速信息处理，主题标题和页面标题应该清楚、明显，且醒目的显示。在信息搜索过程中，用户需要在多个层级中查看所选的选项及其关系[36]。为了使信息易于记忆和识别，被选的选项及其相关的多层级选项，需要进行视觉标记，并在页面中一致应用。此外，当用户通过屏幕搜索目标信息时，他们的注意力会从内容的一部分转移到另一部分。为了支持信息识别，电子政务网站上的不同内容应该相互分离，并清晰地定位在不同的区域。用户依赖导航工具，来帮助他们获得所需的对象。为了让用户随时了解其目前在电子政务网站内的位置，并支持网站定位，电子政务网站应将使用者目前的位置可视化[37]。

可用性准则二：电子政务网站应与现实世界相匹配，使用用户熟悉的词汇和概念表达语言。

在用户与电子政务服务互动时，用户需要了解系统的反应。特别是，如果系统响应时间有明显的延迟，系统需要通知用户。为了让用户及时了解系统的进展情况，电子政务信息系统应该为用户清晰显示延迟时间的处理状态消息。在交互过程中，用户需要知道如何继续他们的操作。为了让用户更容易理解，电子政务网站应提供明确的提示，用户通过链接来识别目标信息。为了使链接易于理解，链接名称应该是描述性的、有意义的和明确的表示所提供的信息。此外，使用相关的图片和链接，可以支持用户的主题理解和促进文本可读性[38]。

可用性准则三：电子政务网站应支持用户的自由移动，并确保撤销和重做功能可用。

用户通过使用不同的方法搜索信息来完成任务，如通过多级菜单或使用搜索引擎进行搜索。为了让用户自由选择自己喜欢的方法定位信息或执行任务，电子政务网站应允许用户修改自己所选的方法或更改先前的选项。同时，撤销功能应在交互过程中一直保持有效，始终使用户在电子政务网站中有确定的定位目标信息。个人控制是一个重要部分，也是组织搜索策略的一种方式。为了允许用户返回并查看以前的信息，电子政务网站应在每个页面上显示后退选项，且支持信息搜索。信息广度和深度可通过设计主题类别的数量和信息层级的数量来分配电子政务内容，适当数量的分类可以防止内容变得杂乱无章，并减少选项混淆。有了适当层级的信息，用户可以通过一条路径查找详细信息[39]。同时也应将广度和深度的信息层级视为一种最佳的权衡，有助于信息搜索。

可用性准则四：电子政务网站设计应该一致，用户不会怀疑不同的词汇、显示或行为是否意味着同一件事。

色彩一致性建立了电子政务网站页面的统一性，加强了视觉主题识别，减少了布局混乱。为了帮助用户了解所提供的信息是在整个电子政务网站中以相同的方式组织和呈现，电子政务网站应使用一致的颜色。而且，电子政务网站布局的一致性也加强了各要素之间的结构关系。为了保持整个电子政务网站的一致性，电子政务在交互设计的字体、大小和显示格式方面应遵循一致的标准。用户在搜索信息的过程中，可能需要在线帮助来解决他们的问题。为了使在线帮助易于识别，"帮助"选项应出现在电子政务网站内的突出位置。

可用性准则五：电子政务网站应该设计更好的预防产生错误信息的功能，以防止错误发生。

在线任务完成期间，用户需要在任务的每个步骤中填写信息。为了减少出错的可能性，并确保提供所有必要的信息，电子政务网站应不允许用户跳过任务流程的顺序。当数据输入中出现错误时，需要通知用户更正错误。为了让用户特别注意错误，电子政务网站应该在数据输入字段中的错误处突出显示错误提示[40]。用户需要了解数据输入字段的要求，如字符的限制。为了使数据输入字段清晰易懂，防止出现错误，应尽可能在输入框中清楚地显示输入数据的要求。

可用性准则六：电子政务网站应使对象、操作和选项清晰可见，用户不必记住所有信息。

由于电子政务网站的每页都有一系列信息，为了使信息易于识别，减少用户的认知负荷，关键信息或主题应始终显示在页面的中心位置。当用户在主页上执行任务时，为了支持用户的定位，增加用户对菜单选项的理解，应该给出相应的提示，简要说明页面上的每一个菜单选项。

可用性准则七：电子政务网站应支持有经验和无经验的用户完成任务，并很容易加快互动。

超链接连接电子政务网站的文本、页面和文档，引导用户在网站内找到其目标信息。为了减少信息连接的障碍，电子政务网站内部的每个链接都应该正常工作，并可链接到相应的信息，用户可通过多级信息选择来定位对象。为了使子选项更容易理解和识别，电子政务网站应提供多个选项层次的详细信息。当浏览搜索结果时，用户需要建立对主题排列顺序的理解。为了帮助用户快速识别自己的搜索对象，减少内存负载问题，搜索结果应该按照相关性的级别进行排列，并且这种相关性应该直观地呈现给用户。用户在电子政务网站上往往是以任务为导向实现交互，为了满足快速任务交互的需要，电子政务网站应该为频繁使用的任务提供快捷方式或快速链接。用户需要适当的层次结构来适应其子任务的渐进级别，以完成整个任务[41]。因此，当电子政务网站中的菜单结构与任务结构相匹配时，才能引导用户达到预期的任务。

可用性准则八：电子政务网站应提供美观和简约的设计。

当用户看到更具体的主题内容时，图像可以支持他们对主题的感知，并促进主题信息的交流。为了让图像更容易被用户理解，电子政务网站应使用清晰的图像，这些图像应该与相应的文本紧密联系在一起。当用户在电子政务网站上阅读信息时，显示合适的信息量可以防止内容变得杂乱无章，减少用户阅读负荷。每一个电子政务页面上的内容都应该以整洁的方式呈现。在信息搜索过程中，用户需要识别访问过的和未访问过的链接，以符合他们的搜索策略来定位他们的目标信息。为了明确区分已访问和未访问的链接，应清楚地标记和指示这些链接，以增加对用户信息搜索过程的判断支持，用户需要通过区分信息资源之间的差异来确定搜索的信息。为了支持用户对信息资源的识别，链接应该使用不同的颜色。然而，为了将链接颜色融入整体布局的美观显示中，并减少不必要的颜色干扰，应该仔细考虑链接颜色的数量。

可用性准则九：电子政务网站应提供需纠正存在错误的信息，准确指出问题所在，并建设性地提出解决方案。

在与电子政务的互动中，用户填写在线表格时可能会犯一些错误。为了帮助用户订正错误，电子政务应提供明确的错误消息。此外，用户需要知道错误背后的原因，以便在接下来的过程中避免此类错误再发生。错误消息应该是有意义的、建设性的和明确的。在数据输入字段中填写信息时，需要用户提供一些关键信息。为了防止缺失数据，须为用户清楚地标记出必填字段和可选字段。如果在数据输入字段中检测到错误，为吸引用户注意错误的特定字段并避免重新键入所有信息，电子政务信息系统应将光标放在该出错字段中并强调显示错误，而不更改其他初始数据[42]。

可用性准则十：电子政务网站应提供帮助和文档，支持用户完成任务。

在互动过程中，用户可以查看在线帮助，了解如何更好地使用电子政务网站。为了方便用户理解相关信息，电子政务网站应使用清晰、简洁的帮助语言。用户可能随时需要在线帮助来支持其任务的完成，为了确保用户在需要时能够方便地找到在线帮助，电子政务网站应在每个页面上都提供"在线帮助"选项，并将它始终设计于页面的固定位置。在多个任务的处理过程中，用户需要在使用在线帮助信息后快速地执行上一个任务。为了使用户能够方便地在在线帮助和当前工作之间进行切换，在线帮助信息应该在电子政务网站内的一个单独窗口中打开。

可用性准则十一：电子政务网站应将服务功能、设计元素和网站内容作为一个整体来进行工作，以支持用户完成任务。

为了支持用户完成任务，电子政务网站应该提高协作能力，以便理解用户使用的缩写、代码和格式。电子政务网站应定义标准的通信协议，以支持信息和服务交换。用户的第一印象来自电子政务网站外观，为了使电子政务网站对用户具有吸引力，电子政务信息系统应确保每个页面上的显示内容在其网站中都是兼容的。

可用性准则十二：电子政务网站在执行任务时，应支持、扩展和提高用户的技能和知识。

电子政务信息系统被具有不同技能的用户使用，为了使关键选项可见，主题选项应在电子政务网站的每一页上清晰显示。此外，不同技能的用户阅读信息的时间也不同。为了使信息更容易理解和识别，电子政务网站应该在段落开头总结出最重要的内容，然后是详细的信息。所有用户都能在电子政务网站中控制自己的信息速度，为了加强用户对电子政务网站的控制，电子政务信息系统中的每个页面都应具有前进与后退功能。

可用性准则十三：电子政务网站应呈现出令人愉快的设计，并尊重用户。

用户更喜欢将相关图像与文本结合使用，可以丰富内容呈现，方便沟通。为了保持与信息展示的愉快互动，相关图像应在整个网站上呈现。此外，用户更喜欢阅读简短的信息。为了使内容易于阅读，电子政务网站应在不降低内容深度的前提下，将信息分割成多个通过链接连接的节点，使文本变得简短。此外，每页上的信息都应以清晰、简单的语言书写。当用户与电子政务网站互动时，在访问方面可能会有不同的要求。为了提高互动质量，电子政务网站应该在每个页面上提供一致的可访问性选项（表 8-6）。

表 8-6　电子政务信息系统可用性准则

可用性准则	设计考虑因素	相关解释
一、电子政务网站应为用户提供高水平的状态可见性，以支持其信息搜索	清晰地显示主题标题和页面标题	使内容易于理解和识别
	标记选定的选项及其相关的多级选项	使选项易于理解，便于用户查找信息
	在不同区域显示不同类型的信息	引起用户对信息检索的重视
	跟踪用户导航路径并突出显示站点中的当前位置	在交互过程中让他们了解他们当前的位置
	提出有意义的选择 确保选项和子选项相互依存	使选项易于识别

可用性准则	设计考虑因素	相关解释
二、电子政务网站应与现实世界相匹配，使用用户熟悉的词汇和概念表达语言	提供一致的处理状态消息	向用户通报系统进度
	在电子政府和实体政府之间应用相同的颜色方案	满足用户对颜色的期望
	提供明确的提示，显示处理信息	使用户易于理解操作
	提供描述性、有意义和明确的链接名称使用相关图像支持链接演示	使链接易于理解
三、电子政务网站应支持用户的自由移动，并确保撤销和重做功能可用	允许用户修改所选方法允许用户更改以前的选项使撤销功能始终对用户可用	准许用户自由选择他们在信息搜索中的首选方法
	在每页上提供并突出显示后退选项	允许用户返回并查看以前的信息
	按逻辑顺序排列主题选项	使主题选项易于记忆和识别减少用户的记忆负载
	提供中等条件的信息广度和深度	支持信息检索
四、电子政务网站设计应该一致，用户不会怀疑不同的词汇、显示或行为是否意味着同一件事	使用一致的颜色	使呈现的信息易于识别
	在字体、大小和格式方面提供一致的布局	保持电子政务网站的整体一致性
	在每页的固定位置显示在线帮助选项	使在线帮助选项易于识别
	提供一的菜单命名选项	增强一致性，减少用户的认知负荷
五、电子政务网站应该设计更好的预防产生错误信息的功能，以防止错误发生	不允许用户跳过任务进程的顺序	减少出错的可能性确保提供所有必要的信息
	在数据输入字段中的错误处显示消息	为用户容易识别错误
	在每页上说明输入数据的要求	防止错误
	当用户出现严重错误时显示警告信息	确保用户完成信息填写
六、电子政务网站应使对象、操作和选项清晰可见，用户不必记住所有信息	将关键信息或主题置于页面的中心位置	使信息或主题易于识别减少用户的认知负荷
	提供清晰简短的选择解释提示	支持网站定位增加用户对菜单选择的理解
	在文本区域适当使用空白空间	帮助用户阅读文本
七、电子政务网站应支持有经验和无经验的用户完成任务，并很容易加快互动	确保所有链接都可访问，并链接到相关信息	减少信息访问的阻碍
	在多选项结构中提供详细信息	使子选项易于理解和识别
	根据相关性级别排列搜索结果以视觉方式显示相关性级别	快速识别搜索项减少记忆负载问题
	为频繁使用的任务提供快捷方式或快速链接	满足快速任务交互
	将网站内的菜单结构与任务结构匹配	导航用户完成任务

续表

可用性准则	设计考虑因素	相关解释
八、电子政务网站应提供美观和简约的设计	在相应文本中应用清晰、简单且有意义的图像	使图像易于用户理解
	以整洁的方式呈现内容	提高内容可读性
	标记已访问的链接	区分已访问和未访问的内容
	提供不同颜色的链接	认识资源差异
	提供适当数量的链接颜色	减少不必要的色彩干扰
	使用适当的空白分隔信息组，并在内容显示中创建对称性	在主题内容上引导用户的视线
九、电子政务网站应提供需纠正存在错误的信息，准确指出问题所在，并建设性地提出解决方案	显示清晰的错误消息并建议进一步的操作	从错误中恢复
	显示有意义的、建设性的和明确的错误消息	有效地将问题的原因传递给用户
	标记必填和可选数据输入字段	防止丢失数据
	突出显示特定字段中的错误而不更改其他原始数据	引起用户对错误的注意避免重新键入信息
十、电子政务网站应提供帮助和文档，支持用户完成任务	用简洁明了的语言提供帮助指导	使帮助信息易于用户理解
	尽可能在每个页面上提供在线帮助在页面的固定位置提供查找帮助	使用户可以方便快速找到在线帮助使在线帮助易于识别访问
	提供涵盖更广泛指导和建议的在线帮助	提高解决问题的能力
	打开单独的窗口以显示在线帮助信息	使用户在帮助和当前工作窗口间轻松切换
十一、电子政务网站应将服务功能、设计元素和网站内容作为一个整体来进行工作，以支持用户完成任务	提高协作能力以理解所使用的缩写、代码和格式	支持任务完成
	定义标准通信协议	支持信息和服务交换
	确保每页上的不同显示兼容	使网站吸引用户
十二、电子政务网站在执行任务时，应支持、扩展和提高用户的技能和知识	在每页上突出主题选项	使关键选项高度可见
	将最重要的内容放在段落开头	使信息易于理解和识别
	提供前向和后向移动功能	加强用户移动控制
十三、电子政务网站应呈现出令人愉快的设计，并尊重用户	提供带有文本的相关图像	与信息展示保持愉快的互动
	使文字变短用简洁明了的语言写信息	使内容易于阅读
	提供可访问的选项并在每页上一致的指示	提高互动质量

8.6.2　可信性设计指导准则

可信性准则一：设计专业的布局，给用户良好第一印象。

当用户访问电子政务网站时，内容是用户关注的焦点。用户首先查看电子政务网站的主要内容区域，其次判断相关的内容，并使电子政务网站上显示的内容与用户期望获取的信息相匹配。在信息搜索过程中，用户需要在多个主题选项中准确识别相关信息。为了区分主题选项之间的信息，应使用颜色对相关信息进行分组。当通过链接定位对象时，用户需要一致的布局，加强可视主题识别并减少内容混乱。为了在整个网站上建立统一性，支持信息识别，电子政务网站在信息呈现上应使用一致的颜色[43]。用户可以使用主题类别缩小主题范围以进行搜索，为了支持快速、准确的信息搜索，信息应该被划分为主题组并清晰显示。在信息处理中，用户需要了解页面之间的关系。为了清晰区分页面关系，电子政务网站应该对网站上的每一个页面进行可视化标注。

可信性准则二：电子政务网站应做到信息准确、易于验证。

阅读信息时，为了让用户更容易理解信息，应该在每一页上以适当的详细程度呈现信息。电子政务网站应提供第三方参考以支持所提供的信息，并显示信息来源可靠。在主题排列中，用户需要一系列信息组织来支持快速的主题搜索。为了允许用户在多个主题选项中快速地扫描和确定相关主题，主题选项应按逻辑顺序排列，如按字母顺序 a～z 排列。主题（服务）分类名称是用户在选择信息之前首先要查看的内容，可使所选信息满足搜索要求。为了确定准确的主题信息，须提供与页面中显示信息匹配的主题（服务）分类名称。

可信性准则三：电子政务网站应提供证明政府组织真实合法的信息。

鼓励用户与电子政务机构联系，以获得对其问题的及时答复。为了满足用户的联系需求，电子政务网站的每一页都应该出现多种联系方式。电子政务信息系统需要展示电子政务信息系统背后的真正工作人员，通过图片和文字传达自己的信任。也应在电子政务网站文件中说明用户和工作人员在电子政务服务中的作用，并在网站上提供服务人员的姓名和照片。

可信性准则四：电子政务网站应突出所提供的内容和服务方面的专长。

每当收集有关用户服务的信息时，服务政策很重要。为了使服务政策更容易理解，增加信任度，电子政务网站应详细说明服务政策信息。用户希望获得合法、权威的信息，为了给用户提供可靠的信息，电子政务网站应尽可能提供准确、详细和诚实的信息，包括来源参考和日期。在与电子政务服务互动的过程中，用户需要信息或提示来帮助他们完成服务。为了方便用户理解信息或提示，显示的信息或提示应完整、简洁[44]。

可信性准则五：电子政务网站应该提供工作人员信息和电子政务证书。

电子政务网站需要提供"关于我们"，包括主要工作人员和政府服务方面的信息，以提高用户的理解力。显示电子政务证书可以增加用户的信任度。此外，为了提高工作人员的认知度，电子政务网站应提供工作人员尽可能详细的信息和照片。

可信性准则六：电子政务网站应该提供详细的联系方式。

在交互过程中，应欢迎用户随时与工作人员联系。为了便于识别联系信息，应始终在每页的固定位置提供快速联系选项。此外，为了方便用户获取联系信息，电子政务网站应提供多种联系方式，如地址、电话、电子邮件和反馈表等。当用户寻找详细的联系方式时，系统需要帮助用户快速确定相关信息。为了便于确定联系信息，详细的联系信息应在网站上按逻辑顺序排列，如由不同部门组织联系信息。

可信性准则七：电子政务网站应提供友好的界面，使用方便，帮助用户完成任务。

当用户执行具体任务时，他们可以灵活使用自己的方法来完成任务。电子政务网站应提供快速链接、服务目录和搜索引擎等多种功能，以支持用户完成任务，使网站易于使用。用户需要在服务流程中确定其当前位置[45]，为了让使用者了解他们的服务位置，电子政务信息系统应该提供信息指出使用者在电子政务网站内的位置。此外，还要向用户指出还有多少任务要完成，电子政务网站应该分解完成任务所需的步骤，并显示当前完成的步骤。

可信性准则八：电子政务网站应及时更新网站内容。

更新后的信息对用户更有价值，应明确表示出最新信息。为了显示电子政务网站上提供的信息和服务是定期维护和保持最新的，网站内容和服务更新日期应通过电子政务网站上的视觉提示清晰地呈现出来。

可信性准则九：电子政务网站应该对商业信息或内容有严格限制和约束。

在信息搜索过程中，用户需要将搜索的重点放在主题信息上。为了保持用户对主题的关注，电子政务网站应该限制商业信息或内容的数量。此外，为了让主题内容易于区分，商业信息或内容应分组并显示在非重要区域。

可信性准则十：电子政务网站应该避免各种类型的错误。

当用户在线填写表格时，为了减少出错的可能性，电子政务网站应该为用户提供适当的指导。此外，为了支持用户在电子政务网站内找到目标信息，电子政务信息系统应确保网站上的所有链接都能正确链接到相应的页面[46]。当用户阅读信息时，为了防止误解，电子政务网站应该使用清晰、简单的语言，且没有印刷错误。

可信性准则十一：电子政府应通过网站显示政府的透明度。

　　用户需要一个开放的电子政务。为了提高电子政务的透明度，应在电子政务网站上提供公共支出和预算执行等政府信息。此外，用户在与电子政务信息系统互动时可能会关注数据保护和版权政策，为了向用户提供此类信息，电子政务网站应提供一个明确的选项，显示条款和免责声明信息。在线服务完成后，需要通知用户在线交易确认，电子政务网站应该在流程结束后发送一个明确的确认消息。用户在线服务过程中，用户每次都需要有掌控感。为了让用户能够查看自己的行动进度，电子政务网站应该通过视觉提示显示服务任务状态。

　　可信性准则十二：电子政务网站应提供灵活服务，支持用户完成任务。

　　在电子政务网站上搜索信息和完成任务方面，用户有自己的策略。为了满足用户的不同需求，电子政务网站的各项功能都要整体进行工作，以支持用户按照自己的节奏工作。用户可选择分类和子分类来查找目标信息，为了让用户能够识别类别之间的关系，信息应该按照与用户搜索结构相匹配的层次结构进行组织。为了避免用户被困在某一电子政务服务上，电子政务网站应该为用户提供在任何时候都能退出服务的功能[47]。

　　可信性准则十三：电子政务网站应该保护用户的隐私和服务安全。

　　在用户与个人服务和信息交互的每一点上，他们的服务都需要受到保护，电子政务网站应提供用户认证的密码登录机制。在信息交易过程中，用户关心自己的个人信息是否得到了安全的处理。电子政务网站在传输个人信息之前，应该显示一条数据保护信息，以便于用户理解交易过程[48]。为了保护保密信息，当用户访问此类信息或服务时，电子政务网站上应显示相关警告信息（表 8-7）。

表 8-7　电子政务信息系统可信性准则

可信性准则	设计考虑因素	相关解释
一、设计专业的布局，给用户良好第一印象	显示与用户期望相匹配的信息内容	确保内容质量
	使用颜色将相关信息分组	区分主题选项中的信息
	在信息显示中使用一致的颜色	使网站建立统一性并支持信息识别
	将信息逻辑分类并清楚显示	支持快速准确的信息查找
	直观地标记每一页	清晰区分页面关系
二、电子政务网站应做到信息准确、易于验证	在每页上显示适当详细程度的信息	方便用户理解信息
	提供第三方参考	支持信息源权威
	按字母顺序排列主题选项	使用户能够轻松地定位相关主题
	提供与信息显示匹配的类别名称	找到适当的主题信息
	使用常用自然语言单词来表示统一资料定位符	让用户更容易理解统一资料定位符

续表

可信性准则	设计考虑因素	相关解释
三、电子政务网站应提供证明政府组织真实合法的信息	在每页上显示多个联系人	满足用户联系需求
	描述用户和员工的角色 提供员工姓名和照片	确定在网站背后工作人员
	提供链接和列出徽标来显示政府机构	宣传电子政务信用和认可
四、电子政务网站应突出所提供的内容和服务方面的专长	显示详细服务政策信息	使服务政策易于理解 增加信任
	提供准确、详细和真实的信息，包括来源、参考和日期	为用户提供可靠的信息
	以完整和简洁的方式显示信息和提示	使信息和提示易于理解
五、电子政务网站应该提供工作人员信息和电子政务证书	提供"关于我们"的信息	为用户提供相关介绍信息
	参考其他政府机构 显示政府组织获得奖励	建立用户信任
	提供详细的工作人员信息和照片	提高工作人员认可度
六、电子政务网站应该提供详细的联系方式	每页上提供快速联系选项	使联系信息易于识别
	提供多种类型的联系方式	方便用户的联系查询
	按不同部门组织联系信息	使联系信息易于识别和查询
七、电子政务网站应提供友好的界面，使用方便，帮助用户完成任务	提供多种功能支持用户完成任务	使网站易于使用
	显示用户在站点中的位置	让用户了解他们的服务位置
	分解完成任务所需的步骤 突出显示流程中完成的当前步骤	向用户显示剩余需完成工作
	按相关性排列搜索结果 以视觉的方式呈现相关性程度	使搜索结果易于记忆和查找
八、电子政务网站应及时更新网站内容	指示站点更新日期 提供信息和服务更新日期	支持用户判断信息和服务质量
九、电子政务网站应该对商业信息或内容有严格限制和约束	限制促销内容的数量	保持用户对主题的关注
	在非重要区域展示商业内容	使主题内容易于区分
十、电子政务网站应该避免各种类型的错误	为用户提供正确的指导	减少错误发生的可能性
	确保所有链接正确链接到相应的页面	支持用户查找目标信息
	使用简洁明了语言并不出现印刷错误	防止用户误解
十一、电子政府应通过网站显示政府的透明度	提供更广泛政府信息	加强电子政务透明度
	提供明确的条款和免责声明信息	提供数据保护和版权政策信息
	在进程结束时发送明确的确认消息	确认在线服务已完成
	使用视觉提示显示任务状态	允许用户检查其操作进度

可信性准则	设计考虑因素	相关解释
十二、电子政务网站应提供灵活 服务，支持用户完成任务	确保电子政务各项功能的整体运行	满足用户的不同需求
	以分层的方式组织信息	确定信息类型之间的关系
	为用户提供随时退出服务的选项	避免用户无法退出电子政务网站
十三、电子政务网站应该保护用 户的隐私和服务安全	为用户认证提供密码分配机制	确保在线服务安全
	在数据传输之前显示数据保护消息	使用户理解数据处理中的信息安全
	当用户访问个人服务时显示提醒消息	保护用户服务和信息

8.7　小　　结

　　本章概述了在互联网和网络技术下，全球各地域和国家政府都在着手利用信息系统的可用性与可信性及其测评方法发展电子政务。在增强用户对电子政务信息系统的信息访问、服务使用和参与政府决策等方面，仍然存在挑战。本章提出要使电子政务得到进一步的发展和完善，必须从可用性和可信性两方面着手。为此，论述了电子政务信息系统可用性与可信性测评。

　　首先，提出了在电子政务的发展中，必须研究电子政务信息系统的可用性，同时也要考虑其可信性问题。阐述了电子政务信息系统可用性与可信性的定义和概念，描述了电子政务网站为用户提供一个"窗口"，让他们对政府及其网上的服务有一个初步的印象；可用性可提高用户表现及他们对电子政务的满意度；还讨论了可用性和可信性之间的关系，提出了在网站设计中结合可用性和可信性，可以提高用户的响应能力；还研究了可用性和可信性共享的一些重要网站设计属性，这些属性可以用来衡量信息质量方面的可用性。

　　其次，提出了电子政务信息系统可用性测评方法。在可用性与可信性测评方法中，启发式测评是一种快速、简便、有效的评价方法，并且在很多研究中得到了广泛的应用。以实例说明了启发式测评在电子政务信息系统可用性和可信性评价研究中的适用性和实用性。同时，也提出了电子政务信息系统可用性与可信性测评设计和电子政务信息系统可用性测评步骤。

　　再次，分析和讨论了可用性与可信性测评结果。其包括评估3个所选电子政务网站系统的可用性和可信性，两者之间的相互影响，以及用户在3个电子政务网站系统中的行为表现。分别从电子政务信息系统可用性评估、电子政务信息系统可信性评估、可用性与可信性间的相互影响三个方面论述了电子政务信息系统用户行为测评。

　　从此，提出了电子政务信息系统可用性和可信性解决方案与再设计，包含可用性问题解决方案与再设计和可信性问题解决方案与再设计。

　　最后，基于可用性和可信性评估的结果，提供了一套针对电子政务网站开发的可用性和可信性设计指导准则。

参 考 文 献

[1] LEE L. 10 year retrospect on stage models of e-government: A qualitative meta-synthesis[J]. Government Information Quarterly, 2010, 27(3): 220-230.

[2] HOMBURG V, BEKKERS V. The back-office of e-government (managing information domains as political economies)[C]. Proceedings of the 35th annual Hawaii international conference on system sciences, IEEE, Washington D C, USA, 2002.

[3] SHAREEF M A, KUMAR V, KUMAR U, et al. e-Government adoption model (GAM): Differing service maturity levels[J]. Government Information Quarterly, 2011, 28(1): 17-35.

[4] CLEMMENSEN T, KATRE D. Adapting e-gov Usability: Evaluation to Cultural Contexts[M]. Netherlands: Elsevier, 2012: 331-344.

[5] WATHEN C N, BURKELL J. Believe it or not: Factors influencing credibility on the web[J]. Journal of the American Society for Information Science and Technology, 2002, 53(2): 134-144.

[6] AHMAD N, REXTIN A, KULSOOM U E. Perspectives on usability guidelines for smartphone applications: An empirical investigation and systematic literature review[J]. Information and software Technology, 2018, 94: 130-149.

[7] SCOTT J K. Assessing the quality of municipal government web sites[J]. State and Local Government Review, 2005, 37(2): 151-165.

[8] GARCIA A C B, MACIEL C, PINTO F B. A quality inspection method to evaluate e-government sites[J]. Lecture Notes in Computer Science, 2005, 3591: 198-209.

[9] TEO T S H, SRIVASTAVA S C, JIANG L. Trust and electronic government success: An empirical study[J]. Journal of Management Information Systems, 2008, 25(3): 99-132.

[10] HUANG Z, BROOKS L, CHEN S. The assessment of credibility of e-government: Users' perspective[J]. Lecture Notes in Computer Science, 2009, 5618: 26-35.

[11] MUIR A, OPPENHEIM C. National information policy developments worldwide I: Electronic government[J]. Journal of Information Science, 2002, 28(3): 173-186.

[12] BEYNON-DAVIES P, WILLIAMS M D. Evaluating electronic local government in the UK[J]. Journal of Information Technology, 2003, 18(2): 137-149.

[13] TWIZEYIMANA J D, ANDERSSON A. The public value of e-government -A literature review[J]. Government Information Quarterly, 2019, 36(2): 167-178.

[14] BEAUMONT P, LONGLEY P A, MAGUIRE D J. Geographic information portals-A UK perspective[J]. Computers, Environment and Urban Systems, 2005, 29(1): 49-69.

[15] MOSSE B, WHITLEY E A. Critically classifying: UK e-government website benchmarking and the recasting of the citizen as customer[J]. Information Systems Journal, 2008, 19(2): 149-173.

[16] KUZMA J M. Accessibility design issues with UK e-government sites[J]. Government Information Quarterly, 2010, 27(2): 141-146.

[17] KUK G. The digital divide and the quality of electronic service delivery in local government in the United Kingdom[J]. Government Information Quarterly, 2003, 20(4): 353-363.

[18] CHOU J R, HSIAO S W. A usability study on human computer interface for middle-aged learners[J]. Computers in Human Behavior, 2007, 23(4): 2040-2063.

[19] FERNANDEZ A, INSFRAN E, ABRAHÃO S. Usability evaluation methods for the web: A systematic mapping study[J]. Information and Software Technology, 2011, 53(8): 789-817.

[20] Guidance on Usability: ISO 9241—11: 1998[S/OL]. [2020-06-22]. https://www.iso.org/standard/16883.html.

[21] LEE Y, KOZAR K A. Understanding of website usability: Specifying and measuring constructs and their relationships[J]. Decision Support Systems, 2012, 52(2): 450-463.

[22] NIELSEN J. Heuristic Evaluation: Usability Inspection Methods[M]. Hoboken: John Wiley & Sons, 1994.

[23] O'KEEFE D J. Persuasion Theory and Research[M]. 2nd ed. London: SAGE Publications, 2002.

[24] FOGG B J, SOOHOO C, DANIELSON D R, et al. How do users evaluate the credibility of web sites? A study with over 2500 participants[C]. Proceedings of the 2003 conference on designing for user experiences, New York, USA, 2003: 1-15.

[25] FOGG B J. Stanford Guidelines for Web Credibility, A Research Summary From the Stanford Persuasive Technology Lab[M]. Palo Alto: Stanford University, 2002.

[26] YOUNGBLOOD N E, MACKIEWICZ J. A usability analysis of municipal government website home pages in Alabama[J]. Government Information Quarterly, 2012, 29(4): 582-588.

[27] NIELSEN J. Designing Web Usability: The Practice of Simplicity[M]. Thousand Oaks: New Riders Publishing, 2000.

[28] TAN W, LIU D, BISHU R. Web evaluation: Heuristic evaluation vs. user testing[J]. International Journal of Industrial Ergonomics, 2009, 39(4): 621-627.

[29] YAN J, PAUL S. E-government application at local level: Issues and challenges: An empirical study[J]. Electronic Government, an International Journal, 2005, 2(1): 56-76.

[30] REDDICK C G. The adoption of centralized customer service systems: A survey of local governments[J]. Government Information Quarterly, 2009, 26(1): 219-226.

[31] GANT J P, GANT D B. Web portal functionality and state government e-service[C]. Proceedings of the 35th Hawaii International Conference on System Sciences, Hawaii, USA, 2002: 1627-1636.

[32] BARGAS-AVILA J A, OBERHOLZER G, SCHMUTZ P, et al. Usable error message presentation in the World Wide Web: Do not show errors right away[J]. Interacting with Computers, 2007, 19(3): 330-341.

[33] TRACTINSKY N. Aesthetics and apparent usability: Empirically assessing cultural and methodological issues[C]. Proceedings of the ACM SIGCHI conference on human factors in computing systems, New York, USA, 1997: 115-122.

[34] ROBINS D, HOLMES J. Aesthetics and credibility in web site design[J]. Information Processing and Management, 2008, 44(1): 386-399.

[35] HUANG Z, BENYOUCEF M. Usability and credibility of e-government websites[J]. Government Information Quarterly, 2014, 31(4): 584-595.

[36] HUANG Z, BENYOUCEF M. User preferences of social features on social commerce websites: An empirical study[J]. Technological Forecasting and Social Change, 2015, 95: 57-72.

[37] HUANG Z, BENYOUCEF M. From e-commerce to social commerce: A close look at design features[J]. Electronic Commerce Research and Applications, 2013, 12(4): 246-259.

[38] HUANG Z. The impact of usability, functionality and sociability factors on user shopping behavior in social commerce design[J]. Lecture Notes in Computer Science, 2018, 10923: 303–312.

[39] HUANG Z, ZHAO W. The study of web service discovery: A clustering and differential evolution algorithm approach[C]. IEEE SmartCity, Zhangjiajie, China, 2019: 2618-2622.

[40] HUANG Z, TIAN Z Y. Analysis and design for mobile applications: A user experience approach[J]. Lecture Note in Computer Science, 2018, 10918: 91-100.

[41] HUANG Z, GAI N N. Exploring health care professionals' attitudes of using social networking sites for health care: An empirical study[J]. Lecture Notes in Computer Science, 2014, 8531: 365-372.

[42] HUANG Z, YU W Y. Bringing e-commerce to social networks[J]. Lecture Notes in Computer Science, 2016, 9751: 46-60.

[43] HUANG Z. Usability of tourism websites: A case study of heuristic evaluation[J]. New Review of Hypermedia and Multimedia, 2020, 26(1-2): 55-91.

[44] HUANG Z, BENYOUCEF M. The effects of social commerce design on consumer purchase decision-making: An empirical study[J]. Electronic Commerce Research and Applications, 2017, 25: 40-58.

[45] YUAN L, HUANG Z, ZHAO W, et al. Interpreting and predicting social commerce intention based on knowledge graph analysis[J]. Electronic Commerce Research, 2020, 20(1): 197-222.

[46] HUANG Z. Developing usability heuristics for recommendation systems within the mobile context[J]. Lecture Notes in Computer Science, 2019, 11586: 143-151.

[47] HUANG Z, ZHAO W. Combination of ELMO representation and CNN approaches to enhance service discovery[J]. IEEE Access, 8: 130782-130796.

[48] STAKHIYEVICH P, HUANG Z. An experimental study of building user profiles for movie recommender system[C]. IEEE SmartCity, Zhangjiajie, China, 2019: 2559-2565.

第9章　总结与展望

9.1　总　　结

信息系统是由计算机硬件、网络和通信设备、计算机软件、信息资源、信息用户和规章制度等组成的，是以处理信息流为目的的人机一体化系统。主要有五个基本功能，即对信息的输入、存储、处理、输出和控制。

信息系统的可用性，是指信息资源可被授权实体，按要求访问、正常使用或在非正常情况下能恢复使用的特性，即系统面向用户服务的安全特性。信息系统的可用性表征：在信息系统正常运行时，能正确地存取所需信息；当系统遭受意外攻击或破坏时，可以迅速恢复并能及时投入使用。信息系统的可用性是衡量网络信息系统面向用户的一种安全性能，是以保障为用户提供服务的重要测评指标。

人机交互是研究系统与用户之间的交互关系。系统是指由计算机硬件和软件构成的工作系统，人机交互界面通常是指用户可见的部分。用户通过人机交互界面与系统交流，并进行操作。人机交互界面的设计，主要通过用户对系统的理解而实现其主要目的，其目的是系统具有良好的可用性或者用户友好性。

可用性是人机交互研究中的一个重要概念，通常用于衡量用户在使用软件产品时执行任务的容易程度和效率。可用性是决定软件产品或信息系统质量和确保用户参与度的重要因素，在软件产品和信息系统设计中得到了广泛重视。

本书基于信息系统可用性及其测评方法，通过理论和实践的研究，对主要研究内容进行以下总结。

1）概述了系统可用性

信息系统可用性测评，即对由计算机软、硬件构成的系统的可用性进行测评，检验其是否达到可用性的标准。目前已有多种可用性评估方法，按照参与可用性评估的人员划分，可以分为专家评估和用户评估；按照评估所处的软件开发阶段划分，可以分为形成性评估和总结性评估。形成性评估是指在软件开发或改进过程中，请用户对产品或原型进行测试，通过测试后收集的数据来改进产品或设计直至达到所要求的可用性目标。形成性评估的目标是发现尽可能多的可用性问题，通过修复可用性问题，实现软件可用性的提高。总结性评估的目的是评估多个版本或者多个产品，输出评估数据进行对比。网站可用性测评包含的步骤：定义明确的目标和目的、安装测试环境、选择合适的受众、进行测试和报告结果。

2）介绍了可用性作用

首先，讲述可用性工程和可用性工程的生命周期。在可用性工程中，从易学性、使用效率、有效性、易记性、错误率和满意度等可用性属性描述可用性度量。其次，通过介绍可用性对信息系统或软件产品的影响，论述了对用户的影响，强调了可用性在信息系统或软件产品中的重要性。最后，介绍了交互设计中的可用性等内容，介绍了 Nielsen[1]提出的十项可用性启发式准则，使读者对软件产品或信息系统可用性概念与应用有更深的理解。

3）论述了可用性测评及其设计

可用性测评是一项通过用户的使用来评估产品的技术，反映了用户的真实使用经验，因此可以视为一种不可或缺的可用性检验过程。通过观察、记录和分析用户的行为和感知，以改善软件产品或信息系统可用性的一系列方法。可用性测评可以在很大程度上提高解决问题的效率，通过可用性测评不但可以获得用户对产品或服务的认可程度，还可以获得一些隐含的用户行为规律[2]。

可用性测评是用于探讨一个客观参与者与一个设计在交互测试过程中的相互影响，是一个结构化的过程。不同的可用性测评方法在产品研发和设计过程的应用、使用时机和所产生的作用不同，在定性和定量上的侧重点也不同。

信息系统可用性及测评研究，能够提升和改善传统可用性测评方法。采用传统可用性测评方法对 Web 业务系统进行可用性测评时存在操作难度大、不能面对广大的用户、使用效率低等不足。信息系统可用性及测评研究则实现了面向 Web 业务系统的可用性测评系统。

信息系统可用性及测评对用户的使用过程和情绪有着很大的影响，不同类型的信息系统可用性问题会诱发不同类别用户的使用和情绪，还存在着差异化的学习效应。因此，可用性测评系统能够提供有指导价值的测评结果，可使系统的设计和开发人员更好地了解用户使用系统的实际情况，以发现可用性问题，为进一步改进系统提供参考。

4）介绍了可用性测评的方法

测评方法和技术有多种，分类方法也不尽相同。一般需要根据评测者的类型，理解和运用测评方法。根据评测者的类型分为以专家为中心的方法和以用户为中心的方法。以专家为中心的方法通常由专家参与评价，如启发式测评法。以用户为中心的方法通常由测评用户的满意度和感知来判断，如认知走查测评法和性能度量测评法。

经过二十多年的发展和应用，可用性测评已经成为产品（服务）设计开发各个阶段必不可少的重要环节。它的价值在于及早地发现产品（服务）中可能存在的问题，在开发或投产之前提供改进方案，从而节约设计开发成本。可用性测评还可以在很大程度上提高解决问题的效率。

通过可用性测评可以得到用户的表现和偏好。用户的表现包括是否成功完成、所用时间、产生的错误等。偏好包括用户自我报告的满意度和舒适度。如果设计能迎合用户的喜好，用户在该网站上就会有良好的表现。通过可用性测评不但可以获知用户对产品（服务）的认可程度，还可以获知隐含的用户行为规律。

5）以用户为中心的方法评估在线旅游网站的可用性

针对在线旅游系统特点，通过实验研究，从用户认知角度出发，研究了当前旅游网站中的可用性特征，有哪些可用性特征促进或阻碍了旅游网站的使用等问题[3]。设计一个以用户为中心的在线旅游网站可用性评测方法，采用启发式测评技术，根据一套预定义的设计原则，对网站进行仔细检查，提供对用户视角的理解。结果发现，现有在线旅游网站中的可用性优点意味着用户能够轻松快速地获得信息，使得用户对旅游服务持有更高程度的信任。结果也确定了现存的可用性问题，包括导航不佳、任务完成困难、选项过多、命名不一致和缺少警告消息等。这说明当前在线旅游网站可用性和用户友好方面，仍有较大的改进空间。相关设计人员可以利用已找出的可用性不足，指导具体的在线旅游网站设计和开发，从而进一步提高其可用性。

还详细指出不同性别群体对旅游网站的可用性感知存在差异。通过采用实证研究的方法，收集数据，探讨了在线旅游网站可用性与性别之间存在的交互作用，提出性别差异对在线旅游网站可用性和用户性能的影响[4]。最后得出四个关键结果：总体可用性要求的性别差异、可用性启发准则间的性别差异、可用性特征上的性别差异和用户性能的性别差异。

6）研究了社交商务信息系统可用性及其评估

根据社交商务信息系统的关键特性，将这些特征进行分组，提出以每组为特征的设计原则。在考虑社交商务信息系统设计模型时，首先，管理层需要确定其现有的电子商务和社交网络应用程序和功能。其次，必须决定如何发展他们的社交商务战略[5]：向其电子商务平台添加社交功能特征，或向其社交网络平台添加商务功能特征。最后，实现电子商务运营，则他们已经完成了所提出模型的个人层和商务层的功能，还需要实现社区层和对话层中功能特征。如果他们在社交网络上处于重要地位，那么他们已经完成了个人层、对话层和社区层的工作，所需要的只是进一步实现商务层。

企业可以通过提高社交商务的设计质量，尤其是在可用性、功能性和社交性方面提高设计质量，以此来促进消费者的决策。企业还应该意识到，消费者对不同的设计需求，取决于他们所处的消费决策阶段。其他的实际意义与性别和年龄差异有关，如男性和女性消费者、年轻和年长的消费者，且强调了每个消费决策阶段中社交商务设计的不同方面。因此，企业应该采取不同的社交商务策略来支持其消费决策过程[6]。对于面向年轻消费者的企业，在购买阶段应重点关注可用性、信息检索阶段、功能性以及需求识别阶段、社交性。面向老年消费者的公司则应在购买、信息搜索和产品或服务评估阶段分别关注可用性、功能性和社交性[7]。

7）研究了移动应用程序可用性设计

通过介绍移动应用程序，描述了移动应用程序的概念、分类和特征，解释了移动应用程序的可用性，强调了在移动应用程序可用性设计中存在的挑战[8]。为了加深对移动应用程序可用性的理解，根据研究的目的和在研究中发现的问题，进行了讨论和分析。分析了不同类型的移动应用程序研究，介绍了最新的研究现状，并对移动应用程序可用性的研究领域和评估方法进行了深入研究，进一步从理论和方法上，清晰地阐述了移动应用程序可用性评估。

8）研究了电子政务信息系统可用性和可信性及其测评

根据电子政务信息系统特点，通过对其研究，指出了电子政务信息系统可用性与可信性的重要性。首先，全面介绍电子政务信息系统可用性和可信性测评方法，重点详细介绍可用性和可信性测评设计和测评步骤。电子政务信息系统评估结果集中在电子政务信息系统可用性、电子政务信息系统可信性、可用性与可信性间的相互影响、电子政务信息系统用户行为测评四方面。其次，针对电子政务信息系统可用性和可信性问题分析，提出了电子政务信息系统可用性和可信性的解决方案。根据发现的可用性和可信性问题，将提出的解决方案对电子政务信息系统进行再设计，以提高电子政务信息系统的可用性和可信性。最后，提出一套针对电子政务网站开发的可用性和可信性设计指导准则。准则的重要性在于支持设计人员开发设计高质量的信息系统或软件产品。每一个指导准则都涵盖了具体的设计特征，也可以用来帮助设计人员评估现有电子政务网站的可用性和可信性。

9）进行了总结和展望

对全书的主要内容进行了总结，并提出了信息系统可用性测评方法的发展趋势及所面对的挑战。对后续信息系统可用性及其测评方法与研究提出一些想法与指导意见，可供相关研究人员思考。

9.2　展　　望

可用性属于人机交互研究，通常用于衡量用户在使用信息系统和软件产品时，执行任务的容易程度和效率。可用性也是决定软件产品质量和确保用户参与度的一个重要因素[9]。因此，可用性在软件产品和信息系统设计中被广泛强调[10]。

随着计算机技术和软件应用的全球化，特别是互联网的发展与应用，用户的多样性和与现有信息系统间的潜在交互，已成为一个值得研究和关注的重要问题。

了解用户的职业、智力、个性、文化和对硬件/软件了解的差异，对于扩大市场份额、支持所需的电子服务以及使更广泛的用户创造性地参与至关重要。一些学者将这种可用性的普及应用称为通用可用性[11]。认为承担得起的、有用的和可用的技术能够满足绝大多数用户的需求时，就可以实现通用可用性。这需要强调教育、企业和政府的共同努力，来解决技术多样性、用户多样性和用户知识差距等方面的挑战。

可用性是决定信息系统或服务质量的关键因素，在各类电子信息系统中被广泛应用。可用性设计与测试被应用在健康医疗信息系统产品开发过程中，可以更好地确保个人平板电脑所开发的软件质量，个人平板电脑可以无误地保存患者的电子健康记录，并通过医院的移动技术进行访问[12]。在电子系统中强调可用性应用有助于提高电子系统使用质量，包括用户界面样式、属性、对话结构和功能。此外，在电子银行、数字图书馆、电子商务系统和电子学习系统中，有着越来越广泛的需求和更加广阔的发展趋势。电子信息系统中的可用性问题需要更加深入的探讨。

本书针对信息系统可用性及其测评方法展开介绍，特别介绍了可用性在旅游信息系统、社交商务信息系统、移动应用程序和电子政务信息系统中的测评方法及其测评结果。根据研究内容和结果，还提出一些不足和仍需深入思考的问题。在评估方法和测评研究方面，还存在一定的局限性，仍有一些不足之处：

（1）可用性测评中参与者人数的确定，多少参与者可以最大程度发现可用性问题，怎样实现用户评估方法的高效利用。

（2）参与者在浏览受测信息系统时，提供的实证分析有限，如何扩大实证的分析内容，弥补此部分内容的不足，还需要探索。

（3）由于参与者在评估所测信息系统时都遵循相同的顺序（字母顺序），因此没有对排序效果进行测试。如果向参与者建议评估顺序，或对排序效果进行测试，可以根据参与者的访问顺序来检查差异，能够提供更多丰富的结果。

在本书中介绍的具体几个方向的可用性研究方面，还可以进行更深入的探究：

社交商务模型只应用于两个社交商务网站，还需应用在更多的社交商务信息系统，使结果更具实证意义。另外的限制因素涉及了确定电子商务和 Web 2.0 技术的设计特征。选择适当的设计特征，将其分组为相关设计原则的过程是基于评审的最新技术状态。这些设计特征与多个设计原则有关，本书根据被研究对象的关键特征分组，再根据每组设计特征制订设计原则。更多的后续研究，包括建立一个社交商务原型，并验证所提出的设计模型和相关的设计原则。探讨两类社交商务（即基于电子商务和基于社交网络的社交商务平台）的设计过程和原则[13]，应从软件工程的角度研究各种现实社交商务应用，确定社交商务的设计模式。参与者在社交商务设计对消费者决策过程的影响方面可能有不同的经验和技能，这可能会影响调查结果。研究人员可以通过对参与者提供短期的信息系统设计培训，以提高评估结果。当使用社交商务网站时，对消费者的表现进行相关实验研究也十分必要。这些结果可能会揭示出消费者是如何与社交商务平台进行互动的。用户感知、决策行为和性能水平之间的相互关系可能会更好地指导社交商务设计。另外，还应调查社交商务设计模式和支持消费者决策的设计方法，这些研究结果将为开发有效的能够被各类消费者接受和使用的社交商务网站，提供有价值的启发[14]。

在移动应用程序可用性方面，应选择适当的设计特征。在将它们划分为相关的设计属性和原则的过程中，有些特征与多个设计属性和原则有关。本书研究根据这些特征的关键特点，将它们分组为一个设计属性和原则。除此之外，还可以从以下方面进行研究，首先，对移动应用程序的可用性进行评估，以验证所提出的设计原则、属性和相关特征。其次，探索不同类别的移动应用程序，包括办公、工具、教育、健康和健身、生活方式、娱乐、音乐和音频、商业和商务、探索社交网络和新闻移动应用程序的设计过程、可用性原则、属性和特征。最后，从软件工程的角度研究各种现实世界中的移动应用程序，从而重点确定移动应用程序的设计模式。

在电子政务信息系统可用性评估时，一个限制因素是参与者在评估电子政务网站时可能有不同的技能，这会影响他们的评估结果。在后续的研究中，可以为参与者提供关于该领域具体知识的短期培训，从而改善评估结果。由于研究结果还表明，电子政务网站的美观与用户表现之间也存在相互关系，在后续研究中，发现用户的审美偏好，能够为设计以用户为中心的电子政务网站提供有用的见解。一些研究已发现，如年龄、性别和先验知识等个体差异，能够影响用户对网站的偏好和表现[15]，有必要调查个体差异在用户对电子政务网站的态度和看法中的影响。在此方面的研究和探索，将为开发灵活的、个性化的、被很多人接受和使用的电子政务网站提供指导意义。

本章对主要研究内容进行了总结，内容包括概述了系统可用性、可用性作用、可用性测评与实验的方法、旅游网站的可用性测评、社交商务信息系统可用性评估、移动应用程序可用性设计和电子政务信息系统可用性测评等。

本章提出了可用性测评的发展趋势，指出可用性测评是决定信息系统或服务质量的关键因素，且具有十分重要的指导作用。全书的主要研究内容和可用性后续研究工作的展望，为读者深入思考信息系统可用性及其测评方法提供了参考方向。

参 考 文 献

[1]　NIELSEN J. Heuristic Evaluation: Usability Inspection Methods[M]. Hoboken: John Wiley & Sons, 1994.

[2]　TE'ENI D, CAREY J, ZHANG P. Human Computer Interaction: Developing Effective Organizational Information Systems[M]. Hoboken: John Wiley & Sons, 2007.

[3]　HUANG Z, BENYOUCEF M. Usability and credibility of e-government websites[J]. Government Information Quarterly, 2014, 31(4): 584-595.

[4]　HUANG Z, BENYOUCEF M. User preferences of social features on social commerce websites: An empirical study[J]. Technological Forecasting and Social Change, 2015, 95: 57-72.

[5]　HUANG Z, BENYOUCEF M. From e-commerce to social commerce: A close look at design features[J]. Electronic Commerce Research and Applications, 2013, 12(4): 246-259.

[6]　HUANG Z. The impact of usability, functionality and sociability factors on user shopping behavior in social commerce design[J]. Lecture Notes in Computer Science, 2018, 10923: 303-312.

[7]　HUANG Z, ZHAO W. The study of web service discovery: A clustering and differential evolution algorithm approach[C]. IEEE SmartCity, Zhangjiajie, China, 2019: 2618-2622.

[8]　HUANG Z, TIAN Z Y. Analysis and design for mobile applications: A user experience approach[J]. Lecture Notes in Computer Science, 2018, 10918: 91-100.

[9]　HUANG Z. Usability of tourism websites: A case study of heuristic evaluation[J]. New Review of Hypermedia and Multimedia, 2020, 26(1-2): 55-91.

[10]　HUANG Z, BENYOUCEF M. The effects of social commerce design on consumer purchase decision-making: An empirical study[J]. Electronic Commerce Research and Applications, 2017, 25: 40-58.

[11]　冯桂焕. 人机交互：软件工程视角[M]. 北京：机械工业出版社，2016.

[12]　YUAN L, HUANG Z, ZHAO W, et al. Interpreting and predicting social commerce intention based on knowledge graph analysis[J]. Electronic Commerce Research, 2020, 20(1): 197-222.

[13]　HUANG Z. Developing usability heuristics for recommendation systems within the mobile context[J]. Lecture Notes in Computer Science, 2019, 11586: 143-151.

[14]　HUANG Z, ZHAO W. Combination of ELMO represention and CNN approaches to enhance Service discovery[J]. IEEE Access, 8: 130782-130796.

[15]　STAKHIYEVICH P, HUANG Z. An experimental study of building user profiles for movie recommender system[C]. IEEE SmartCity, Zhangjiajie, China, 2019: 2559-2565.